Kegel · Arnhold · Dahlmeier · Schmid · Tischer (Hrsg.)
Sprechwissenschaft & Psycholinguistik 4

Gerd Kegel · Thomas Arnhold · Klaus Dahlmeier
Gerhard Schmid · Bernd Tischer (Hrsg.)

Sprechwissenschaft & Psycholinguistik 4

Beiträge aus Forschung und Praxis

Westdeutscher Verlag

Der Westdeutsche Verlag ist ein Unternehmen der Verlagsgruppe Bertelsmann International.

Alle Rechte vorbehalten
© 1990 Westdeutscher Verlag GmbH, Opladen

Das Werk einschließlich aller seiner Teile ist urheberrechtlich geschützt. Jede Verwertung außerhalb der engen Grenzen des Urheberrechtsgesetzes ist ohne Zustimmung des Verlags unzulässig und strafbar. Das gilt insbesondere für Vervielfältigungen, Übersetzungen, Mikroverfilmungen und die Einspeicherung und Verarbeitung in elektronischen Systemen.

Umschlaggestaltung: Horst Dieter Bürkle, Darmstadt
Druck und buchbinderische Verarbeitung: Weihert-Druck, Darmstadt
Printed in Germany

ISSN 0179-1699

ISBN 3-531-12126-X

Inhalt

Vorwort 7

Bernd Tischer
Die gelungene Party. Psycholinguistische Aspekte eines
Kategoriensystems der leiblichen Begegnung 9

Marie-Cécile Bertau
Wörtliche Wahrheit, sprachliche Metapher und metastatische Rede 51

Claudia Weiand
Die designative und die gegenstandskonstituierende Funktion
der Sprache 67

Claudia Weiand
Die Ontogenese der designativen und der gegenstandskonstituierenden Sprachfunktion 81

Wieland Auberlen
Der Einfluß makrotypographischer Markierungen auf die
Textverarbeitung in Abhängigkeit von der Leseintention 99

Werner E.H. Fey
Verständlichkeitsformeln im Vergleich 151

Susanne Motamedi
Fernsehnachrichten für Kinder
– eine psycholinguistische Untersuchung 161

Beate Obermeier
Gedächtnis und Orientierungsverhalten.
Ein psychophysiologisches Experiment zum verbalen Lernen
im Kurzzeitgedächtnis 189

Hans Georg Piroth/Thomas Arnhold
Psychophysiologische Messungen bei taktilen
Sprachidentifikations- und Diskriminationstests 215

Gerd Kegel
Sprach- und Zeitverarbeitung bei sprachauffälligen und
sprachunauffälligen Kindern 229

Vorwort

Im vierten Band von Sprechwissenschaft & Psycholinguistik werden die neuesten Forschungsbeiträge dieses Bereiches vorgestellt. Die Arbeiten von Tischer, Bertau und Weiand befassen sich schwerpunktmäßig mit Theorien zur sozialen und kognitiven Funktion von Sprache. Besonderes Merkmal des Ansatzes dieser Autoren, die der Münchner Gruppe "Theoriebildung in der Psycholinguistik" entspringen, ist eine phänomenologisch-dialektische Modellierung der sprachlichen Darstellungsfunktion und ihrer Entstehung. Hieraus resultieren durchaus neue und plausible Sichtweisen der sozialen Interaktion bzw. Mutter-Kind-Interaktion (Eröffnungsbeitrag von Tischer), der Verwendung von sprachlichen Metaphern und Indefinita (Bertau) und des Spracherwerbs (zwei Beiträge von Weiand).

Die empirisch-experimentellen Arbeiten dieses Bandes fallen in die Bereiche Leseforschung/Textverständlichkeit (Auberlen, Fey und Motamedi) und psychophysiologische Sprachwirkungsforschung (Obermeier und Piroth & Arnhold). Im Abschlußbeitrag von Kegel werden die wichtigsten Ergebnisse eines Forschungsprojekts zum Zusammenhang zwischen Sprach- und Zeitverarbeitung zusammengefaßt.

Sprechwissenschaft & Psycholinguistik wird in der Bundesrepublik nur an der Universität München als Studienfach gelehrt, doch befassen sich Kolleginnen und Kollegen an anderen Universitäten mit benachbarten Fragestellungen. In das Jahrbuch sollen daher weiterhin auch Beiträge aus anderen Universitäten und Forschungsstätten aufgenommen werden. Diese sollten unter der Anschrift

    Sprechwissenschaft & Psycholinguistik
    Universität München
    Schellingstr. 3/II
    8000 München 40

an einen der Herausgeber gesandt werden.

München, im Mai 1990   Die Herausgeber

Die gelungene Party
Psycholinguistische Aspekte eines
Kategoriensystems der leiblichen Begegnung

Bernd Tischer

In diesem Artikel werden die psycholinguistischen und für den Spracherwerb relevanten Aspekte eines Kategoriensystems der Interaktion erläutert. In Anlehnung an den Phänomenologen Hermann Schmitz wird eine Terminologie eingeführt, die auch die Besonderheiten des subjektiven Erlebens berücksichtigt. Dies wird insbesondere für die Mutter-Kind-Interaktion dargelegt. Folgende Leistungen des Systems sind hervorzuheben: (1) Strukturierung leiblicher Regungen und Begründung der Dialogfähigkeit aus räumlich antagonistischen Bewegungsimpulsen. (2) Unterscheidung zwischen drei Phasen der Interaktion. (3) Begründung des interaktiven Verhaltens durch den Begriff der Einleibung. (4) Unterscheidung zwischen vier Formen der Interaktion je nach Verhältnis der Interaktionspartner zueinander und nach der Integration von Objekten in die Interaktion. (5) Unterscheidung zwischen sprachlicher Explikation und Implikation als soziale Funktionen der Sprache, die sich auf spezifische Formen der Interaktion zurückführen lassen. (6) Darlegung eines Situationsbegriffes durch Unterscheidung zwischen gemeinsamen und persönlichen Situationen sowie zwischen Sachverhalten, Problemen und Programmen als Elemente, die sich aus der chaotischen Mannigfaltigkeit einer Situation hervorheben lassen. (7) Darlegung eines Gesprächsbegriffes und (8) Darlegung eines Spracherwerbsbegriffes aufbauend auf dem Kategoriensystem der Interaktion.

In this article aspects of a categorical system of human interaction that are relevant to psycholinguistics and language acquisition are explained. With reference to the phenomenalist Hermann Schmitz, a terminology allowing for the characteristics of subjective experience is introduced. This is particularly exemplified in the field of mother-infant interaction. The following achievements of the system are emphasized: (1) Structuralization of bodily motions and explanation of the dialogic competence by spatially antagonistic impulses of movement. (2) Distinction between three phases of interaction. (3) Explanation of interactive behavior by the concept of incorporation. (4) Distinction between four forms of interaction according to both the relationship between the interlocutors and the integration of objects into the interaction. (5) Distinction between verbal explication and implication as social functions of language, which can be traced back to specific forms of interaction. (6) Explanation of a concept of situation by distinguishing between both common and personal situations as well as between facts, problems and programs, which can be made to stand out from the chaotic manifoldness of a situation. (7) Explanation of a concept of discourse and (8) explanation of a concept of language acquisition based upon the categorical system of human interaction.

1. Das Dilemma des Interaktionsbegriffs

Die Interaktion zwischen Menschen ist fester Bestandteil der sprach- und entwicklungspsychologischen Forschung geworden. Jeder, der sich mit den Vorgängen bei der Begegnung zweier Personen A und B beschäftigt, wird früher oder später auf den Begriff Interaktion stoßen. Interaktion impliziert einerseits eine gewisse Wechselseitigkeit in den Aktionen von A und B, andererseits verweist dieser Begriff auf einen in der Zeit ablaufenden Prozeß. Dem Psycholinguisten, der sich naturgemäß und auch mit Leidenschaft um die verbalen und nonverbalen Prozesse bei der Begegnung von A und B kümmert, sind beide Bedeutungsaspekte dieses Begriffes willkommen. Naheliegend wäre es da, wenn der Begriff "Interaktion" einen ähnlichen Stellenwert bekäme wie ehemals "mentale Repräsentation" oder "Reinforcement" für eine mehr kognitivistisch oder behavioristisch orientierte Psycholinguistik.

Den beiden letzten Begriffen ist u.a. der Anspruch gemeinsam, das Verhalten X einer Person A zu begründen: A zeigt das Verhalten X, weil A die Umwelt in einer bestimmten Weise mental repräsentiert (Kognitivismus) bzw. weil X durch ein anderes Verhalten oder Ereignis Y verstärkt wurde (orthodoxer Behaviorismus). Heute begründen wir X als Teil der A-B-Interaktion aus der besonderen Beziehung zwischen A und B. Hierbei muß nicht nur das interaktive Verhalten beider Personen, sondern auch seine Qualität beschrieben werden:

"To describe an interaction, it is necessary first to describe what A did to B (and B to A). They may for instance be talking or fighting or kissing. In addition we must specify how they are doing it - are they talking in an animated or dispassionate fashion? What are they talking about? Are they fighting savagely? Kissing passionately, tenderly, or dutifully? ... We may refer to such properties of interactions as qualities, without of course any implication that they cannot be subjected to quantitative treatment. In human interactions such qualities can be as or more important than what the interactants actually did together." (Hinde, 1976, S. 3)

Nach dieser Vorgehensweise deutet sich das Dilemma des Interaktionsbegriffes bereits an: Bei oberflächlicher Betrachtung ist die qualitative Beschreibung der wechselseitigen Aktionen von A und B nur ein zum sozialen A-B-Behaviorismus mutierter S-R-Behaviorismus. Als Beispiel sei hier auf die Anfänge des interaktiven Ansatzes in der Spracherwerbsforschung verwiesen. So kann es als Entwicklungsfortschritt gewertet werden, als Arbeiten wie die von Snow (1972), Remick (1976) oder Garnica (1977) zeigten, daß das Sprachverhalten von Müttern gegenüber Kindern einige vom Alter der Kinder abhängige

Qualitäten hat, die heute zum Register des "baby talk" gezählt werden (hohe Grundfrequenz, überdeutliche Intonationsmuster, geringe syntaktische und semantische Komplexität, Redundanzen, Expansionen). Die aufgrund dieser Qualitäten – das "how they are doing it" im Sinne von Hinde (1976) – spezifische und durch reziproke Orientierung von Mutter und Kind gekennzeichnete Interaktion sollte sich wiederum auf den Spracherwerb sowie auf die kognitive und emotionale Entwicklung des Kindes auswirken. In der Folgezeit wurden ernsthaft Korrelationsstudien betrieben, um Abhängigkeiten des kindlichen Sprachverhaltens von der Qualität des mütterlichen Sprachverhaltens nachzuweisen (z.B. Furrow, Nelson & Benedict, 1979). Aufbauend auf dieser Tradition übt man sich bis heute in der Überprüfung von Modellen, die nicht nur einen Einfluß des "baby talk" auf das Kind, sondern auch einen Einfluß des kindlichen Verhaltens auf die Qualität des "baby talk" und damit indirekt auf die spätere Sprachentwicklung des Kindes postulieren (vgl. Yoder & Kaiser, 1989). Dabei fällt auf, daß man sich bei der Bestimmung der Qualität des Sprachverhaltens nicht mehr nur linguistischer Kategorien bedient (z.B. Äußerungslänge, Anzahl von Hilfsverben, Anzahl von Ja-Nein-Fragen), sondern tatsächlich auch interaktive Einheiten quantifiziert (z.B. Anteil der vom Kind beantworteten Fragen der Mutter, die auf eine Interpretation der vorangegangenen Kind-Äußerung abzielen).

Selbstverständlich bekommt man in dieser sozialbehavioristischen Forschungstradition nur einen rudimentären Zugang zu jenem im Interaktionsbegriff hervorgehobenen Aspekt der Wechselseitigkeit der Aktionen von A und B. Als Ursache hierfür mag man das Fehlen eines theoretischen Überbaus beklagen, der eine klare Abgrenzung von Kategorien der Interaktion ermöglicht und das Ausweichen auf linguistische, motorisch-expressive oder physiologische Kategorien des Verhaltens verhindert, die ja gerade alles außer der Wechselseitigkeit der Interaktion hervorheben. Dieses Argument zielt zwar bereits auf das Dilemma, aber es läßt sich noch widerlegen. Denn es gibt genügend Arbeiten, die jene Wechselseitigkeit der Aktionen von A und B thematisieren.

Als Beispiel für eine auch zeitlich operationalisierbare Kategorie, die sich explizit auf Wechselseitigkeit bezieht, sei das Turn-taking (die Übernahme der Sprecherrolle im Dialog) genannt. In der Folge der wegweisenden Arbeit von Jaffe und Feldstein (1970) wurde systematisch die Abhängigkeit des Turn-taking vom Blickverhalten, von paralinguistischen, syntaktischen und semantischen Merkmalen untersucht (z.B. Duncan, 1972 und 1973; Duncan & Niederehe, 1974). Bis heute beschäftigt man sich mit der Frage nach dem Ursprung der Dialogfähigkeit des Menschen durch Untersuchungen zur zeitlichen Koordination von Mutter- und Baby-Äußerungen und zur Genese des für den Dialog charakteristischen Turn-taking (z.B. Kaye, 1977; Trevarthen, 1977; Bloom, Russel & Wassenberg, 1987; Bloom, 1988; Ginsburg & Kilbourne, 1988; Beebe, Alson, Jaffe, Feldstein & Crown, 1988). Allerdings hat auch diese stark empiristische, auf Beschreibung von Interaktionsverläufen und auf Isolierung von interpersonalen Abhängigkeitsbeziehungen abzielende Forschungstradition einige Mängel. Mit der Annahme von Jaffe und Feldstein (1970), daß der Wechsel der Sprecher- und Hörerrolle im Dialog eine neurophysiologisch manifestierte Universalie der Sprache sei, oder mit dem Hinweis auf eine "innere biologische Uhr", die für die zeitliche Synchronisierung der Umschaltpausen beim Wechsel der Sprecherrolle sorge (Beebe et al., 1988), entfernt man sich auf der Ebene der Theoriebildung von der Interaktion als Forschungsgegenstand. Gleiches gilt für das Heranziehen von Bedürfnissen oder Intentionen als Ursachen für Phänomene der Interaktion (z.B. Bedürfnis nach sozialer Anerkennung als Ursache für Konvergenzen im Verhalten von A und B, vgl. Giles, 1982). Diese mögen zwar - vergleichbar mit mentalen Repräsentationen - das Verhalten X einer Person erklären, jedoch ist zu bedenken, daß sie selbst Produkt der A-B-Interaktion sein können. Der Verweis auf Kompetenzen, Bedürfnisse oder Intentionen bietet daher keine zufriedenstellende Erklärung der A-B-Interaktion und ihrer Phänomene.

Demnach birgt der Interaktionsbegriff zwei Gefahren, von denen aufgrund des Paradigmenwechsels in der Spracherwerbsforschung auch die Psycholinguistik betroffen ist. Die erste Gefahr besteht darin, beim empirischen Zugang zur A-B-Interaktion behavioristisch das Verhalten der involvierten Individuen zu beschreiben, um dieses im Nachhinein durch Suche nach Korrelations- oder Abhängigkeitsbeziehungen zusammenzufügen. Hieraus resultieren bestenfalls Markov-Ketten der wechselseitigen Abfolge von Verhaltenseinheiten. Die bindende Kraft hinter den bestimmten Verhaltenssequenzen bleibt jedoch völlig im Dunkeln. Es ist so, als wolle man das Gelingen von Parties begreifen, indem man zuerst die mittlere Äußerungslänge in den Begrüßungsdialogen berechnet und diese dann über alle Parties hinweg mit der Dauer der wechselseitigen Blickkontakte beim Verabschieden der Gäste korreliert. Die zweite Gefahr ist ein Problem der Theoriebildung. Sie besteht darin, daß bei der Untersuchung interaktiver Einheiten und ihrer Genese (z.B. Aufmerksamkeitslenkung von A durch B, wechselseitiger Blickkontakt, Turn-taking, Beendigung von Gesprächen) die isolierten Strukturen auf der Theorieebene entweder gar nicht oder aber im Kontext interaktionsferner Theorien reflektiert werden. Die empirisch bestimmten Interaktionsstrukturen - z.B. ´Das Kind gibt der Mutter ein Objekt und zeigt Freude, wenn diese es annimmt´ als ein Merkmal der "sekundären Intersubjektivität" (Trevarthen & Hubley, 1978) - werden entweder induktiv selbst zur Theorie der Interaktion, oder sie werden durch Verweise auf die Kompetenz, auf die neurophysiologische Reife oder auf die Bedürfnisse der beteiligten Individuen zu erklären versucht. Die gelungene Party ist dann deshalb gelungen, weil auf gelungenen Parties die wechselseitigen Blickkontakte länger dauern, weil die Turn-takings zahlreicher sind, weil ausgiebiger getanzt wird usw. Oder man verweist in seiner Erklärung auf die Kompetenz des Gastgebers, auf die richtige Mischung der eingeladenen Gäste, auf ihren Drang nach sozialer Anerkennung usw.

Die beiden Gefahren beruhen demnach nicht auf dem Fehlen von Theorien - gerade im Bereich der Mutter-Kind-Forschung erschienen in der letzten Dekade Arbeiten, die empirisch gestützte Modelle zur Ontogenese der Interaktion vorlegen (z.B. Trevarthen & Hubley, 1978; Trevarthen, 1979; Neumann, 1983; Hayes, 1984). Das den beiden Gefahren zugrundeliegende Dilemma des Interaktionsbegriffes ist dagegen im Anfang der Theoriebildung und auch in der Modellierung des Anfangs der Mutter-Kind-Interaktion lokalisiert. Das Dilemma beruht schlicht auf der Tatsache, daß sich in jeder A-B-Interaktion zwei Individuen "leiblich" begegnen. Es besteht darin, daß der Interaktionsbegriff einerseits das Bestehen einer Einheit "A-B" impliziert, daß diese Einheit aber andererseits in einer Sprache erklärt und beschrieben wird, die sich auf die Einheit "Organismus" bzw. "Individuum" bezieht (z.B. durch Begriffe wie "Verhalten", "Kompetenz", "Bedürfnis", "Erwartung", "Anpassung", "Aufmerksamkeit", "Abhängigkeit des A-Verhaltens vom B-Verhalten" etc.). Solange man aber kein Kategoriensystem der leiblichen Begegnung bildet, das diesem Dilemma begegnet, fehlen einem buchstäblich die Worte zur Ausformulierung der Theorie. Begriffe wie "Verbindung", "Intersubjektivität", "gegenseitige Einfühlung" oder "Interaktion" sind hier zu dünn, ihnen fehlt das

Potential zur Bildung eines Kategoriensystems. Hayes (1984) sieht z.B. den Anfang der Mutter-Kind-Interaktion in der Verbindung ihrer Aktionen ohne Notwendigkeit zur Reziprozität. Er nennt diese Verbindung "Engagement" - eine Vorstufe der Interaktion, wobei erst die Interaktion durch Wechselseitigkeit von Mutter- und Kind-Aktionen charakterisiert sei. Die Vagheit des Engagement-Begriffs und das Fehlen eines Vokabulars wird dadurch unterstrichen, daß zu seiner Präzisierung physikalische Begriffe als Metaphern auftauchen:

"A more appropriate metaphor for social engagement may be the bringing into phase of two wave forms, by the modification of one wave, relative to the essentially unpredictable changes in the form of the second wave. However, the processes of synchronization or phase alignment are at a higher level ..." (Hayes, 1984, S. 144f.)

Die Stufe des "Engagement" entspricht zeitlich der Stufe der "primären Interaktion" nach Neumann (1983), der "primären Intersubjektivität" nach Trevarthen (1979) und der "objektlosen Stufe" nach Spitz (1972), die unter dem Primat der körperlichen Fürsorge und des gegenseitigen Verbundenseins von Mutter und Kind ohne Objektbezug stehen. Kanäle dieses Verbundenseins, das nach Trevarthen mit elementarem gegenseitigen Verstehen von Gefühlen und Absichten einhergeht, sind vor allem die Haut und die orale Region, später kommt der Aufbau gerichteter Blickkontakte hinzu.

Gerade der Hinweis auf die Anfänge der Mutter-Kind-Interaktion macht deutlich, daß zur Bildung eines Kategoriensystems der Interaktion ein Vokabular erforderlich ist, das auch die Besonderheiten des subjektiven Erlebens der leiblich agierenden Interaktionspartner hervorhebt. Zugleich muß dieses Vokabular stark genug sein, um die Wechselseitigkeit und die Prozesshaftigkeit zu begründen, die beide im Interaktionsbegriff angesprochen sind. Der bloße Hinweis, daß A und B (symbiotisch) verbunden sind, daß sich ihre Aktionen gegenseitig beeinflussen und z.B. wegen des Bedürfnisses nach sozialer Anerkennung aufeinander abgestimmt oder synchronisiert sind, genügt nicht: In dieser Sprache bleiben A und B relativ geschlossene Systeme, die sich gegenseitig beeinflussen. Das Warum der Interaktion, die Dialoghaftigkeit "echter" und Pseudo-Dialoge bleibt ungeklärt. Aus psycholinguistischer Sicht darf sich das Vokabular aber nicht bloß auf die nonverbalen Aspekte der Interaktion beschränken. Es muß eine Verbindung hergestellt werden zur menschlichen Fähigkeit, auch verbal Situationen oder Situationsaspekte zu explizieren und zu implizieren. Hierzu ist wiederum ein Situationsbegriff erforderlich.

Nun existiert bereits ein Kategoriensystem, das diesen Anforderungen gerecht werden könnte. Es liegt vor im "System der Philosophie" des Phänomenologen Hermann Schmitz (zusammengefaßt in Schmitz, 1990). Wichtigster Gegenstand seines Ansatzes ist der "Leib", der unter dem Aspekt des eigenleiblichen Spürens analysiert wird, wie es sich z.B. beim Spüren von Gegebenheiten als etwas von sich (z.B. Schmerz, Hunger, Durst, Frische, Entspanntheit) oder als etwas den Leib Umgebendes oder Befallendes (z.B. Wetter, Schwermut) manifestiert. Hieraus resultiert naturgemäß eine Terminologie, die sich von den Konventionen einer vorwiegend auf Fremdbeobachtung beruhenden Forschung entfernt und stattdessen die Besonderheiten des subjektiven Erlebens hervorhebt. Dies zeigt sich bereits beim Begriff "Leib", der hier als Name für den Gegenstand des eigenleiblichen Spürens fungiert und somit scharf zu unterscheiden ist vom Begriff "Körper", der zwar das gleiche Objekt bezeichnet, aber als einen Gegenstand, den man wie einen Fremdkörper besehen und betasten kann (vgl. Schmitz, 1989).

Was leistet nun die Hervorhebung des Gegenstandes "Leib" für die Bildung eines Kategoriensystems der Interaktion? Im ersten Kapitel des fünften Bandes seines Systems geht Schmitz (1980a) ausführlich auf die Formen leiblicher Begegnung einschließlich Spracherwerb und sprachliche Kommunikation ein. Im folgenden werden die Grundgedanken dieses für den Interaktionsbegriff wichtigen Kapitels aufgegriffen und weitergeführt.

2. Ein Kategoriensystem der leiblichen Begegnung

2.1 Die dialogische Struktur des Leibes

Wie bereits angedeutet, beruht ein Problem im Interaktions- oder Dialogbegriff auf der Schwierigkeit, das Interaktive oder das Dialogische im Prozess der leiblichen Begegnung von A und B zu begründen. Zur Lösung dieses Problems ist die Annahme naheliegend, daß der Leib aus sich selbst heraus interagiert, daß nonverbale und verbale Interaktion bereits in der Struktur des "einsamen" Leibes angelegt sind. Diese Struktur ist in Abbildung 1 verdeutlicht (vgl. Tischer, 1985, S. 38ff.).

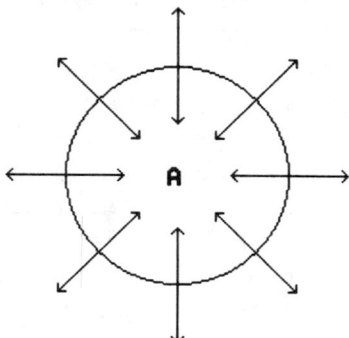

Abb. 1: Dialogische Struktur des einsamen Leibes

Entscheidend für die dialogische Struktur des Leibes ist der Gegensatz von Enge und Weite, der sich jederzeit spürbar und auch beobachtbar durch die beiden räumlich antagonistischen Impulse "Engung" und "Weitung" (Pfeile in Abbildung 1) manifestiert. Das Zeitlich-Prozesshafte dieser Struktur besteht darin, daß sich Engung und Weitung nicht nur simultan manifestieren (Intensität leiblicher Regungen), sondern sich auch sukzessiv ablösen und gegenseitig anfachen können (leiblicher Rhythmus). In der Abbildung nicht dargestellt sind die beiden Fälle, in denen sich Engung und Weitung mit einem Engungsüberschuß (= Spannung, z.B. bei Angst) oder mit einem Weitungsüberschuß (= Schwellung, z.B. bei Wut) verschränken (vgl. Tischer, 1985, S. 42 ff. sowie die Zusammenfassung des leiblichen Kategoriensystems in Schmitz, 1966, S. 19-35 und Schmitz, 1989, S. 44-49).

Der Verband beider antagonistischen Impulse, der nach Schmitz auch "leibliche Ökonomie" genannt werden kann, impliziert für jede noch so geringe leibliche Aktivität einen Dialog durch sich selbst: Einen Dialog durch die beiden Tendenzen der Öffnung aus sich selbst heraus und der aktiven Abgrenzung "zu sich selbst", der Assimilation und der Akkommodation, der weitenden Erkundung neuer Situationen und der engenden Bestimmung des Handlungsvollzugs abhängig von diesen Situationen. Somit sorgt die Struktur des einsamen Leibes dafür, daß dieser nicht einsam sein kann. Für den neugeborenen Leib heißt dies z.B., daß keine Trennung zwischen sich selbst und einer objektiv gegenüberstehenden Umwelt existiert. Er agiert leiblich, und deshalb ist seine Aktivität immer auch dialogisch.

Von großer Bedeutung für das Verständnis des Leibesbegriffs ist die in Abbildung 1 dargestellte Grenze. Sie ist nicht zu verwechseln mit der Körperoberfläche als invariantes Produkt der sensomotorischen Aktivität. Sie ist dagegen gleichzusetzen mit der stets fließenden Scheidung zwischen dem Bereich der Enge und der Weite, zwischen dem umschlossenen und dem fernen Bereich der leiblichen Aktivität. Der umschlossene Bereich ist der stets ausdehnbare Aktions- oder Spielraum des Leibes, und dieser Raum reicht für den gesunden Leib über die Körperoberfläche hinaus (im Gegensatz zum kranken Leib: Hier begegnet man dem Phänomen, daß der Betroffene die nicht betroffenen oder nicht schmerzenden Bereiche seines Körpers als fern von sich selbst und nicht zu sich selbst gehörend empfindet).

2.2 Phasen der leiblichen Begegnung

Was geschieht, wenn sich zwei Personen A und B leiblich begegnen? Wie kann man die Entstehung eines Dialoges bzw. der Interaktion zwischen A und B aus den Kategorien der dialogischen Struktur des einsamen Leibes erklären? Makroanalytisch sind drei Phasen zu unterscheiden: Eine Phase der leiblichen Kontaktaufnahme, eine Phase der Einleibung bzw. der Kontaktschließung und -aufrechterhaltung, und eine Phase der Kontaktbeendigung. Schmitz beschreibt unter dem Begriff "Einleibung" vorrangig die mittlere Phase, unter dem Aspekt des zeitlichen Verlaufs leiblicher Begegnungen sind jedoch die anderen beiden nicht weniger wichtig.

Die erste Phase - die leibliche Kontaktaufnahme - ist in Abbildung 2 angedeutet. Sie setzt voraus, daß sich eine der beiden Personen (A) der anderen Person (B) öffnet bzw. sich dieser nähert und dabei selbst bemerkbar wird. Bezogen auf A ist dies ein auf B gerichteter Weitungsüberschuß der beiden Impulse von A, wobei das antagonistische Wechselspiel von Engung und Weitung noch nicht wechselweise gesteuert wird. Dieser Weitungsüberschuß ist nur die Erkundungstätigkeit von A gegenüber B, die sich z.B. nonverbal als Abtasten des Gegenübers im Blickverhalten oder als Zulächeln (Weitung im Bereich des Mundes), verbal als Gesprächseinleitung durch Ausrufe, Begrüßungen oder Fragen manifestiert. Bezogen auf B hat der Weitungsüberschuß von A aufgrund seiner Zentrierung auf den Nahbereich von B auch eine gewisse Anforderungsqualität, d.h. er geht mit einer (nicht

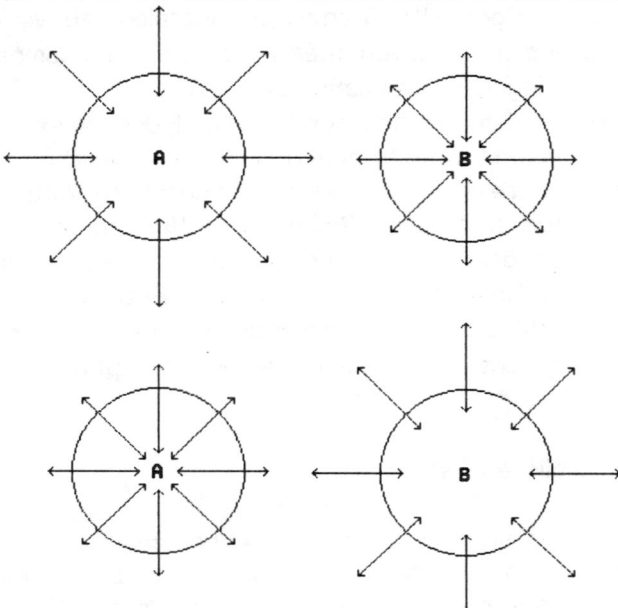

Abb. 2: Leibliche Kontaktaufnahme durch Weitungsüberschuß von A gegenüber B (obere Hälfte) und durch Weitungsüberschuß von B gegenüber A (untere Hälfte).

notwendig dramatischen) Engung von B einher. B ist gefordert von A, und zwar umso stärker, je weiter sich A in den Bereich der Enge von B vorschiebt (ein Extremfall ist z.B. das Anstarren von B in Räumen, in denen B relativ ungeschützt ist). Diese Engungskomponente ist immer auch eine Eingrenzung des Aufmerksamkeitsbereiches von B, und deshalb kann man den Weitungsüberschuß von A auch als Lenkung der Aufmerksamkeit von B durch A bezeichnen. Für B bestehen im folgenden zwei Möglichkeiten. Die erste Möglichkeit ist das Ausweichen bzw. das Sich-Fernhalten von B bei Aufrechterhaltung der Engung – sie führt dazu, daß sich der Einflußbereich von A spürbar erweitert hat, was für A sogar eine Ermunterung sein kann, noch weiter zu gehen (A verfolgt B). Die zweite und in Abbildung 2 (untere Hälfte) dargestellte Möglichkeit ist die, daß innerhalb B die dominierende Engung den antagonistischen Impuls der Weitung anfacht, was wiederum mit der Engung von A einhergeht, usw. Im weiteren Verlauf mag sich nun ein Wechsel des sich gegenseitigen Prüfens anbahnen, ohne dabei leibumschlossen verbunden zu sein – z.B. im einleitenden Spiel des sich gegenseitig abtastenden Blickverhaltens, des sich messenden Fragens und Antwortens, des verbalen Austauschs von Stellungnahmen.

Die Einleibung als zweite Phase der leiblichen Begegnung ist in Abbildung 3 dargestellt. Dieser für das Verstehen der Wechselbeziehung zwischen A und B wichtige Begriff besagt folgendes:

"Wenn ... der sonst immanent leibliche Dialog gleichsam herausgekehrt und an Partner – zwei oder mehr als zwei, darunter eventuell auch leblose, keines eigenen Spürens fähige Dinge oder Halbdinge, wie im Falle des Knäuels oder Balles, womit die Katze spielt – verteilt ist, bildet sich ad hoc so etwas wie ein übergreifender Leib, in dem die Rolle der Enge, die zugleich Quelle des den Leib durchziehenden und ordnenden Richtungsgefüges ist, jeweils von einem der Partner übernommen wird; das ist Einleibung." (Schmitz, 1980a, S. 24)

Genau dies zeigt Abbildung 3: Nachdem A, wie oben beschrieben, die Aufmerksamkeit von B auf sich gezogen hat (die Intentionalität dieses Vorganges spielt für seine Erklärung nur eine untergeordnete Rolle), wird A zum Engepol eines übergreifenden Leibes, in dem B

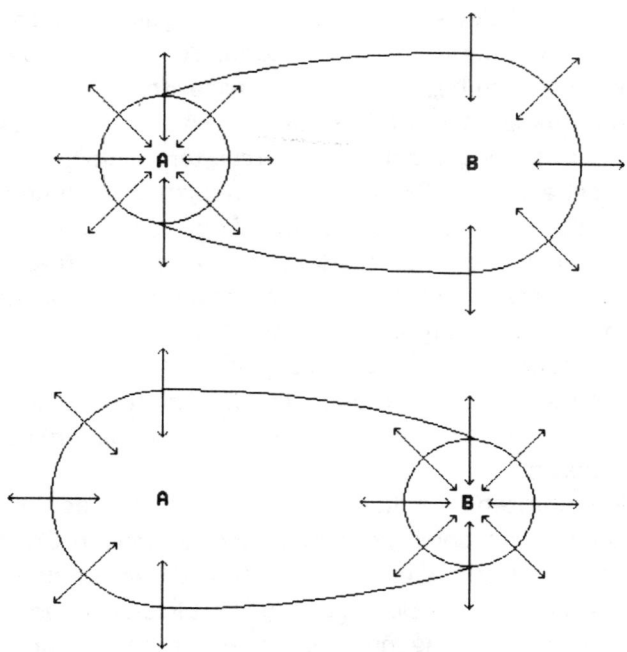

Abb. 3: Einleibung von B mit A als dominierender Engepol des übergreifenden Leibes (oben) und Einleibung von A mit B als dominierender Engepol (unten).

förmlich "aufgeht". Das heißt, daß der Nah- bzw. Engebereich von A nun (vorübergehend) zum steuernden Zentrum aller Aktivitäten von B geworden ist. Dies führt u.a. dazu, daß sich B in weiten Bereichen seines Verhaltens dem Verhalten von A annähert, von A angesteckt wird (auch im Sprachverhalten, vgl. Jaffe & Feldstein, 1970; Webb, 1972; Giles, Taylor & Bourhis, 1973; Natale, 1975 bzw. für die Vokalisierungen des Säuglings: Bloom, Russel & Wassenberg, 1987 und Bloom, 1988). Hierdurch wird nicht nur das Phänomen der Ansteckung als Vorstufe der Nachahmung erklärt (vgl. Valentine, 1930; Tomkins, 1962; Piaget, 1969), sondern auch die Entstehung zeitlicher Synchronität ohne Reaktionszeit im Verhalten von B relativ zu A (vgl. Condon, 1977). Das Mitschwingen von B kann selbstverständlich auch von A erfahren werden, und so ist A jederzeit dazu ermächtigt, seine führende Rolle abzugeben (Abbildung 3, unterer Teil): Es kommt zum oszillierenden Wandern des Engepols, der nun wie ein Spielball von A nach B und von B nach A zurückgegeben wird. Faßt man den Träger der Enge des übergreifenden Leibes als Sprecher auf, so ist Einleibung die leibliche Wurzel des Turn-taking im verbalen A-B-Dialog. Die auch für sinnloses, "pseudodialogisches" Sprechen charakteristische Übernahme der Sprecherrolle besteht hierbei darin, den Engepol des übergreifenden Leibes hervorzuheben. Auch die enge Korrelation zwischen der zeitlichen Kongruenz von "intrapersonalen Pausen" beim Sprechen und dem "affektiven Engagement" der beteiligten Dialogpartner wird erklärbar (z.B. Beebe et al., 1988). Das Wechselspiel im Wandern der dominierenden Rolle, d.h. des Trägers der Enge des übergreifenden Leibes, bleibt in seinen zeitlichen Merkmalen so lange aufrecht erhalten, bis einer der beiden Partner den vom anderen zurückgegebenen Engungsimpuls nicht mehr aufgreift, d.h. bis dieser seine als "affektives Engagement" benennbare Orientierung am anderen aufgibt, was sich z.B. in verhaltener Stimme oder in den zeitlichen Merkmalen seines Sprechens manifestieren kann, wenn sie mit denen des Partners nicht kongruieren.

Der im Dialog entstehende übergreifende Leib (in der Abbildung elliptisch dargestellt) wird somit im Verlauf der reziproken Orientierung von A auf B und von B auf A erst geschaffen. Offen ist dagegen die Frage, wie und unter welchen Bedingungen die Einleibung endet - die dritte Phase der leiblichen Begegnung. Oben wurde bereits angedeutet, daß dies dann geschieht, wenn einer der beiden Partner nicht mehr "mitspielt". Diese Erklärung ist aber erstens tautologisch und zweitens noch von der für die Anfangsphase typischen Disjunktion zwischen zwei Individuen A und B geprägt, was ja mit dem Begriff des übergreifenden Leibes hinfällig ist. Der Erklärung kommt man näher, wenn man sich an Situationen orientiert, in denen sich Einleibung nicht nur ahnen, sondern auch beobachten läßt, z.B. an der Party oder am Beischlaf. Beide sind nach der vorliegenden Begrifflichkeit insofern gelungen, als in beiden Fällen ein übergreifender Leib gebildet wird - bei der Party "breitet sich eine Atmosphäre von hoher kollektiver Intimität aus, in der sich die Zuschauer von privaten Vertraulichkeiten, wie z.B. zärtlich Liebende sie tauschen, nicht mehr so schroff wie sonst herausgefordert und ausgeschlossen fühlen" (Schmitz, 1980a, S. 52f.). Neben der kollektiven Intimität ist die kollektive Aktivität und Spannung, die die sich leiblich Begegnenden "zu einem außergewöhnlichen Grad von Exaltation" führt, ein weiteres Merkmal (Lacrosse, 1978, S. 384). Das Ende des Abends/der Liebesnacht/des Dialoges ist aber keineswegs abrupt, wie es die Erklärung "einer hört auf" nahelegen würde. Es besteht in der Rückkehr zur Ruhe und in der "Wiederherstellung der früheren Sozialordnung", wobei das Integrative des übergreifenden Leibes nicht sofort verschwindet, sondern (bei der Party) noch "bis zum nächsten Tag eine Art magischer Aura" über dem Ort der Begegnung liegt (ebd., S. 386). Demnach besteht die Beendigung des leiblichen Dialoges phänomenal darin, daß sein Produkt - der übergreifende Leib - als gemeinsame Situation fortbesteht, während die Partner nicht mehr interagieren, den Engepol nicht mehr hervorheben, das "Spiel" des Turn-taking (Watson, 1972) nicht mehr betreiben. Sie betreiben es nicht mehr, weil sie ein Werk vollbracht

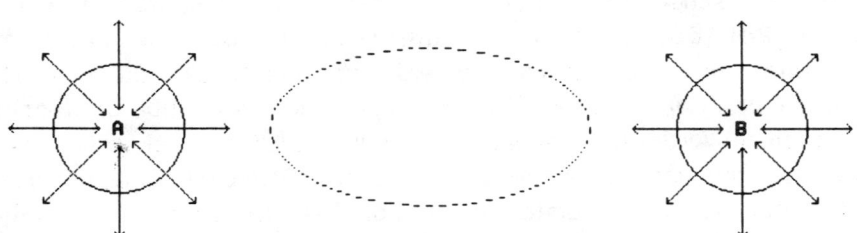

Abb. 4: Endphase der Einleibung mit gemeinsamer Situation als Produkt der A-B-Interaktion

haben und darin aufgehoben sind, auch wenn sie körperlich disjunkt den Geschäften der "früheren Sozialordnung" bereits wieder nachgehen. Sie können bei späteren Begegnungen jederzeit darauf zurückgreifen, und dies begründet die Dialogsicherheit von einander vertrauten Personen. Der übergreifende Leib wird sich erst auflösen, wenn er von den Partnern nicht mehr durch erneute Einleibung gepflegt wird. Erst dies ist das Ende der leiblichen Begegnung und des Gesprächs, ihres verbalen Aspekts.

2.3 Formen der Einleibung

Zur Begründung des Phänomens der A-B-Interaktion wurden leibliche Begegnungen nur sehr generell beschrieben. Da sich die Aktivität jedoch nicht auf den leiblichen Dialog mit anderen Personen beschränkt, müssen die verschiedenen möglichen Formen der Einleibung gesondert herausgearbeitet werden. Schmitz unterscheidet drei Formen: Die einseitige, die wechselseitige und die solidarische Einleibung. Eine weitere Form wird in einem Abschnitt zum chorischen Sprechen behandelt. Zur Kennzeichnung dieser keineswegs nur auf das Sprechen bezogenen Form sei hier der Begriff chorische Einleibung eingeführt.

Einseitige Einleibung. Diese Form ist dadurch definiert, daß "die dominierende Rolle, Träger des übergreifenden Leibes zu sein, konstant bei einem Partner bleibt" (Schmitz, 1980a, S. 24). Einseitige Einleibung ist jedoch keineswegs auf das Interagieren zwischen Personen beschränkt, sondern erfolgt auch beim Agieren mit leblosen Dingen oder scheinbar belebten Halbdingen (z.B. ein hüpfender Ball - ebd., S. 24): Das Zentrum der Aufmerksamkeit bzw. die Enge des übergreifenden Leibes ist hier einseitig nur das Objekt, auf das alle Aktionen zentriert werden und das als Träger des übergreifenden Leibes diese Aktionen steuert (dies sollte auch für Vokalisierungen gelten, die auf das Objekt zentriert werden). Damit ein Objekt - oder eine Person, z.B. im Extremfall der hypnotischen Suggestion - einseitig diese Rolle einnehmen kann, muß von diesem natürlich ein gewisses "Stigma der Lebendigkeit" (ebd., S. 28) ausgehen. Dies können z.B. jene Reizqualitäten sein, die auch zum Auslösen physiologischer Orientierungsreaktionen führen (vgl. Lynn, 1966; van Olst, 1971). Objektbewegungen und durch eigenleibliche Aktivität herbeigeführte

Variationen der Objektmerkmale sind hier wohl die wichtigsten Voraussetzungen, da sie auch die Aktivität der handelnden Person herausfordern und anfachen. Einseitige Einleibung ist jedoch mehr als nur Aufmerksamkeitslenkung: Sie impliziert die Bildung eines übergreifenden Leibes, so daß die Person vom Objekt geführt, die stützende Rolle der Enge des eigenen Leibes vom Objekt übernommen wird.

Handelt es sich um eine Person als Träger dieser Rolle, ist die Beziehung zwischen beiden stark asymmetrisch. Deshalb eignet sich zur besonderen Kennzeichnung der Begriff "antagonistische Einleibung". Zwischen den Personen besteht hier eine klare Abhängigkeitsbeziehung, z.B. in der Beziehung zwischen Kleinkind und Mutter als Prototyp der antagonistischen Einleibung. Sie besagt nicht bloß, daß die Mutter für das Kleinkind eine "Heimatbasis" ist, sondern auch, daß sie eine Person ist, auf die das Kind seine eigenen Erfahrungen und Handlungen zentriert, z.B. beim Zeigen:

"Es wäre ... ein Mißverständnis, das anfängliche Zeigen als Darstellung und Ankündigung einer Absicht, in die gezeigte Richtung zu gehen, aufzufassen. Vielmehr hängt das Kind meiner Vermutung nach durch Einleibung an der Mutter als übergeordnetem leiblichen Zentrum und richtet sich nach ihr nicht durch Gehorsam, sondern viel drastischer so, daß die leiblichen Richtungen des Blicks und des motorischen Verhaltens, ihm ... spürbar, von diesem Zentrum ausstrahlen und von ihm noch nicht in seine eigene Regie genommen sind. Daher der Rückwärtsblick, der sich vergewissert, daß die Vorwärtsrichtung, auf die es sich in seinem Zeigen und Blicken eingelassen hat, in der Mutter als Ursprung, aus dem hervor es sich in die Weite wagt, verankert ist." (Schmitz, 1980a, S. 40)

Wechselseitige Einleibung. Diese Form wurde bereits in 2.2 besprochen. Sie unterscheidet sich von der einseitigen Einleibung darin, daß der Engepol des übergreifenden Leibes oszillierend zwischen beiden Partnern hin und her springt, aber im Sinne eines aktiven Zuspielens zum Partner, der gerade nicht die dominierende Rolle hat. Als Beispiel wurde bereits das Turn-taking im verbalen Dialog genannt. Auf vokaler Ebene innerhalb der Mutter-Kind-Interaktion nimmt es bereits im Alter von ca. 4 Monaten sprunghaft zu (Ginsburg & Kilbourne, 1988); d.h. es gibt in Beziehungen, in denen die asymmetrische antagonistische Einleibung die dominierende Form ist, durchaus Momente und Verhaltensaspekte, in denen sich wechselseitige Einleibung herausformt. Sehr anschaulich wird wechselseitige Einleibung im gegenseitigen Händedruck (Schmitz, 1980a, S. 33ff). Für das Zusammenwachsen der Partner zu einem leiblichen Ganzen spricht hier die Tatsache, daß der Kontakt von den Partnern in der Regel gleichzeitig abgebrochen wird (Synchronität der Aktionen ohne Reaktionszeit als Merkmal der wechselseitigen Einleibung). Auch das Zudrücken erfolgt simultan, d.h. zur Beschreibung des Verhaltens bei wechselseitiger Einleibung ist das Stimulus-Response-Schema ungeeignet.

Chorische Einleibung. Diese Form ist in Abbildung 5 dargestellt. Sie ist dadurch charakterisiert, daß sich zwei oder mehrere Personen ein Beziehungszentrum X teilen (z.B. ein Ding, einen Sachverhalt, ein Problem), ohne jedoch einander durch einseitige oder wechselseitige Einleibung verbunden zu sein. In der Folge agieren sie chorisch in der Weise eines Gemeinschaftsmonologes mit kollektiver Ausrichtung auf X, wobei X den gemeinsamen Engepol mehrerer übergreifender Einheiten A-X, B-X ... N-X bildet. Schmitz beschreibt diese Form exemplarisch in einem Abschnitt zum chorischen Sprechen (ebd., S. 113ff). Als Beispiel nennt er das kollektive Schimpfen und Murren von Personen, die am Bahnhof stehen und auf den verspäteten Zug warten. Der kollektive Monolog spielender Kinder gehört zweifellos ebenso in diese Kategorie (vgl. Piaget, 1972). Beispiele aus dem Tierleben folgen (palavernde Dohlen vor dem Abflug; gemeinsamer Bezugspunkt ist hier eine einzelne Dohle, die mit einem besonderen Ruf ihre Bereitschaft zum Ausfliegen kundgibt).

Chorische Einleibung und chorisches Sprechen trägt demnach ähnlich wie wechselseitige Einleibung das Merkmal der Ansteckung,

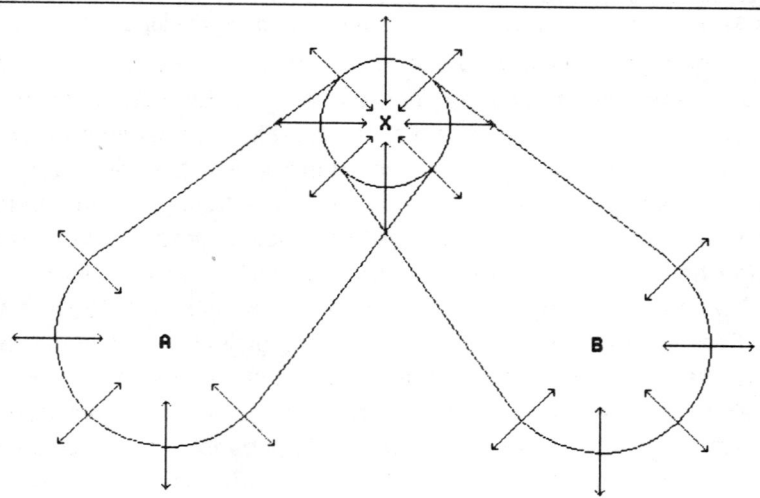

Abb. 5: Chorische Einleibung

aber zunächst nur wegen der gemeinsamen Ausrichtung auf einen Bezugspunkt, der das kollektive Agieren veranlaßt. In den Phasen vor und nach der chorischen Einleibung ist zwar wechselseitige Einleibung möglich, jedoch kommt chorische Einleibung auch ohne Adressaten aus. Auch persönliche verbale oder nonverbale Stellungnahmen sind nicht notwendig, wenngleich sie in vielen Fällen enthalten sind (z.B. kollektiver Monolog bei Kindern, einstimmiges Wiederholen verbaler Sachverhaltsexplikationen innerhalb Diskussionen, gebetsmühlenmäßig vorgetragene Parteiprogramme von Politikern). Vorausgesetzt ist nur ein X, das mehrere Personen betrifft und berührt. Das Agieren dieser Personen und ihre Beziehung zueinander ist vorrangig durch X vermittelt.

Aus psycholinguistischer Sicht ist das Modell der chorischen Einleibung noch ausbaufähig. Die genannten Bedingungen der chorischen Einleibung sind nämlich Nährboden für den Gegenstandsbezug der Sprache und damit auch indirekt für die Entstehung ihrer explikativen Funktion, d.h. für die symbolische Hervorhebung von Dingen, Sachverhalten, Problemen oder Programmen aus Situationen. Wechselseitige Einleibung ermöglicht nur die gegenseitige Übernahme und Anpassung von Vokalisierungen (z.B. im Pseudodialog zwischen Mutter und Kind ohne expliziten Bezug auf Gegenstände und Sachverhalte). Die Objekte, mit denen die Personen A oder B agieren, können bei wechselseitiger oder antagonistischer Einleibung wegen ihrer Integration in den Nahbereich dieser Personen nur als Teile von A oder B aufgefaßt werden (z.B. ein Ball in der Hand der Mutter, der bei antagonistischer Einleibung für das Kind ein Teil des Mutter-Leibes ist). Die simultane Ausrichtung der Aufmerksamkeit einer Person A auf Person B und auf Objekt X steht dem Modell der wechselseitigen oder antagonistischen Einleibung entgegen (entsprechend der Phase der "primären Intersubjektivität" nach Trevarthen & Hubley, 1979).

Die kollektive Ausrichtung der Aktivität auf ein gemeinsames Objekt entspricht dagegen dem Modell der chorischen Einleibung. Sie führt dazu, daß die Aktionen von A und B an das Objekt X gebunden sind und somit als funktionelle Attribute von X erscheinen. Übertragen auf Vokalisierungen beim Benennen von Objekten heißt dies, daß das vorausgesetzte Objekt die Vokalisierungen ganz im Sinne der Einleibung an sich bindet, wobei das Objekt auch die Vokalisierungstätigkeit anderer Personen anregt und formt, deren Aufmerksamkeit sich auf das gleiche Objekt richtet. Die hierbei entstehende Verbindung von Vokalisierung und Objekt ist aber keine gedankliche Assoziation, wie es mentalistische Modelle nahelegen (nach dieser Auffassung ließe sich Sprachentwicklung nur als quantitatives Wachsen von Assoziationen beschreiben), sondern eine zentripetale und akkomodative Ausrichtung des in der Vokalisierung gegebenen Weitungsimpulses am Nahbereich des vorausgesetzten konkreten Objektes X (also auch an den Merkmalen von X), mit dem z.B. Mutter und Kind agieren. Die als Laut wahrgenommene Vokalisierung der Mutter verwächst somit mit dem Objekt, der Laut wird zum Attribut des Objekts. Diese Verbindung ist nicht zu verwechseln mit der symbolischen oder explikativen Funktion der Sprache, sie ist nur Nährboden für ihre Geburt. Für das Kind heißt dies, daß es im kognitiven Entwicklungsabschnitt beginnender Objektpermanenz seine Vokalisierungsaktivität auch auf das Objekt zentriert. Im Resultat entsteht chorisches Sprechen, z.B. wenn Mutter und Kind chorisch ein und dasselbe Objekt "anrufen", ohne in diesem Moment durch wechselseitige Einleibung verbunden zu sein und ohne dabei notwendig die Vokalisierungen phonologisch anzupassen. Es sei betont, daß der Umfang des kindlichen Wortschatzes demnach auch von der gemeinsamen Ausrichtung der Aufmerksamkeit von Mutter und Kind auf das gleiche Objekt abhängen sollte. Eine neuere Untersuchung von Smith, Adamson und Bakeman (1988) zum Zusammenhang zwischen Interaktionsstil und Wortschatzumfang bestätigt dies.

Solidarische Einleibung. Im Unterschied zum chorischen Sprechen besteht solidarische Einleibung "unter Partnern, die miteinander ein Bezugszentrum teilen, an dem sie gemeinsam in antagonistischer (oder wechselseitiger - d. Verf.) Einleibung Anteil haben" (Schmitz, 1980a, S. 40). Im Resultat entsteht ein übergreifender Leib, der auch die in gegenseitiger Einleibung verbundenen Partner umschließt (Abbildung 6). Wie beim chorischen Sprechen setzt solidarische Einleibung mindestens drei Teilnehmer voraus, wobei einer (bzw. ein X) die dominante Rolle des fesselnden Zentrums übernimmt. Was hinzukommt, ist die antagonistische oder wechselseitige Einleibung zwischen den Partnern A, B ... N mit Ausrichtung auf X. Sie sorgt dafür, daß sich die Partner im gemeinsamen Agieren aufeinander einstellen, z.B. bei der arbeitsteiligen Erstellung eines Werksstücks "Hand in Hand" arbeiten. Ein weiteres Beispiel sind "Musiker, die miteinander singen oder ein Konzert geben, wobei das Musikstück die dritte Rolle (des X - d. Verf.) spielt" (ebd., S. 42).

Die aus dem Bereich des kollektiven Schaffens entnommenen Beispiele weisen auf eine weitere Besonderheit der solidarischen

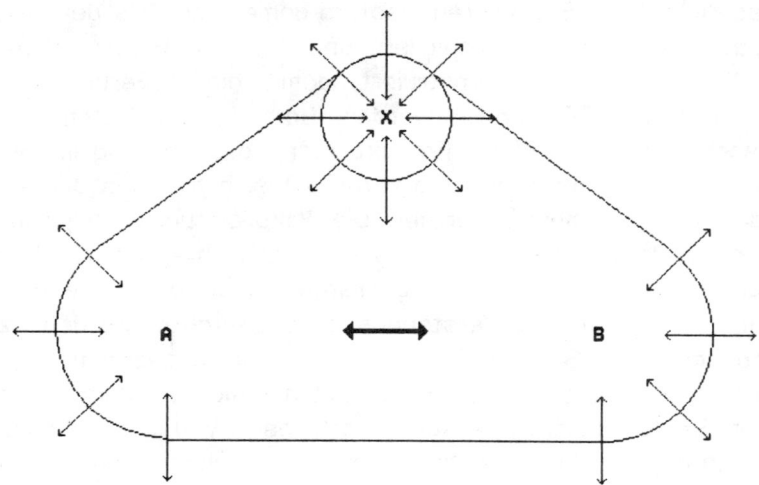

Abb. 6: Solidarische Einleibung

Einleibung hin: Während der chorischen Einleibung eine den Partnern gemeinsame Situation oder ein gemeinsames X vorausgesetzt ist, entsteht und verändert sich diese in der solidarischen Einleibung aus der leiblichen Verbundenheit der Partner heraus. Ein Textbeleg hierfür ist die Abgrenzung zwischen chorischem Sprechen und Singen als Beispiel für solidarische Einleibung:

"Vom gemeinsamen Singen unterscheidet dieses chorische Sprechen sich ... dadurch, daß wechselseitige Einleibung, die bei jenem nahezu sofort aus dem Stand heraus zu kommen pflegt, hier anfangs fehlen kann und dafür eine gemeinsame Situation, die zum chorischen Sprechen treibt, vorausgesetzt ist, während eine solche beim Singen sich erst bildet." (ebd., S. 114)

Übertragen auf verbale Kommunikation – deren sozial integrierende Funktion bereits nonverbal verankert und auf Einleibung zurückführbar ist – heißt dies, daß die Keimzelle einer weiteren und von der auf dem bloßen Verwachsen von Vokalisierung und Objekt beruhenden explikativen Funktion zu unterscheidende Sprachfunktion in der solidarischen Einleibung zu suchen ist. Dies ist die implikative, gegenstandskonstituierende Sprachfunktion, wobei der Begriff "Implikation" hier die Einschmelzung von Sachverhalten, Problemen oder Programmen in eine Situation als Produkt der solidarischen Einleibung bedeutet. Im Unterschied zur explikativen Funktion und zum chorischen Sprechen setzt sie zwei durch wechselseitige Einstellung bzw. Einleibung verbundene

Partner voraus, deren verbales Agieren konstruktiv auf die Gestaltung von X ausgerichtet ist. Sie agieren insofern gemeinsam, als der jeweilige Sprecher ein Objekt X impliziert und es dem Hörer nahelegt, während der Hörer ein X konstruiert, damit die Äußerungen des Sprechers auch für ihn sinnvoll werden. Das fesselnde Zentrum X – der Gesprächsgegenstand als Produkt oder die Bedeutung im Sinne von Hörmann (1976) – entsteht und verändert sich hier aus der sinnschaffenden Aktivität beider Partner. Die Vokalisierungen explizieren demnach keine vorausgesetzten Gegenstände/Sachverhalte/Probleme etc., sondern implizieren diese in "gemeinte" Situationen, die in der gemeinsamen Tätigkeit des Verstehens erst gestaltet werden (z.B. beim metaphorischen Sprechen). Angesichts der Abgestimmtheit im Rede-Antwort-Spiel und der Sicherheit, mit der sich die Partner trotz explikativer Sinnlosigkeit zu verstehen scheinen, wird der teilnahmslose Beobachter, der das Beziehungszentrum X nicht kennt, ebenso fassungslos vor einem Rätsel stehen wie Cassius Dio als Augenzeuge im Zirkus des antiken Rom, wo die Menschenmenge übereinstimmend bald in die Hände klatschte, bald in Ruhe zurückfiel oder plötzlich einstimmig das baldige Ende des Krieges wünschte (Oehler, 1961, S. 117).

Der in der solidarischen Einleibung gebildete übergreifende Leib ist aber nur Keimzelle der implikativen Funktion der Sprache, denn er setzt kein Sprechen voraus. Zur Kennzeichnung verwendet Schmitz häufig den Begriff "Stimmungsglocke", von der die Partner umschlossen sind und in die sie versinken. Der übergreifende Leib – mit X als fesselndem Zentrum – wirkt hier mit der Kraft eines Soges, der sie während ihres Agierens immer an X hängen läßt und der dafür sorgt, daß sie "Einwachsen in eine gemeinsame Situation ..., in die dann die persönlichen Situationen der Beteiligten ... aufgenommen werden" (ebd., S. 110). Die integrative Funktion von X als Zentrum des übergreifenden Leibes läßt sich z.B. beim gemeinsamen Singen dadurch begründen, daß hier X als beständig neu geschaffener Text vorliegt, d.h. "bloßes gemeinsames Summen ohne Text würde die am Gesang abgelesenen Phänomene nicht liefern, und Singen ist nicht weniger als Sprechen eine Art, zu reden" (ebd., S. 111). Diese Bemerkung ist wichtig für das Verstehen der solidarischen Einleibung: Die "Stimmungsglocke" des übergreifenden Leibes ist nicht etwa auf die musikalischen oder prosodischen Aspekte von Vokalisierungen zurückzuführen, sondern auf ein X, auf das die Beteiligten "hin" singen. Gleichermaßen ist der übergreifende Leib nicht auf eine emotionale Hochstimmung reduzierbar. Er kann atmosphärisch auch ins Dumpfe verschoben sein, z.B. wenn Männer am Stammtisch einen Klumpen bilden und dort "ein eigenartiges Vergnügen daran finden, beim Biertrinken, Skatspielen und harmlosen Politisieren beisammen zu ´hocken´, zum Leidwesen ihrer mehr an antagonistischer leiblicher Kommunikation interessierten Frauen" (ebd., S. 112).

2.4 Sprache und Einleibung

Bislang wurden Phasen und Formen der Einleibung vorgestellt, ohne auf das genaue Verhältnis von Sprache und Einleibung einzugehen. Es zeigte sich, daß soziale Integration und Interaktion mit einem Kategoriensystem der leiblichen Begegnung begründet werden kann, ohne verbale Kommunikation vorauszusetzen. Es wurde darauf hingewiesen, daß die chorische Einleibung der Nährboden der explikativen und die solidarische Einleibung die Keimzelle der implikativen Funktion der Sprache ist. Antagonistische und wechselseitige Einleibung sind wiederum Quellen der Nachahmung und der dialogischen Struktur von Gesprächen. Aber ebenso wie leibliche Begegnungen nicht gleichzusetzen sind mit verbaler Kommunikation, sind auch die genannten Formen der Einleibung nicht gleichzusetzen mit den Funktionen und Strukturen von Sprache. Aus psycholinguistischer Sicht muß deshalb das Verhältnis von Sprache und Einleibung klarer beschrieben werden. Setzen wir voraus, daß Personen sprachlich ganze Situationen oder Situationsaspekte explizieren/implizieren, daß sie Gespräche führen und Sprachen lernen, so muß hierbei auf drei Punkte eingegangen werden: Erstens auf den Situationsbegriff, zweitens auf das Gespräch als besondere Form der Begegnung, drittens auf den Spracherwerb.

2.4.1 Der Situationsbegriff in seinem Verhältnis zu Einleibung und Sprache

Entsprechend Abbildung 1, die auch als Darstellung des klassischen Gestaltkreises gesehen werden kann, sind Situationen zunächst "chaotisch-mannigfaltige Ganzheiten": Der Bereich innerhalb des Vollkreises ist nicht nur als "Nähe", sondern auch als Situation zu sehen, in der sich jemand befindet und unter deren Elementen ein "chaotisches" Verhältnis (nicht durchgängige Entschiedenheit zwischen Identität und Verschiedenheit) besteht. In Verbindung mit dem Einleibungsbegriff ergibt sich als Konsequenz, daß in leiblichen Begegnungen per Einleibung auch ein Zugang zu ganzen Situationen und die Einbettung von persönlichen Situationen in gemeinsame Situationen gewährleistet ist - eine primitive, vorsprachliche Form des Verstehens und des Aneignens von Erfahrungen, die funktional der Phase der "primären Intersubjektivität" (Trevarthen, 1979) entspricht.

Zu Situationen im engeren Sinn gehören nach Schmitz (1980a, S. 45f.) mindestens *Sachverhalte;* darüber hinaus können sie noch *Probleme* und *Programme* (Normen, Wünsche, Erlaubnisse) umfassen.

Eine weitere kategoriale Präzisierung des Situationsbegriffs betrifft die Unterscheidung zwischen *persönlichen* und *gemeinsamen* Situationen. Persönliche Situationen bilden sich durch den Prozeß der "personalen Emanzipation" von der leiblichen Situationsbetroffenheit (wobei der Rückzug eines Subjekts, das sich aus der Verschmelzung mit dem "Hier und Jetzt" löst, mit einer Objektivierung von Situationen bzw. von Sachverhalten, Problemen und Programmen einhergeht) sowie durch "Explikation aus und Implikation in Situationen" (ebd., S. 46). Für gemeinsame Situationen gilt dagegen, daß sie "für Andere ebenso ... in Betracht kommen, gelten oder Platz lassen" (ebd.). Sie entstehen aus Einleibung, die als Quelle oder Nährboden gemeinsamer Situationen häufig auch nachweisbar ist (z.B. Entstehung gemeinsamer Situationen auf Parties aus den drei Einleibungsphasen "Anfang", "Höhepunkt" und "Ende" - ebd., S. 52ff). Ein Beispiel für gemeinsame Situationen sind nach dieser Kategorisierung auch die Sprachen, "aus denen einzelne Regeln gewöhnlich erst dann auffällig werden, wenn man an einer Rede Anstoß nimmt; Sprachen sind sogar selbst solche gemeinsamen Situationen, und die sprachliche Kompetenz ist daher ein Stück der kommunikativen" (ebd., S. 47).

In welchem Verhältnis stehen nun Einleibung und Sprache sowie Einleibung und Sprechen zueinander? Da gemeinsame Situationen erst aus Einleibung entstehen, ist eine Sprache der Einleibung nachgeordnet, sie ist ihr Produkt. Entsprechendes gilt für die Entstehung von personenübergreifenden sprachlichen Problemen (z.B. Probleme der Rechtschreibung) und Programmen (z.B. Regeln des Sprachsystems), die sich als Bestandteile der gemeinsamen Situation erst dann manifestieren können, wenn im Prozeß der wechselseitigen, chorischen oder solidarischen Einleibung abweichende Standpunkte aufeinander stoßen (persönliche Standpunkte als Teil der persönlichen Situation im engeren Sinn, d.h. für die Einzelperson zutreffende oder von ihr vertretene Sachverhalte) und durch Einleibung in die gemeinsame Situation eingehen. Anders ist das Verhältnis zwischen Einleibung und Sprechen, da beim Sprechen Situationen und Situationsbestandteile expliziert und impliziert werden, was wiederum mit personaler Emanzipation bzw. Objektivierung von Situationen einhergeht. Um den oben begonnenen Faden weiter zu spinnen, ist die verbale Explikation beim Sprechen als Produkt der personalen Emanzipation im Verlauf der chorischen Einleibung anzusehen, die verbale Implikation dagegen als Produkt der personalen Emanzipation im Verlauf der solidarischen Einleibung.

Die Produktqualität von Sprache und Sprachfunktionen ist aber nur ein Aspekt des zu klärenden Verhältnisses. Ein weiterer Aspekt ist in der Beziehung zwischen Einleibung und Situation bzw. zwischen sprachlicher Mitteilung und Situation zu suchen. Durch Einleibung können Situationen vermittelt werden, weil hier Sachverhalte, Probleme und Programme in chaotisch-mannigfaltige Ganzheiten "eingeschmolzen" sind, d.h. die verschiedenen Situationsaspekte werden ganzheitlich übernommen und geteilt. Die sprachliche Mitteilung dagegen läßt Sachverhalte, Probleme und Programme einzeln hervortreten – z.B. durch Aussagen wie "Der Ball ist grün" (Sachverhalt), "Wo ist die Arnulfstraße" (Problem), "Laß mich jetzt bitte allein" (Wunschprogramm), "Sag ´bitte´, wenn du etwas haben willst" (normatives Programm), "Das ist ein Rotkohl. Man kann auch Blaukraut dazu sagen" (Erlaubnisprogramm). Die sprachliche Leistung bei der Explikation und der Implikation durch verbale Mitteilungen ist demnach nicht die Mitteilung, sondern die Hervorhebung einzelner Situationsmerkmale, die Abgrenzung von Sachverhalten/Problemen/Programmen innerhalb der Situation. Genau dies ist der Punkt, wo Sprechen – als Teil der Einleibung im Prozeß des Vokalisierens – nicht mehr nur Kommunikation ist, sondern mit der aktiven Abgrenzung und Rekombination singulärer Situationsmerkmale eine "kognitive" Größe wird – in den Worten von Schmitz (ebd., S. 117f.):

"Weil die bloße Explikation von Sachverhalten, Programmen und Problemen aus chaotischem Mannigfaltigem schon als Mitteilung mißverstanden wird, kommt es zu der schier inkorrigiblen Auffassung des Monologs (stummes oder lautes Vorsichhinsprechen), ja des einsamen Denkens als Selbstgespräch, die nur in Sonderfällen paßt (...) Erst wenn es nicht mehr auf die Situation als solche ankommt, sondern der chaotischen Mannigfaltigkeit ... einzeln Sachverhalte, Programme und Probleme abgewonnen werden müssen, bedarf es der Rede."

Halten wir fest: Mit der historischen Bestimmtheit von Sprache (im Sinne von "langue" oder Sprachvermögen) als gemeinsame Situation, als Produkt der Einleibung einerseits, andererseits mit der funktionellen Bestimmtheit von Sprache (im Sinne von "parole") als explikatives oder implikatives Abgrenzen von Situationsmerkmalen – eine kognitive Funktion, in der sich Sprache von Einleibung unterscheidet – wird das Kategoriensystem um eine psycholinguistische Komponente bereichert. Es gilt der Grundsatz: Das vermeintlich Sprachliche – die soziale Integrationskraft der Mitteilung – ist keine sprachliche Leistung; die vermeintliche nichtsprachliche Leistung – die Hervorhebung bzw. das Abgrenzen von Situationsmerkmalen beim Explizieren aus und beim Implizieren in Situationen – ist dagegen sprachlich.

2.4.2 Das Gespräch als besondere Form der leiblichen Begegnung

Das Gespräch als besondere Form, in der Personen zusammentreffen und zusammenwirken, zeichnet sich durch drei Merkmale aus: Durch wechselseitige Einleibung der Gesprächspartner, durch persönliche Stellungnahmen und durch Entstehung einer gemeinsamen Situation (vgl. Schmitz, ebd., S. 97ff).

Wechselseitige Einleibung ist zwar nicht nur an das Gespräch gebunden, jedoch beruhen besonders die interaktionsindizierenden nonverbalen und paralinguistischen Aspekte des Gesprächs auf wechselseitiger Einleibung. Die Auffassung vom Gespräch "als eine Art des Sprachgebrauchs, etwa als Wechselrede einzelner Sprecher, in denen jeder auf vorher Gesagtes zurückkommt", ist daher ein Mißverständnis (ebd., S. 97f.). Unabhängig von der explikativen Funktion der Äußerungen lassen sich z.B. bereits in der fokussierenden Einleitungsphase den paralinguistischen Merkmalen der Stimme beim Hervorheben, Verdeutlichen und beim partnerbezogenen Akzeptieren von Aktivitätszusammenhängen interaktive Komponenten entnehmen (z.B. Heben der Stimme, Drucksen, intra- und interpersonale Sprechpausen, zustimmendes "Hm" etc. – vgl. Kallmeyer, 1978). Unter dem Aspekt der wechselseitigen Einleibung dienen diese Merkmale aber nicht nur der Aufmerksamkeitslenkung auf bestimmte Gesprächsinhalte, sondern sind zugleich Hervorhebungen von leiblichen Engepolen als Zentren der wechselseitigen Einleibung (z.B. Lenkung der Aufmerksamkeit auf bestimmte Gesprächspartner in der Phase der leiblichen Kontaktaufnahme; Signale für die Bereitschaft zum Abgeben bzw. für das Aufnehmen des Engepols des übergreifenden Leibes in der Einleibungsphase). Ein weiterer wichtiger Kanal der Einleibung in Gesprächen ist der Blick, der als Signal für das Turn-taking fungiert (Kendon, 1967) und auch die "Interaktionsflüssigkeit" beeinflußt (Argyle, Lalljee & Cook, 1968) - in den Worten von Schmitz(1980a, S. 98f.):

"Blickwechsel mit einander erzwingt meist eine klare Entscheidung darüber, ob die Partner in Kontakt treten - etwa ein Gespräch führen - oder nicht, außer etwa bei Nebeneinandergehen oder Zusammen-dösen in der Sonne, wo dies noch eine Weile offen bleiben kann; im Gespräch reguliert er, als wichtigste Bahn für offenes Entgegenkommen oder Zurückweisung, den Grad der Intimität oder Kühle. Blick und Stimme liefern sozusagen die Intonation der Begegnung im Gespräch, geben darin den Ton an. Zu dessen Eröffnung gehört meist ein Blickwechsel, und die Übergabe der Rede von einem Sprecher an den nächsten gelingt ohne ihn nicht ohne längere Pause."

Das auffälligste Merkmal der wechselseitigen Einleibung im Gespräch ist die beidseitige Synchronisierung des Verhaltens. Hierzu gehört z.B. die Anpassung der Äußerungslänge (MLU: mean length of uttererance), die Dauer von Pausen, das Sprechtempo, die Unterbrechungstendenz, sowie die Synchronität von Hand-, Kopf- und Augenbewegungen (vgl. Condon & Ogston, 1966; Argyle, 1972, S. 168). Auf Ansteckungs- bzw. Kongruenzphänomene bei der Übernahme vokaler und verbaler Muster durch den eingeleibten Gesprächspartner wurde bereits hingewiesen. Solche Phänomene können nach dem vorliegenden System in interaktiv orientierten Gesprächsanalysen als Indikatoren für wechselseitige Einleibung interpretiert werden. Und da wechselseitige Einleibung als Teil der solidarischen Einleibung die Keimzelle verbaler Implikation ist, sollten solche Indikatoren auch mit dem Gefühl des Sich-verstehens einhergehen oder diesem zumindest vorausgehen.

Neben der wechselseitigen Einleibung ist die persönliche Stellungnahme der zweite gesprächskonstituierende Faktor - die Einleibung allein bringt noch kein Gespräch zustande. Die persönliche Stellungnahme ist - wie beim sprachlichen Hervorheben von Situationsmerkmalen aus der chaotischen Mannigfaltigkeit der Situation - eine Form der gerichteten Zuwendung, die mit personaler Emanzipation von der leiblichen Situationsbetroffenheit, d.h. auch mit der Distanzierung vom Partner der Einleibung einhergeht. Dies wird gerade bei Begegnungen ohne persönliche Stellungnahmen deutlich, z.B. in der Fahrstuhlsituation zu zweit, wo die personale Emanzipation/Distanzierung und damit auch die persönliche Stellungnahme häufig ausbleibt:

"Die aus Furcht vor ... Beschämung ausbleibende Initiative ist diesmal offensichtlich eine persönliche Stellungnahme. Eine persönliche Stellungnahme ist die Zuwendung zu irgend einem Gegenstand, sei er eine Sache niederer Stufe, ein Sachverhalt, ein Programm, ein Problem oder eine Situation, sofern diese Äußerung von einem Niveau personaler Emanzipation Zeugnis gibt. Wer bloß seinem vollen Herzen Luft macht oder ... ´Dampf abläßt´, wendet sich nicht zu; wer in panischer Angst angesichts einer Katastrophe Schreie ausstößt, gibt nicht mehr Zeugnis von einem Niveau personaler Emanzipation." (Schmitz, 1980a, S. 102)

Wenngleich die prototypischen Stellungnahmen verbal sind, d.h. sich durch explikatives oder implikatives Hervorheben von Sachverhalten, Problemen oder Programmen auszeichnen, manifestiert sich deren gerichteter Zuwendungscharakter häufig auch nonverbal. Beispiele hierfür sind das Achselzucken, das kommentierende Brummen, das Nicken oder das Kopfschütteln. Diese Formen resultieren ebenfalls aus einer gerichteten Zuwendung zu einem bestimmten Situationsaspekt (z.B. Kommentar zur vorausgegangenen Äußerung) und fallen daher eindeutig in die Kategorie der Stellungnahme. Wegen des bloßen Zuwendungscharakters können sie auch nie mit endgültiger Sicherheit als Signale des Sich-Verstandenhabens oder Nichtverstandenhabens interpretiert werden. Als konstituierende Merkmale des Gesprächs halten sie dieses nur am Leben.

Das dritte konstituierende Merkmal des Gesprächs ist die Einbettung der Gesprächspartner in eine gemeinsame Situation. Nach 2.4.1 gehört hierzu z.B. die Sprache, in der das Gespräch geführt wird. Die gemeinsame Situation kann aber wie bei der solidarischen Einleibung – die definitionsgemäß die antagonistische oder wechselseitige Einleibung voraussetzt – zusätzlich darin bestehen, daß sich die Aktivität beider Partner auf die gemeinsame Präzisierung von Sachverhalten, Problemen oder Programmen richtet. Im Fall der wechselseitigen Einleibung, aus der heraus die Gemeinsamkeit der Situation erst geschaffen wird, besteht die gemeinsame Situation auch in der jeweiligen Rollenverteilung der Partner, auf dem jeweils partnerspezifischen Berührtwerden von der persönlichen Eigenart des Anderen:

"Der Eine mag zum Unterlegenen, der Andere zum Aggresssiven oder Beherrschenden usw. gestempelt werden, und zwar in der gemeinsamen Situation, die sich durch Einleibung ... bildet und für die Gesprächspartner, oft ohne daß sie es deutlich merken oder wollen, spezifische, manchmal nur dann sich abzeichnende Sachverhalte, Programme und Probleme mit sich bringt. Eine solche Situation pflegt sich einzuschleifen und beim nächsten Gespräch, wenn dieselben Partner sich wieder zusammenfinden, zurückzukehren ... " (ebd., S. 105)

Aus diesen Besonderheiten der gemeinsamen Situation lassen sich zweierlei Konsequenzen für das Gespräch als Form der leiblichen Begegnung ableiten. Die formale Konsequenz besteht darin, daß wechselseitige Einleibung als Ursache der gemeinsamen Situation eine wiederkehrende Art und Weise der Gesprächsführung mit sich bringt. Hierzu gehört z.B. die Rollenverteilung und das partnerspezifische Berührtwerden vom Anderen, aber auch die typische Form der Sprache der Mutter gerade in leiblicher Gegenwart des Kindes (vgl. Snow, 1972) - es gilt die Regel "Ubi homines sunt, modi sunt". Die inhaltliche Konsequenz besagt, daß mit der gemeinsamen Situation zugleich die Fähigkeit der Gesprächspartner entsteht, sich in ihren Stellungnahmen auf gleiche Sachverhalte, Probleme und Programme zu beziehen und bei späteren Begegnungen darauf zurück zu kommen. Insofern geht die Entstehung der gemeinsamen Situation auch mit der Fähigkeit einher, in Stellungnahmen durch verbale Explikationen zugleich andere, nicht explizierte Situationsmerkmale zu implizieren bzw. auf Hörerseite zu bestimmen, was die Stellungnahmen des Sprechers implizieren. Dies gilt erst recht für die solidarische Einleibung in Gesprächen.

Aus den drei gesprächskonstituierenden Merkmalen wird nochmals das besondere Verhältnis zwischen Sprache und Einleibung deutlich. Die soziale Funktion der Sprache beruht auf Einleibung. Sprache ist aber beim Menschen "hauptsächlich für Explikation (etwa im Gespräch) und Implikation (etwa im Gesang) von Sachverhalten, Programmen und Problemen aus bzw. in Situationen wichtig" (Schmitz, 1980a, S. 119), wobei die personale Emanzipation von der leiblichen Situationsbetroffenheit mit gerichteter Zuwendung zu einzelnen abgegrenzten Situationsmerkmalen einhergeht. Hieraus resultiert eine Aufteilung der sozialen Sprachfunktion in sozial-explikativ und sozial-implikativ - je nachdem, ob die Form der Einleibung eher verbale Explikationen fördert (z.B. bei chorischer Einleibung; bei persönlichen Stellungnahmen im Verlauf der wechselseitigen Einleibung) oder verbale Implikationen, die gleichermaßen zur Hervorhebung von Situationsmerkmalen führen, aber erst dem der gemeinsamen Situation zugrundeliegenden konstruktiven Aspekt wechselseitiger oder solidarischer Einleibung entspringen (z.B. beim Singen, beim metaphorischen Sprechen, bei kollektiver handwerklicher Arbeit).

2.4.3 Spracherwerb

Das bislang vorgestellte Kategoriensystem hat Konsequenzen für den Erwerb gemeinsamer Situationen bzw. für den Spracherwerb, wenn man die Sprache als Teil der gemeinsamen Situation von Menschen auffaßt. Hierbei lassen sich zwei Formen des Lernens abgrenzen: Das Lernen nach explizierten bzw. implizierten Regeln und das Hineinwachsen in Situationen (ebd., S. 66ff).

Das Lernen nach Regeln (und Leitbildern) zeichnet sich dadurch aus, daß dem Lernenden in einer ersten Anlernphase Sachverhalte, Programme und Probleme hervorgehoben werden (z.B. Schachspiel, Zweitspracherwerb bei Erwachsenen). Dies wird vor allem durch die explikative und implikative Funktion der Sprache ermöglicht. In der folgenden Entwicklungsphase kann der Lernende auf der Grundlage des angeeigneten bzw. "eingeleibten" Grundwissens

"... spielend weiterlernen, d.h. eine Geschicklichkeit hinzugewinnen, die nicht mehr Schritt für Schritt aus einzelnen Regeln abgeleitet ist, sondern im zwanglos verfügenden Umgang mit einer Situation im engeren Sinn - einem relativ chaotisch-mannigfaltigen Ganzen von Regeln, Erlaubnissen und Problemen - besteht, die er dabei günstigen Falls zunehmend in den Griff bekommt." (ebd., S. 67)

Die Entwicklung der gemeinsamen Situation verläuft bei dieser Form des Lernens somit vom Differenzierten zum Undifferenzierten (ohne Verlust der Differenzierungsfähigkeit), vom Bewußtsein einzelner Situationsmerkmale zum fehlenden Bewußtsein hiervon. Das "spielende" Weiterlernen wird plausibel durch den Verbund der Weitungs- und Engungsimpulse im Leibes- und Situationsganzen (Abb.1), die mit einer assimilativen Ausweitung auf fernere und neue Bereiche bzw. mit einer akkomodativen Eingrenzung auf Naheliegendes und Vertrautes einhergehen. Die Person handelt dabei "situationsgemäß", d.h. auch regel- bzw. programmgemäß, aber ohne die Regeln verbal oder gedanklich hervorzuheben bzw. gesondert zu aktivieren.

Anders beim Lernen durch Hineinwachsen in Situationen. Bei dieser Form ist die Hervorhebung einzelner Regeln oder vorbildlicher Situationsmerkmale nicht nötig, für den Erwerb gemeinsamer Situationen "leistet ... die Abhebung einzelner Regeln aus ihnen manchmal nicht einmal Anlernhilfe" (ebd., S. 67). Beispiele hierfür sind der Erstspracherwerb, das Hineinwachsen des Kriminalisten in die Situation des Verbrechens (wobei die Fähigkeit wächst, Verdächtiges aufzuspüren), oder generell der Erwerb kommunikativer Kompetenz, wenn es darum geht, ohne spezielle Übungen mit Menschen auszukommen, "Maß an ihnen zu nehmen, sich zu behaupten oder gar zu verstellen, um toleriert zu werden oder Erfolge zu haben, sich anzupassen ohne nachzugeben usw." (ebd., S. 67). Wenn Lernen hier ohne explikative Abhebung einzelner Regeln erfolgt, müßten folglich Situationen als undifferenziertes Ganzes angeeignet werden, um überhaupt noch den Begriff des Lernens zu rechtfertigen. Genau dies ist aber durch wechselseitige oder antagonistische Einleibung möglich, sofern die anzueignende gemeinsame Situation (einschließlich ihrer besonderen Sachverhalte, Programme/Regeln und Probleme) an eine bestimmte Person als dominierendem Engepol gebunden ist. Im Gegensatz zu explizierten Geboten, Vorschriften oder einzelnen vorbildlichen Sachverhalten ist hier "viel wichtiger ... die Kondensation ganzer Situationen in Vorbildern, die oft nicht so sehr als Maßstäbe für gelungene Nachahmung und Nachfolge ´in ihren Fußstapfen´ wirksam werden, als durch die im Zusammenleben unwillkürlich sich einspielende Abgestimmtheit vom Typ der wechselseitigen Einleibung" (ebd., S. 68). Für den Erstspracherwerb heißt dies, daß das Kind im wörtlichen Sinne in das Situationsganze der Muttersprache hineinschlüpft, eben weil es durch wechselseitige oder antagonistische Einleibung in der Mutter als dominierendem Zentrum des übergreifenden Leibes einen Zugang zum Situationsganzen bekommt (bei wechselseitiger Einleibung muß Entsprechendes für die Mutter gelten, die ja gleichermaßen lernt, sich in der Situation des Kindes zurechtzufinden). Über die Sprache hinaus wächst das Kind natürlich auch in nichtsprachliche Situationsganzheiten hinein, die erst später, wenn durch personale Emanzipation zunehmend einzelne Sachverhalte, Probleme und Programme expliziert werden, zur Hervorhebung von Bedeutungen einzelner sprachlicher Einheiten führen. Die Aneignung gemeinsamer Situationen durch Hineinwachsen in diese verläuft somit vom Undifferenzierten zum Differenzierten.

Daß sich die Aufmerksamkeit von Kleinkindern zunächst auf Situationsganzheiten bezieht, läßt sich durch Verweise auf Einwortsätze im Sinne von Stern & Stern (1928) nur unzureichend belegen, da hiernach Einwort-Äußerungen als Einwortsätze einzelne Sachverhalte, Probleme oder (Wunsch-)Programme hervorheben. Durchsucht man die Äußerungen von Kleinkindern etwas genauer, finden sich zum Glück die "empty forms" (vgl. Bloom, 1973; Leonard, 1976) - das sind Leerformen, die ohne Zusammenhang mit besonderen Situationsmerkmalen produziert werden, die sich auf alles und nichts beziehen und deshalb nichts "bedeuten" (z.B. "aga", "deita", "wide" ohne Bindung an bestimmte Situationselemente). Für Schmitz ist dieses Phänomen ein Beleg für das Hineinwachsen des Kindes in Situationen und damit auch ein Zugang zum Verstehen des kindlichen Spracherwerbs:

"In Wirklichkeit dürfte es sich um andeutende Versuche sprachlicher Formung chaotisch-mannigfaltiger Situationen handeln, weder um Worte, die etwas benennen, noch um Sätze (Einwortsätze), die einzelne Sachverhalte, Programme und Probleme darstellen, sondern gleichsam um Sprachgebärden des Sich-Einschmiegens in Situationen. (...) Hiernach wäre es falsch, die Frage aufzuwerfen, ob das Kind mit nennenden Worten oder mit Einwortsätzen, wie William Stern wollte, zu sprechen beginnt; es verfügt vielmehr über eine Redefigur, die im Sprechenlernen bald verloren geht und der Grammatik des Erwachsenen völlig fehlt: das bloße Ansprechen von Situationen, aus deren chaotisch-mannigfaltiger Ganzheit noch nichts fixierbar Einzelnes, weder Sache noch Sachverhalt, herausgeholt wird." (Schmitz, 1980a, S. 69)

Was leistet nun der Begriff des Hineinwachsens in Situationsganzheiten durch Einleibung für die Spracherwerbstheorie? Wie kann man der Gefahr begegnen, daß dieser Begriff selbst zu einer Leerform wird, die alles und nichts bedeutet? Eine Antwort auf diese Fragen ist möglich, wenn man die Konsequenzen für die Bewertung verschiedener spracherwerbstheoretischer Strömungen bedenkt, z.B. lern- vs. reifungstheoretische sowie die jetzt dominierenden interaktiv orientierten Ansätze in der Spracherwerbsforschung.

Lerntheoretische Ansätze zeichnen sich dadurch aus, daß für den Spracherwerb vorrangig Umwelterfahrungen ausschlaggebend sind, wobei zur Erklärung des Phänomens das Lernen eine Vielzahl differenzierter Relationen und Reaktionen umfassen muß, d.h. syntaktische, semantische und pragmatische Besonderheiten der jeweiligen Sprache. Hierzu gehören z.B. die hinreichend bekannten behavioristischen und neobehavioristischen Ansätze, die Theorie des Erwerbs von Sprache als Signalsystem zweiter Ordnung, Theorien des Imitationslernens, des Modell-Lernens bzw. die Auffassung, daß Sprachen durch Abrichtung/Dressur beigebracht werden (vgl. Wittgenstein, 1984, §6).

Aus dem Situationsganzen dieser Theorien, zu denen im weiteren Sinn auch interaktive Ansätze wie das Lernen durch Hineinwachsen in Situationen gehören, seien nur zwei Probleme hervorgehoben: Das logische Problem des Spracherwerbs und das Tempo des Spracherwerbs. Das logische Problem besteht vereinfacht darin, daß der sprachliche Input des Kindes zu chaotisch und zu mannigfaltig ist, um den Erwerb eines sprachlichen Regelsystem ausschließlich auf der Grundlage von Umwelterfahrungen erklären zu können. Eine Erklärung für das auffällig hohe Tempo des Spracherwerbs erscheint hierbei ebenfalls problematisch. Dieses zweite Problem beruht aber auch darauf, daß nach den genannten Theorien Lernen sehr viele sprachliche Einzelaspekte umfassen muß, die zwar jeweils für sich erklärt und empirisch bezeugt werden können, aber insgesamt das hohe Tempo eher unwahrscheinlich machen – man denke nur an das Problem der rapiden Wortschatz- und Bedeutungsentwicklung.

Aufgrund der Arbeiten von Snow (1972, 1977), wonach der sprachliche Input keineswegs zu chaotisch-mannigfaltig ist, scheint das logische Problem gelöst zu sein. Der Erstspracherwerb ließe sich hiernach als ein Lernen nach Vorbildern beschreiben, wobei syntaktisch und semantisch wenig komplexe, für das Sprachsystem typische bzw. hoch frequente Formen mit emotionaler Zuwendung an das Kind herangetragen werden. Diese Sicht ist aber zu einseitig, denn sie ignoriert das Hineinwachsen des Kindes in die Sprachsituation. Es bleibt nach wie vor das logische Problem, wie es denn dem Kind gelingt, sich die zwar relativ einfachen, aber nach wie vor einzeln hervorgehobenen Strukturen der Zielsprache anzueignen, sie nutzbar zu machen für das Verstehen und Produzieren ähnlicher Äußerungen in anderen Situationen etc. Entsprechend bleibt das Tempo des Spracherwerbs ungeklärt.

Das Hineinwachsen des Kindes in chaotisch-mannigfaltige Situationen – nicht als Bild, sondern als eine Weise des Lernens verstanden – erhellt auf sehr unkomplizierte Weise den Weg zur Lösung beider Probleme. Halten wir uns an die Interpretation des Leerformen-Phänomens, so ist das Erleben und Lernen des Hineinwachsenden zunächst gar nicht darauf angelegt, einer Situation einzelne Sachverhalte, Programme/Regeln oder Probleme abzugewinnen. Stattdessen ist für den Lernenden hier die "Kondensation ganzer Situationen in Vorbildern" (Schmitz, 1980a, S. 69) wichtig, wobei die Aneignung durch Einleibung erklärt wird. Übertragen auf den Spracherwerb und die Mutter-Kind-Interaktion heißt dies erstens, daß die Äußerung einer Person gegenüber dem Kind erst dann Vorbildcharakter hat, wenn die Person den dominierenden Engepol des übergreifenden Leibes bzw. der gemeinsamen Situation bildet – die Äußerung wirkt also nur indirekt als Vorbild. Zweitens geht der Engungsimpuls der dominierenden/fesselnden Person mit einer Integration oder "Kondensation" aller Sachverhalte, Programme und Probleme der Situation im Vorbild einher: Das Kind muß die Äußerung nicht erst auf eine Situation beziehen, um sie zu verstehen oder mit anderen Äußerungen zu vergleichen, sondern es hat die gemeinsame Situation bereits – zentriert auf die Äußerung der Mutter – in der Äußerung verdichtet und greifbar vor sich. Drittens impliziert Einleibung auch einen Weitungsimpuls, der hier gleichzusetzen ist mit der Öffnung der Mutter (und des durch Einleibung verbundenen Kindes) für relativ neue und unbekannte Situationen über das in der Äußerung konzentrierte Vertraute hinaus. Dieser Impuls erklärt das Wachsen beim Hineinwachsen in gemeinsame Situationen: Er ist gleichzusetzen mit dem Ausdehnen bekannter Äußerungen auf neue Situationen, aber nicht nur als deren Übertragung durch Beibehaltung ihrer Form, sondern auch als Expansion der Äußerung einschließlich ihrer Form und der Situation, die nach wie vor Sachverhalte, Probleme und Programme/Regeln einschließt. Wie der Leib physiologisch wächst, einschließlich seiner Glieder und Organe, so wächst auch der vertraute Bereich der gemeinsamen Sprachsituation, einschließlich seiner Sachverhalte/Probleme/Programme. Ebensowenig wie das physiologische Wachsen des Leibes auf physiologische Deduktionen angeborener Wachstumsanweisungen reduzierbar ist, ist das Wachsen der sprachlichen Fertigkeiten (Performanz) auf einen deduktiven Mechanismus reduzierbar, der von einer Wachstumskompetenz gespeist wird. Wachsen erfordert Nahrung, und diese wird immer durch Einleibung aufgenommen.

Da beim Lernen durch Hineinwachsen in Situationen Sachverhalte/Probleme/Programme weder explizit hervorgehoben noch gesondert im einzelnen andressiert werden müssen, ist auch das Tempo des Erstspracherwerbs begründbar. Hierbei ist zu bedenken, daß die Fertigkeiten der Sprachrezeption der Produktion gewöhnlich vorausgehen. Gerade dieses Phänomen ist ein weiterer Beleg für das Hineinwachsen in Situationen, da diese Weise des Lernens ohne Explikation auskommt und als Vorbild nur die vom Kind wahrnehmbare Äußerung der Mutter als dominierendem Engepol des übergreifenden Leibes voraussetzt – in den Worten von Schmitz (ebd., S. 73f.; mit Verweis auf Stern & Stern, 1928):

"Man sieht leicht ein, daß bloßes Redeverständnis, unterstützt von den jeweiligen Umständen, eher nur durch Hineinwachsen in die chaotisch-mannigfaltige Ganzheit einer Situation möglich ist als eigene Formulierung, die mehr Explikation aus der Situation verlangt, und damit etwas, was dem Kind schwerer fällt und später gelingt, aber so, daß dieses dabei von einem Vorschuß der Abstimmung auf die Sprache als Situation im schon geglückten Redeverständnis geleitet und begünstigt wird. Wie wirksam diese Gunst ist, zeigt sich in besonderen Fällen, wenn die aktive Sprachkompetenz auf dem Grunde langen verständnisvollen Zuhörens stürmisch und wie ruckartig ausgebildet wird."

Nach dem bislang Gesagten erübrigt sich fast eine genauere Explikation der Haltung von Schmitz gegenüber reifungstheoretischen Positionen, die in der Person Chomsky vorbildlich kondensiert sind. Der traditionelle Verriß bekommt hier allerdings eine besondere Färbung. Der bei Berücksichtigung des sprachlichen Inputs relativ sichere Erstspracherwerb beruht hiernach

"... nicht auf einem Schatz angeborener Ideen und Prinzipien, die das Kind auf einen Datenrohstoff anwendete, wie ein kleiner Naturwissenschaftler, sondern auf einer ´Nase´, einer intuitiv intelligenten Spürfähigkeit, die ein Vortasten in Situationen gestattet, zunächst ohne Bedürfnis, einzelne Regeln aus dem sich chaotisch-mannigfaltig darbietenden Ganzen der zu lernenden Sprache abzuheben ... " (ebd., S. 72).

Bemerkenswert ist nun, daß ab einem bestimmten Alter (ca. 11-15 Jahre) Sprachen nicht mehr durch Hineinwachsen in Situationen gelernt werden, sondern in der Weise des Lernens nach Regeln auf der Grundlage einzeln eingeübter grammatischer oder semantischer Regeln. Unter den Voraussetzungen Chomskys ist es aber unverständlich, daß diese Weise des Spracherwerbs, die der deduktiven Anwendung allgemeiner Ideen und Prinzipien auf sprachliche Rohdaten viel eher entspricht als das Hineinwachsen in Situationen, viel schwieriger fällt:

"... die Prüfung angeborener Ideen nach Art eines Wissenschaftlers, der seine Hypothesen mit Beobachtungen vergleicht, müßte mit den Mitteln eines ausgereiften Gehirns doch sogar leichter fallen, als mit dem kleinen und unreifen eines 2-3jährigen Kindes" (ebd., S. 73).

Dieser Widerspruch unterstreicht nachträglich die Notwendigkeit zur Unterscheidung zwischen beiden Weisen des Spracherwerbs: Lernen ohne vs. mit Hervorhebung einzelner (linguistischer) Sachverhalte, Programme und Probleme. Zur Beschreibung und Erklärung der ersten Weise sind rationalistische Reifungstheorien wie die von Chomsky weniger geeignet, da sie die (mentale) Hervorhebung spezieller linguistischer Sachverhalte, Programme und Probleme voraussetzen. Das Hineinwachsen in Situationsganzheiten - das selbstverständlich auch ein Reifen ist, aber im Sinne der schrittweisen Bildung von Zonen der nächsten Entwicklung - läßt sich dagegen viel leichter durch Theorien beschreiben und erklären, die wie oben erläutert über das Sprachliche an der Situation hinausgehen und ihren Gegenstand stattdessen in der Auseinandersetzung bzw. Interaktion zwischen Personen sehen, in der sich etwa durch die besondere sprachliche Zuwendung der Mutter zum Kind das Universale der gemeinsamen Situation erst formt und der Zugang zu universalen Regeln der gemeinsamen Situation erst eröffnet wird. Dies ist zwar auch ein Lernen auf der Grundlage von Universalien, die durchaus programmatische Qualitäten haben können, dem Lernenden wird das Universale oder Gattungsspezifische der Situation aber weder expliziert noch ist es ihm angeboren – er wächst darin auf, weil es Teil der durch Einleibung gebildeten Situation ist. Hieraus erklärt sich die besondere Haltung von Schmitz gegenüber Chomsky:

"Er verkennt, daß die Wahrnehmung nicht erst einzelne durch Reizung von Sinnen geweckte und auf rätselhafte Weise aus dem Körper in die sogenannte Seele übertragene Rohdaten liefert, die der Verstand sich durch allerlei Urteile und Synthesen zurechtlegen müßte, um darin Sachverhalte, Programme und Probleme zu finden, sondern gleich ganze Situationen, zu denen auch Gattungen gehören, und damit allerdings Universalien, die aber nichts Angestammtes oder gar Allgemein-Menschliches an sich zu haben brauchen. Mit solchen Situationen werden wahrnehmend, aber nicht passiv-rezeptiv, sondern schon auf Grund der Eigenart der Wahrnehmung als leibliche Kommunikation in mehr oder weniger dramatischer Auseinandersetzung zwischen Subjekt und Objekt, auch Regelganzheiten erworben, die natürlich nicht mit einem Schlage eine perfekte sprachliche Kompetenz liefern, wohl aber ein Innesein, das für ein intelligentes ´Denken in Situationen´ ausreicht, um allmählich, aber in verhältnismäßig kurzer Zeit, in die Situation, die die betreffende Sprache ist, hineinzuwachsen und sie dann, wie man sagt, zu beherrschen." (ebd., S. 71f.)

3. Ausblick

Zur theoretischen Fundierung des Interaktionsbegriffes wurden die psycholinguistisch relevanten Aspekte eines Kategoriensystems der leiblichen Begegnung dargelegt. Zusammengefaßt sind dabei folgende Besonderheiten hervorzuheben:
- Strukturierung leiblicher Regungen und Begründung der Dialogfähigkeit von Personen aus den räumlich antagonistischen Impulsen "Engung" und "Weitung".
- Unterscheidung zwischen drei Phasen der Interaktion.
- Begründung der A-B-Interaktion durch den Begriff der Einleibung.
- Unterscheidung zwischen vier Formen der Interaktion je nach dem Verhältnis der Interaktionspartner zueinander und nach der Integration von Objekten in die Interaktion.
- Unterscheidung zwischen sprachlicher Explikation und sprachlicher Implikation als soziale Funktionen der Sprache, die sich auf spezifische Formen der Interaktion zurückführen lassen.

- Darlegung eines Situationsbegriffes durch Unterscheidung zwischen persönlicher und gemeinsamer Situation sowie zwischen Sachverhalten, Problemen und Programmen, die in der Interaktion zwischen Personen durch verbale Explikationen und Implikationen jeweils gesondert hervorgehoben werden können.
- Darlegung eines Gesprächsbegriffes durch Unterscheidung der konstituierenden Merkmale ´Einleibung´, ´persönliche Stellungnahme´ und ´gemeinsame Situation´ – hierdurch wird auch das Verhältnis von Sprache und Einleibung präzisiert.
- Darlegung eines Spracherwerbsbegriffes durch Unterscheidung von zwei Weisen der Aneignung von Situationen (Lernen nach Regeln vs. Hineinwachsen in Situationen).

Zur Bewertung des Systems ist aus psycholinguistischer Sicht zu bedenken, daß es Teil einer umfassenden Phänomenologie ist, in der sprachliche Kommunikation und sprachlich geformte Erkenntnis nur einen Teilaspekt der leiblichen Kommunikation und der leiblichen Betroffenheit von Situationen darstellt (vgl. Schmitz, 1980b). Gerade dieser Teilaspekt wurde in der vorliegenden Darlegung herausgearbeitet. Wenngleich das System durch den Einleibungsbegriff mit einer Verdeutlichung des Interaktionsbegriffs einhergeht und auch klare Aussagen zum Verhältnis von Sprache und Einleibung gemacht werden, bleiben dennoch einige Nachteile unübersehbar. Zur Ableitung von Erfordernissen der künftigen theoretischen und praktischen Forschungsarbeit sei abschließend auf vier Nachteile hingewiesen.

Der erste Nachteil betrifft den Einleibungsbegriff selbst. Einleibung und Formen der Einleibung sind zwar klar definiert und auch in ihren Konsequenzen für das Zusammenleben erläutert, jedoch muß man sich immer vor Augen halten, daß es sich bei Begriffen wie "Enge/Weite" oder "übergreifender Leib" um theoretische Konstrukte handelt, die aus dem Bemühen zur Festlegung eines Vokabulars hervorgehen, das den subjektiven Besonderheiten des leiblichen Spürens und des leiblichen Betroffenseins von Situationen gerecht wird (was die Berücksichtigung affektiver Aspekte der Einleibung und der Situationsbetroffenheit relativ leicht macht; vgl. Schmitz, 1969). Insofern verträgt sich der Einleibungsbegriff nicht mit der gängigen und ebenso nützlichen wie konstrukthaften Unterscheidung zwischen Körper und Seele bzw. mit "Dogmen der Introjektion und des Physiologismus, wonach Austausch unter Bewußthabern (Subjekten) nur durch Transport von Körpern von Gehirn zu Gehirn und ... Weitergabe von dort an in oder hinter den Gehirnen befindliche Seelen in Betracht kommt ..." (Schmitz 1980a, S. 24). Wie man sich denken kann, führt diese Unverträglichkeit sehr leicht zur Behinderung des wissenschaftlichen Kommunikationsprozesses. Als Konsequenz für die Zukunft bleibt festzuhalten, daß der Vorteil des Einleibungsbegriffes als Konstrukt gegenüber anderen theoretischen Konstrukten, die der Beschreibung und Erklärung nonverbaler und verbaler Kommunikation dienen, noch im Detail zu prüfen ist. Dies wurde in der vorliegenden Arbeit - etwa im Kapitel zum Spracherwerb - bereits ansatzweise versucht. Das System wird sich aber erst dann durchsetzen können, wenn diese Prüfung in breiterem Umfang und vor allem durch stärkere Bezugnahme auf Arbeiten zur Dialog- und Interaktionsforschung erfolgt. Dabei ist abzusehen, daß auch die zeitliche Beziehung zwischen den Einleibungsformen präzisiert werden muß - z.B. ist ein fließender Übergang von der wechselseitigen zur solidarischen Einleibung denkbar, wenn Mutter und Kind nach einem Eröffnungsdialog beginnen, mit einem Objekt zu spielen, Besonderheiten dieser Situationen explizieren und implizieren etc.

Der zweite Nachteil besteht darin, daß mit dem Begriff der chaotischen Mannigfaltigkeit von Situationen die Unentschiedenheit zwischen Identität und Verschiedenheit von Situationselementen überbetont wird. Schmitz weist zwar darauf hin, daß die explikative Hervorhebung einzelner Sachverhalte, Programme und Probleme eine besondere Leistung des Menschen ist (durchaus vergleichbar mit der Darstellungsfunktion der Sprache nach Bühler), jedoch offenbart sich in der Auswahl der Phänomene, die zur Veranschaulichung des Einleibungsbegriffs häufig die Verbindung von Tier und Mensch berühren, eine deutliche Vorliebe für Situationsganzheiten als Bewußtseinsgehalte. Das System enthält aber durchaus Komponenten, die ein Zusammenspiel von zwei Tendenzen nahelegen: Die Tendenz vom Undifferenzierten zum Differenzierten beim Hineinwachsen in Situationen und die Tendenz vom Differenzierten zum Undifferenzierten bei der Aneignung von Situationen an Hand einzelner Regeln und Leitbilder. Wir begegnen diesen Tendenzen auch in der Unterscheidung zwischen personaler Emanzipation und Einleibung. Unterstellen wir der ersten Tendenz, daß sie mit zunehmender sprachlicher Explikationsfähigkeit, und der zweiten Tendenz, daß sie mit zunehmender Implikationsfähigkeit einhergeht, zeigt sich ein wirksamer Weg, dem Nachteil auch Vorteile abzugewinnen: Das System ist trotz seiner Einschränkungen bezüglich des Einleibungs- und Situationsbegriffs kompatibel mit psycholinguistischen und kognitionstheoretischen Ansätzen, die auf die Notwendigkeit zur Verbindung ganzheitlich-paralleler und sequentiell-analytischer Weisen der Erfahrungsbildung und Situationsbewältigung drängen (vgl. zusammenfassend Kuhl, 1983; Weiand, 1989). Für die Zukunft ergeben sich hieraus verstärkte Forschungsaktivitäten zur Klärung des Zusammenwirkens beider Tendenzen sowie zur Klärung der Rolle des leiblichen Betroffenseins von Gefühlen hierbei (Schmitz 1969 und 1989). Für die Spracherwerbsforschung etwa ist dabei an die Herausarbeitung von Prozessen der Hervorhebung innerhalb der verschiedenen Formen der Einleibung zu denken, z.B. die nonverbale (demonstrative) oder verbale Hervorhebung spezifischer Gegenstandsmerkmale in der Spielsituation und deren Funktion für die Aneignung und Differenzierung von Begriffen (vgl. Mervis & Mervis, 1988; Banigan & Mervis, 1988). Solche Untersuchungen beziehen sich direkt auf das Entstehen der explikativen Sprachfunktion. Ob hierbei die Form der chorischen Einleibung oder die personale Emanzipation vom Gegenüber innerhalb von Gesprächen tatsächlich der Nährboden für explikatives Sprechen ist, bleibt noch zu prüfen.

Damit sind wir beim dritten Nachteil des Systems: Mit Ausnahme der Aussagen zur Aneignung von Situationen fehlt der Entwicklungsaspekt, d.h. die Kategorien für sich stellen noch kein Modell der Entwicklung der Formen leiblicher Begegnungen dar. Denkbar wäre z.B. ein Weg von der wechselseitigen über die chorische bis hin zur solidarischen Einleibung. Dies hätte wiederum Konsequenzen für die Entwicklung explikativer und implikativer Leistungen der Sprache. Um Spekulationen vorzubeugen, müßte jedoch zunächst geprüft werden, ob und wie sich die Formen der Einleibung auf bestehende und empirisch bewährte Entwicklungsmodelle der Interaktion beziehen lassen. Daß dies gut möglich ist, wird jedem einleuchten, der z.B. die Konstellationen der primären und sekundären Intersubjektivität nach Trevarthen (Trevarthen & Hubley, 1978, S. 215) mit den Konstellationen der einseitigen, wechselseitigen, chorischen und solidarischen Einleibung vergleicht.

Ein mit Schwerarbeit verbundener und daher zuletzt genannter Nachteil besteht schließlich in der noch fehlenden Bestimmung operationalisierbarer Indikatoren der Kategorien, um das System für die Praxis anwenden und hieraus abzuleitende Hypothesen empirisch überprüfen zu können. Wenngleich die Kategorien selbst aus Überlegungen hervorgegangen sind, die den Besonderheiten des subjektiven

Erlebens Rechnung tragen, versperrt das System nicht den Weg zur empirischen Hypothesenprüfung, sofern fremdbeobachtbare Größen als Indikatoren für (inter-)subjektive Prozesse fungieren (analog zur fremdbeobachtbaren Reaktionszeit als Indikator für nicht direkt beobachtbare kognitive Prozesse). Das betrifft z.B. die Bestimmung von Indikatoren zur Identifikation verschiedener Phasen und Formen der Einleibung, zur Klärung von Dominanzverhältnissen einschließlich ihrer affektiven Komponenten, zur Ableitung eines Maßes der "Wechselseitigkeit" etc. Zur Bewältigung dieser Arbeit bietet sich ein Vorgehen von zwei Seiten ein. Der eine Weg geht aus vom System und führt direkt zur Eingrenzung von Variablen, die sensibel für die Unterscheidung zwischen den Kategorien sein müßten. Hierzu zählen nicht nur Dauermaße der gemeinsamen Aktivität, sondern auch die Richtung, die Dauer und das Timing von Blickkontakten mit oder ohne gemeinsame Ausrichtung der Aktivität auf ein gemeinsames Objekt. Zur Isolierung von Anfangsphasen der Einleibung bietet sich die Messung aufmerksamkeitslenkender Aktivitäten (verbal oder nichtverbal) an, die etwa die gemeinsame Ausrichtung der Partner auf ein Objekt vorbereiten. Ferner wurde bereits auf die Synchronität von Aktionen ohne Reaktionszeit und auf die Übernahme von Verhaltensweisen des Partners (z.B. Ansteckungs- und Kongruenzphänomene) als Indikator für wechselseitige Einleibung hingewiesen. Das Turn-taking einschließlich seiner zeitlichen und prosodischen Merkmale gehört in den Bereich des empirischen Zugangs zum gegenseitigen Zuspielen dominierender Rollen (z.B. Abgabe der Sprecherrolle und Signalisierung der Bereitschaft hierzu durch Blickkontakt und Intonation). Explikative und implikative Aspekte des Sprechens lassen sich durch Bestimmung von Sachverhalten, Problemen und Programmen (Wünsche, Erlaubnisse, Normen) isolieren, die mit den Äußerungen expliziert oder impliziert werden (z.B. "Wie sagt man?" als Implikation eines normativen Programms in eine gemeinsame Situation). Das System ist demnach durchaus dazu geeignet, die Kategorien der Interaktion für die empirische Forschung fruchtbar zu machen. Darüber hinaus ist aber aus Gründen der Selbstkontrolle und Selbstkritik auch ein Weg vom operationalisierten Indikator zurück zum System zu bedenken. Dieser Weg besteht darin, die bereits bewährten und in der Forschunspraxis zum Einsatz gelangten Maße und Kategorien auf Integrationsfähigkeit in das System zu prüfen, was ggf. auch einen Ausbau des Systems nach sich zieht (vgl. die Kategorien in Keenan & Schieffelin, 1976; Greenberg, 1984; Ninio & Wheeler, 1984; Altorfer, 1988; Morikawa, Shand & Kosawa, 1988; Smith, Adamson & Bakeman, 1988; Yoder & Kaiser, 1989).

Geröll oder Bernstein, rosa Luftschloß oder schwarze Hypothesenfabrik? Erst die Ergebnisse der zur Beseitigung der genannten Mängel erforderlichen Maßnahmen werden darüber entscheiden, ob das System als theoretischer Überbau einer interaktiv orientierten Psycholinguistik dienlich sein kann. Andernfalls bleibt es eine gelungene Party: Gegenwärtig im eigenleiblichen Spüren des fleißigen Phänomensammlers, der allein durch die Form der Neuheit dafür sorgt, daß Gegenwart in Zukunft landet.

Literatur

Argyle, M. (1972): *Soziale Interaktion*. Köln.
Argyle, M., Lalljee, M. & Cook, M. (1968): The effects of visibility on interaction in a dyad. *Human Relations, 21*, 3-17.
Altorfer, A. (1988): Eine Methode zur Untersuchung der interaktiven Bedeutung von nichtverbalen Verhaltensweisen. *Sprache & Kognition, 7*, 99-112.
Banigan, R.L. & Mervis, C.B. (1988): Role of adult input in young children´s category evolution. II. An experimental study. *Journal of Child Language, 15*, 493-504.
Beebe, B., Alson, D., Jaffe, J., Feldstein, S. & Crown, C. (1988): Vocal congruence in mother-infant play. *Journal of Psycholinguistic Research, 17*, 245-259.
Bloom, K. (1988): Quality of adult vocalizations affects the quality of infant vocalizations. *Journal of Child Language, 15*, 469-480.
Bloom, K., Russell, A. & Wassenberg, K. (1987): Turn taking affects the quality of infant vocalizations. *Journal of Child Language, 14*, 211-227.
Bloom, L. (1973): *One word at a time*. The Hague.
Condon, W.S. (1977): A primary phase in the organization of infant responding. In: Schaffer, H.R. (Hrsg.): *Studies in mother- infant interaction*. London.
Condon, W.S. & Ogston, W.D. (1966): Sound fil analysis of normal and pathological behavior patterns. *Journal of Nervous and Mental Disease, 143*, 338-347.
Duncan, S.D. (1972): Some signals and rules for taking speaking turns in conversation. *Journal of Personality and Social Psychology, 23*, 283-292.
Duncan, S.D. (1973): Towards a grammar for dyadic communication. *Semiotica, 9*, 29-46.
Duncan, S.D. & Niederehe, G. (1974): On signalling that it´s your turn to speak. *Journal of Experimental Social Psychology, 10*, 234-247.
Furrow, D., Nelson, K. & Benedict, H. (1979): Mothers´ speech to children and syntactic development: some simple relationships. *Journal of Child Language, 6*, 423-442.

Garnica, O. (1977): Some prosodic and paralinguistic features of the speech to young children. In: Snow, C.E. & Ferguson, C.A. (Hrsg.): *Talking to children.* Cambridge.

Giles, H. (1982): Interpersonale Akkomodation in der vokalen Kommunikation. In: Scherer, K.R. (Hrsg.): *Vokale Kommunikation. Nonverbale Aspekte des Sprachverhaltens.* Weinheim.

Giles, H., Taylor, D.M. & Bourhis, R.Y. (1973): Towards a theory of interpersonal accomodation through speech: some canadian data. *Language in Society,* 2, 177-192.

Ginsburg, G.P. & Kilbourne, B.K. (1988): Emergence of vocal alternation in mother-infant interchange. *Journal of Child Language,* 15, 221-235.

Greenberg, M.T. (1984): Pragmatics and social interaction: the unrealized nexus. In: Feagans, L., Garvey, C. & Golinkoff, R. (Hrsg.): *The origins and growth of communication.* Norwood, New Jersey.

Hayes, A. (1984): Interaction, engagement, and the origins and growth of communication: some constructive concerns. In: Feagans, L., Garvey, C. & Golinkoff, R. (Hrsg.): *The origins and growth of communication.* Norwood, New Jersey.

Hinde, R. (1976): On describing relationships. *Journal of Child Psychology and Psychiatry,* 17, 1-19.

Hörmann, H. (1976): *Meinen und Verstehen.* Frankfurt am Main.

Jaffe, J. & Feldstein, S. (1970): *Rhythms of dialogue.* New York.

Kallmeyer, W. (1978): Fokuswechsel und Fokussierungen als Aktivitäten der Gesprächskonstitution. In: Meyer-Hermann, R. (Hrsg.): *Sprechen-Handeln-Interaktion. Ergebnisse aus Bielefelder Forschungsprojekten zu Texttheorie, Sprechakttheorie und Konversationsanalyse.* Tübingen.

Kaye, K. (1977): Toward the origin of dialogue. In: Schaffer, H.R. (Hrsg.): *Studies in mother-infant interaction.* London.

Keenan, E. & Schieffelin, B. (1976): Topic as a discourse notion: a study of the topic in the conversation of children and adults. In: Li, C. (Hrsg.): *Subject and topic.* New York.

Kendon, A. (1967): Some functions of gaze direction in social interaction. *Acta Psychologica,* 26, 1-47.

Kuhl, J. (1983): Emotion, Kognition und Motivation: II. Die funktionale Bedeutung der Emotionen für das problemlösende Denken und für das konkrete Handeln. *Sprache & Kognition,* 2, 228-253.

Lacrosse, J.-M. (1978): Bemerkungen über die sozialen Bedingungen für das Gelingen von "Parties". In: Hammerich, K. & Klein, M. (Hrsg.): Materialien zur Soziologie des Alltags *(Kölner Zeitschrift für Soziologie und Sozialpsychologie, Sonderheft 20).* Opladen.

Leonard, L.B. (1976): *Meaning in child language. Issues in the study of early semantic development.* New York.

Lynn, R. (1966): *Attention, arousal and the orientation reaction.* London.

Mervis, C.B. & Mervis, C.A. (1988): Role of adult input in young children's category evolution. I. An observational study. *Journal of Child Language,* 15, 257-272.

Morikawa, H., Shand, N. & Kosawa, Y. (1988): Maternal speech to prelingual infants in Japan and the United States: relationships among functions, forms and referents. *Journal of Child Language, 15,* 237-256.

Natale, M. (1975): Convergence of mean vocal intensity in dyadic communication as a function of social desirability. *Journal of Personality and Social Psychology, 32,* 790-804.

Neumann, K. (1983): *Der Beginn der Kommunikation zwischen Mutter und Kind. Strukturanalyse der Mutter-Kind-Interaktion.* Bad Heilbrunn.

Ninio, A. & Wheeler, P. (1984): Functions of speech in mother- infant interaction. In: Feagans, L., Garvey, C. & Golinkoff, R. (Hrsg.): *The origins and growth of communication.* Norwood, New Jersey.

Oehler, K. (1961): Der Consensus omnium als Kriterium der Wahrheit in der antiken Philosophie und der Patristik. In: Snell, B. (Hrsg.): *Antike und Abendland. Band X.*

Piaget, J. (1969): *Nachahmung, Spiel und Traum. Die Entwicklung der Symbolfunktion beim Kinde.* Stuttgart.

Piaget, J. (1972): *Sprechen und Denken des Kindes.* Düsseldorf.

Remick, H. (1976): Maternal speech to children during language acquisition. In: von Raffler-Engel, W. & Lebrun, Y. (Hrsg.): *Baby talk and infant speech. Papers from the Third International Child Language Symposium, Sept. 1975,* London. Amsterdam.

Schmitz, H. (1966): *System der Philosophie. Band II, 2.Teil: Der Leib im Spiegel der Kunst.* Bonn.

Schmitz, H. (1969): *System der Philosophie. Band III: Der Raum. 2. Teil: Der Gefühlsraum.* Bonn.

Schmitz, H. (1980a): *System der Philosophie. Band V: Die Aufhebung der Gegenwart.* Bonn.

Schmitz, H. (1980b): Philosophische Grundlagen der Sprachtheorie. In: Schmitz, H.: *Neue Phänomenologie.* Bonn.

Schmitz, H. (1989): *Leib und Gefühl. Materialien zu einer philosophischen Therapeutik.* Paderborn.

Schmitz, H. (1990): *Der unerschöpfliche Gegenstand. Grundzüge der Philosophie.* Bonn.

Smith, C.B., Adamson, L.B. & Bakeman, R. (1988): Interactional predictors of early language. *First Language, 8,* 143-156.

Snow, C.E. (1972): Mothers´ speech to children learning language. *Child Development, 43,* 549-565.

Snow, C.E. (1977): Mothers´ speech research: from input to interaction. In: Snow, C.E. & Ferguson, C.A. (Hrsg.): *Talking to children.* Cambridge.

Spitz, R. (1972): *Vom Säugling zum Kleinkind.* Stuttgart.

Stern, C. & Stern, W. (1928): *Die Kindersprache.* Leipzig.

Tischer, B. (1985): *Sprache und räumliche Orientierung. Dargestellt am Beispiel der Arbeit des Schauspielers.* Frankfurt am Main.

Tomkins, S. (1962): *Affect, imagery, consciousness. Vol. 1: The positive affect.* New York.

Trevarthen, C. (1977): Descriptive analyses of infant communicative behaviour. In: Schaffer, H.R. (Hrsg.): *Studies in mother-infant interaction.* London.

Trevarthen, C. (1979): Communication and cooperation in early infancy: a description of primary intersubjectivity. In: Bullowa, M. (Hrsg.): *Before speech: the beginnings of interpersonal communication.* Cambridge.

Trevarthen, C. & Hubley, P. (1978): Secondary intersubjectivity: confidence, confiding and acts of meaning in the first year. In: Lock, A. (Hrsg.): *Action, gesture and symbol. The emergence of language.* London.

Valentine, C.W. (1930): The psychology of imitation with special reference to early childhood. *Journal of Psychology, 21,* 105-132.

van Olst, E.H. (1971): *Orienting Reflex.* The Hague.

Watson, J. (1972): Smiling, cooing and ´the game´. *Merrill-Palmer Quarterly, 18,* 323-339.

Webb, J.T. (1972): Interview synchrony: an investigation of two speech rate measures in an automatic standardized interview. In: Siegman, A.W. & Pope, B. (Hrsg.): *Studies in dyadic communication.* New York.

Weiand, C. (1989): Die Integration verbaler und visueller Einheiten im Sprachverhalten. In: Kegel, G., Arnhold, Th., Dahlmeier, K., Schmid, G. & Tischer, B. (Hrsg.): *Sprechwissenschaft & Psycholinguistik 3. Beiträge aus Forschung und Praxis.* Opladen.

Wittgenstein, L. (1984): Philosophische Untersuchungen. In: Wittgenstein, L.: *Werkausgabe Band 1.* Frankfurt am Main.

Yoder, P.J. & Kaiser, A.P. (1989): Alternative explanations for the relationship between maternal verbal interaction style and child language development. *Journal of Child Language, 16,* 141- 160.

Wörtliche Wahrheit, sprachliche Metapher und metastatische Rede

Marie-Cécile Bertau

Im folgenden Essay soll versucht werden, die Metapher aus ihrer "rhetorischen Abgelöstheit" zu befreien und in den Sprachprozeß zurückzuführen. Dabei wird die Metapher einerseits zu einem Entwicklungsschritt der Sprache im Bemühen um die Erfassung der außersprachlichen Welt; andererseits wird sie auf der theoretischen Ebene von Sprachbetrachtung eingebunden in zwei Traditionen, welche wörtliche und nicht-wörtliche Rede einander gegenüberstellen. Diese beiden Traditionen und die mit ihnen verbundenen Vorstellungen von der Sprache bilden die Grundlage für eine dritte Ebene der Sprachbetrachtung und für eine dritte Entwicklungsstufe der sprachlichen Darstellung: die metastatische Rede. Aus dieser Triade ergibt sich eine Entwicklungslinie, die von wörtlicher über metaphorischer zu metastatischer Rede führt, wobei diese Stufen nicht als voneinander abgeschlossen vorgestellt werden, da Sprache als Interaktion verschiedener Darstellungsformen gesehen wird.

The following essay will attempt to free the metaphor from its "rhethorical detachment" and to reintroduce it into the speech process. Thereby, the methaphor becomes, on the one hand, a step in the development of language in the endeavour to comprehend the extra-lingual world; on the other hand, the metaphor is bound at a theoretical level of language consideration to two traditions which set literal speech against non-literal speech. These traditions and their inherent conceptions of language constitute the basis for a third level of language consideration as well as for a third step in the development of linguistic representation: metastatic speech. This triad forms a line of development which goes from literal to metaphoric and to metastatic speech; these steps are not conceived as being isolated from each other, since speech is seen as an interaction of different forms of representations.

1. Wörtlichkeit und Metapher in zwei Traditionen der Sprachbetrachtung und die Folgen für die Konzepte von Sinn und Bedeutung

1.1 Die Aristotelische Tradition

Ausgangspunkt der Überlegungen ist die Stellung, die der Sprache in der Beziehung der Menschen zu ihrer Welt zugedacht wird, womit das Problem der Sprache als einem Vermittler der Welt mit bestimmten Wahrheitsansprüchen verknüpft ist. Ein Grundanliegen der Sprachbetrachtung ist hiernach die Verifikation sprachlichen Sinns. In der aristotelischen Tradition bildet Sprache die Welt ab: Die Verbindung Zeichen-Bezeichnetes wird nicht als naturnotwendig, sondern als willkürlich vom Menschen gesetzt gesehen, so daß für die Aufrechterhaltung des Wahrheitsanspruches von und an Sprache die Art und Weise ihrer "richtigen" Abbildung gefunden werden muß. Dieses Denken sieht Wirklichkeit als gegeben an, ihre Ordnung wird durch die Ordnung der logischen Struktur der Sprache abgebildet. Diese logische Ordnung ist abstrakt und universell, entsprechend der universellen und allgültigen Wahrheit. Sprache und Wahrheit stehen in einem eindeutigen Verhältnis, dessen Erkenntnis die Probleme der menschlichen Kommunikation löst und die Wirklichkeit ebenso eindeutig werden läßt. Schlüsselwörter sind in diesem Denken "Struktur", "Ordnung", "Gültigkeit" - Begriffe der Eindeutigkeit. Die Umwelt ist stets nur Wirklichkeit, welche Ursache der Aussagen ist. Stimulus-Response-Ansätze zum Beispiel beruhen auf dieser Sicht der Verbindung Welt-Sprache-Mensch.

1.2 Die Humboldt-Tradition

Die dazu im Gegensatz stehende Tradition könnte man "Humboldt-Tradition" nennen. Durch diese Bezeichnung soll nicht impliziert werden, daß Humboldt der Beginn der sprachhumanistischen und sprachidealistischen Tradition ist; deren Anfänge sind bis in die Antike zurückzuverfolgen (vgl. Apel, 1980). Doch liefert Humboldt eine *explizite* sprachphilosophische Auseinandersetzung, auf die sich gerade moderne Sprachwissenschaftler immer wieder berufen. Hier wird der Sprache eine gegenstandskonstitutive Funktion zuerkannt. Sprache ist mehr als bloß Zeichen, sie ist Bezeichnen. Die Setzung eines sprachlichen Zeichens ist nicht mehr nur ein Akt, der Sinn erfaßt, sondern einer, der Sinn begründet. Wahrheit kann hiernach nicht mehr abstrakt, universell und allgültig, sondern immer nur eine Funktion des Gebrauchs von Sprache sein. Daher ist Sprache im Zusammenhang einer jeweiligen Einzelsprache immer auch im Hinblick auf ihre Benutzer innerhalb einer historisch-gesellschaftlichen Situation zu denken. Das Problem der Verifikation verschiebt sich von der logischen Ordnung zur umgangssprachlichen/einzelsprachlichen Bedeutung, wodurch die Rolle der Sprache beim Erkennen der Wirklichkeit, der Prozeß des Sinn-Schaffens und die Dynamik von Bedeutungen in den Vordergrund treten. Meinen und Verstehen finden innerhalb eines Kontextes, einer Wirklichkeit, statt. Hier sind Begriffe wie "System", "Interaktion" und "Sprechakt" zentrale Begriffe, die zwar ordnende Muster implizieren, jedoch den schöpferischen Charakter der Sprache berücksichtigen.

Man könnte die impliziten Menschenbilder der beiden Traditionen wie folgt sehen: Einerseits der Mensch als die wahre (=göttliche) Ordnung erfassend - eine passive, wenn auch gottähnliche Ratio. Anderseits der Mensch als Individuum, nicht mehr völlig aufgehoben in der allgültigen göttlichen Ordnung, sondern frei werdend, selbst schöpferisch tätig, sich seine Welt schaffend.

1.3 Die Verifikationsproblematik in der modernen Sprachwissenschaft: Wörtlichkeit und Sinnoffenbarung

Was ist Bedeutung? Wie entsteht sie? Wie ist sie "gespeichert"? Wie wird sie vermittelt und verstanden? In der modernen Sprachwissenschaft drückt sich das Grundanliegen der Verifikation auch im Bedeutungsproblem aus, das hier auf dem Hintergrund der Relation von Sprache und Wahrheit einer Eindeutigkeits- und damit Präzisionsproblematik gleichgesetzt wird, die der aristotelischen Tradition verpflichtet ist.

Diese Verifikationsweise stößt insbesondere bei den semantischen Anomalien auf Schwierigkeiten, da sie solche Sprachfiguren durch das Konzept der *Einzelbedeutungen* (eine markante Ausprägung des Abbild-Konzeptes) zu analysieren versucht, welches die Wörter eines Satzes als eindeutige Referenzen zur Außenwelt betrachtet. Semantische Anomalien sind in dieser Logik folgerichtig "verbotene Kombinationen" (z.B. "der schweigsame Anstrich", vgl. Hörmann, 1976), was aber der Wirklichkeit der Sprache und des Sprechens nicht entspricht. Im Sinne der Humboldt-Tradition läßt sich sagen, daß sich gerade in den semantischen Anomalien die Diskrepanz zwischen Ding und Verstand offenbart, daß gerade in diesen Sprachfiguren der verstandesmäßige Schöpfungsakt erscheint, der aus dem Ding nicht nur ein in bestimmter Weise Seiendes macht, sondern auch eines, das in nicht offensichtlicher und naturgegebener Beziehung zu anderen Dingen steht.

Das Bezeichnen dieser Diskrepanz impliziert zugleich auch eine "Normalität": die Wortwörtlichkeit. Diese wird als "normal", "richtig" und in eindeutiger Weise die Dinge bezeichnend empfunden. Die Symbole fungieren als Stellvertreter, wobei sie die Dinge "an sich" belassen.

Apel (1959) unterscheidet zwei Arten des Sprachgebrauchs, die durch die Zuordnung zu Wortwörtlichkeit und Nicht-Wortwörtlichkeit (worunter auch Metaphern fallen) präzisiert werden sollen:

(1) Im wortwörtlichen Sprachgebrauch werden die Dinge in ihren Eigenschaften als "offenbar" vorausgesetzt und in konventionsgebundener Weise bezeichnet. Die Dinge sind bekannt.

(2) Im nicht-wortwörtlichen Sprachgebrauch werden die Eigenschaften der Dinge erst offenbar gemacht, d.h. es entsteht eine Neuwahrnehmung, die das Sein zu einem Sosein macht, so daß die Worte hier nicht mehr bloße Bezeichnungsmittel sind, sondern - wie Apel es nennt - Sinninkarnationspotenzen.

Dieser Sprachgebrauch beruht auf der Erwartung, daß die Dinge - und damit, wegen der gesellschaftlich-historischen Eingebundenheit der Menschen und ihrer Sprache, auch die Zwecke und Bedürfnisse - noch gar nicht in ihrem "Jetzt-Sein" aufgezeigt sind. Die Worte werden zu einer Neu-Eröffnung der Umwelt "ins Spiel gebracht" (Wittgensteins Spiel).

1.4 Die Bedeutung als Gestalt

Der Schritt von der "reinen" Abbildung zur Neubildung von Zusammenhängen und Neuwahrnehmungen ist von Wichtigkeit für die theoretische Modellierung des Wesens und Funktionierens von Bedeutungen, denn das wahrnehmende und erkennende Subjekt tritt in den Vordergrund und mit ihm seine Wahrnehmungsprinzipien. Gemeint ist hier das Konstruieren von Gestalten.

Von einem gestalthaften Wesen der Bedeutungen gehen mehr und mehr Theorien aus, wenn auch unter verschiedenen, voneinander abweichenden Vorstellungen und Termini (z.B. Konzept, Gestalt, Schema, Episode, frame, scene, domain). Allen liegt die Erkenntnis zugrunde, daß das Wesen der Bedeutungen nicht in logisch-formaler, analytischer Form (etwa als Feature-Listen) zu fassen ist, sondern "in irgendeiner Weise" ganzheitlich, einer wie auch immer gearteten "Kontext-Logik" gehorchend. Dieses ganzheitliche Etwas zu erfassen, einer wissenschaftlichen Analyse zugänglich zu machen, zu operationalisieren, ohne einerseits in die unflexible logistische Analyse zu verfallen, ohne anderseits das System mit überlastenden Einträgen und Regelwerken zu versehen, ist immer wieder ein Problem dieser Ansätze. Das Konzept der Gestalt erweist sich als günstige Modellierung, da es die m.E. für das System notwendige Eindeutigkeit und Einfachheit bei gleichzeitiger Flexibilität so miteinander verbinden kann, daß alles Komplexe potentiell enthalten ist. Diese Potentialität leistet die Gestalt, da eines ihrer Charakteristika darin besteht, keine starr vorgegebene und zu erfüllende Form zu sein; vielmehr wird sie jeweils hergestellt und die "Lücken", die dabei geschlossen werden, sind im obigen Sinn Sinnpotenzen: Möglichkeiten zum Komplexen (die "Lücken" würden in systemtheoretischer Auffassungsweise Anschlußmöglichkeiten entsprechen, die hier gemeinte Gestalt wäre dann als autopoietisches System zu interpretieren; vgl. z.B. Schwemmer, 1987). Das Ausbilden der Gestalt gehorcht aber nicht nur den Möglichkeiten, die im System selbst liegen (Wahrnehmung, Abstraktion, Verallgemeinerung, Synthese, Neuwahrnehmung), sondern ist unter den Gesichtspunkt seiner Gesellschaftlichkeit zu stellen, die sich in dem ausdrückt, was Hörmann (1976) Sinnkonstanz nennt. Sinnkonstanz ist das bedingungslose Suchen nach Sinn in dem, was der Andere tut, sagt, meint, und ist mit der Normalformerwartung (Cicourel, 1975), den Konversationsmaximen und dem Kooperationsprinzip (Grice, 1979) in Verbindung zu bringen.

1.5 Vagheit und Präzision

In der Vorstellung von Bedeutung als Gestalt wird durch die Sprache kein genaues und vollständiges Abbild im aristotelischen Sinne angestrebt, die angezielte Präzision ist vielmehr die eines treffenden Bildes, gebunden an Zweck und Bedürfnis der sprechenden Menschen. Diese Präzision mag objektiv als Vagheit bezeichnet werden, doch ist zu bemerken, daß Sprache als abstraktes System nur über eine solche Vagheit (oder idealisierte Präzision) als Kommunikationssystem funktionieren kann. Entsprechend den Anforderungen der Kommunikation kann die Vagheit in ihrem Ausmaß variiert werden: Vagheitsindikatoren signalisieren dem Hörer die intendierte Bedeutungsschärfe bzw -unschärfe und tragen so zur Bedeutungskonstitution bei (ein Indikator für die Bedeutungsschärfe wäre etwa: ein *richtig* modernes

Wohnzimmer; für die Bedeutungsunschärfe: *so eine Art* modernes Wohnzimmer). Gerade da, wo dem Sprecher der offenbare, bloß bezeichnende Sprachgebrauch nicht genügt, sollten Vagheitsmittel bevorzugt auftreten. Zu diesen Mitteln zählen m.E. nicht nur Einzelelemente wie die Indikatoren, sondern auch gesamte Sprachfiguren wie die der Metapher, da durch sie der Schritt von der "reinen" Abbildung zur Schaffung neuer Zusammenhänge vollzogen wird. Als über das Gegebene hinausweisend und zu Neuwahrnehmungen führend, baut die Metapher das Weltwissen aus und ist Sinninkarnationspotenz im obigen Sinn. Auf kognitiver Ebene wird dies z.B. von Olson (1988) oder von Johnson und Henley (1988, S. 240) anerkannt: "A metaphorical projection is an extension from a schema to some new use of experience". Aufgrund derartiger sprachlicher Möglichkeiten kann dem kognitiven System keine "Listen-Vollständigkeit" unterstellt werden, sondern eher ein produktives "Lücken-System". Ausgehend von der Grundannahme sprachlicher Vagheit lassen sich zwei weitere Annahmen formulieren: Einerseits, daß die Metapher ein Vagheitsausdruck und -mittel ist, und anderseits, daß die Kognition in Form von Gestalten organisiert ist, deren Lücken Sinninkarnationspotenzen sind. Treffen diese Annahmen zu, dann müssen sowohl die Metaphern als auch die Gestalten innerhalb der dialogischen Interaktion interpretiert werden, weil erst durch diese ihr Sinnschaffen eine Bedeutung erlangt.

2. Metapher und Metastase – Ebenen der symbolischen Handlung und Veränderungen der Struktur von Kommunikation

2.1 Erweiterung der Dyade Aristoteles – Humboldt: Jean Baudrillard

Die beiden vorgestellten Konzeptionen der Relation von Sprache und Wahrheit sind einerseits methodische Vorgehensweisen, anderseits Widerspiegelungen einer Veränderung des Wahrheitsanspruches und des damit zusammenhängenden Menschenbildes. Darüber hinaus lassen sich ihre Wertungen der Konstellation Welt-Sprache-Mensch als Aussagen über die jeweils als primär vorgestellte Art der symbolischen Handlungen der Menschen deuten.
  Die Sprachhandlung in der aristotelischen Tradition ist eine abbildende ("wörtliche"), in der Humboldt-Tradition eine metaphorische[1]. Im

---

1 Im folgenden verwende ich diesen Terminus nicht mehr streng linguistisch, sondern in Apelscher Weise im Sinne einer aktiven Sinn-Offenbarung.

ersten Fall wird die Welt kommuniziert, die Sprache stellt sie abbildend dar; im zweiten Fall kommuniziert sich der Mensch, über Sprache konstruiert er die Welt und teilt sich als Konstruierender anderen mit. Eine dritte Art der Sprachhandlung läßt sich in Anlehnung an den französischen Soziologen Jean Baudrillard (1983 und 1986) anführen: die metastatische Sprachhandlung. Damit wird versuchsweise eine neue Ebene als Weiterführung der wörtlichen und metaphorischen Ebenen angesetzt. Die Notwendigkeit für eine neue Stufe ergibt sich aus der Beobachtung eines Sprechens, welches sich nicht mehr mitteilt, sondern lediglich "raumfüllend" für sich besteht. Der Hörer scheint bedeutungslos zu werden, nicht mehr Adressat zu sein. Gemeint ist eine Häufung sprachlicher Mittel wie Vagheitsausdrücke, der nicht einmal mehr phatische Zwecke unterstellt werden kann. Diese Form der "Un-Kommunikation" kann innerhalb der wörtlichen oder metaphorischen Ebene nicht hinreichend erklärt werden und wird darum als metastatische Sprachhandlung interpretiert.

Baudrillard ist zuallererst Beobachter. Sein Blick gilt alltäglichen Phänomenen wie dem Straßenverkehr, den Eßgewohnheiten, der Art zu reisen und sich zu unterhalten. Diese Beobachtungen führen ihn zu sozio-philosophischen Reflexionen über die westliche Zivilisation, wobei er einen eigenwilligen, erzählerischen und zugleich analysierenden Stil entwickelt, dessen Termini dem Ausgangspunkt der Reflexion entspringen, der Alltagsbeobachtung, und darum sowohl sehr konkret als auch metaphysisch zu verstehen sind.

Im Zusammenhang mit der Beschreibung des gesellschaftlichen Phänomens der Fettleibigkeit (obésité), die sowohl den Körper einzelner Individuen als auch ganze gesellschaftlich-soziale Systeme und die gesamte Kultur betrifft, unterscheidet Baudrillard (1983) zwischen der Symbolebene der Metapher und der Metastase. Die Metastase - als zum Phänomen der Fettleibigkeit gehörig - wird ausführlich dargelegt, wohingegen die Metapher lediglich in einer Fußnote erscheint, dort aber als Gegensatz zur Metastase. Dieser angedeutete Gegensatz und die Ausführung zur Metastase dienten als gedanklicher Ausgangspunkt und Anregung für die folgenden Überlegungen.

2.2 Die Metapher: Begrenzung der Handlung durch das dialogische Wechselspiel

Nach Baudrillard ist die *Metapher* eine Sphäre, in der lebendige Unterschiede existieren. Als Folge dieser Unterschiede existieren Grenzen, damit auch Teilbarkeit und gültige Definitionen. Dadurch kann der (gesellschaftliche und individuelle) Körper wachsen und Intensität besitzen, seine Handlungen sind von symbolischer Ordnung, sein Ereignisort (la scène) ist die des Imaginativen (der Vorstellungen) und der Repräsentation. Der Körper ist der Notwendigkeit des Ereignisortes (obligation scénique) unterworfen. Die Notwendigkeit zum Sich-Ereignen, zum symbolischen Handeln, setzt implizit voraus: den Anderen, für den gehandelt wird, auch als Teil der Imagination und Repräsentation.

Die Metapher lebt von und in den Unterschieden und in der Unmöglichkeit zur Unendlichkeit, d.h. in der Notwendigkeit zur Grenze (auch im Sinne von Abgrenzung) und zur Verbindung, Paarung mit dem Anderen. Die Imagination und die Repräsentation stehen für mögliche, fremde Perspektiven. Sie sind gleichsam potentielle Spiegel der Aktivitäten des Ich.

2.3 Die Metastase: Maßlosigkeit der monologischen Handlung

Über der Metapher steht die *Metastase*. Diese ist nicht einmal mehr eine Sphäre, d.h. sie hat keinen Ort. Das Wachsen des Körpers, im Sinne von *Auswuchs* (excroissance), geschieht durch sich selbst, nicht mehr im Hinblick auf einen fremden Raum, sondern vollständig durch das Innere und unendlich. Also: ohne Ereignisort. Darum handelt es sich um eine Ausdehnung ohne Ende, ohne Maß. Eine Überschreitung der Grenzen, die dem maßlosen Auswachsen gleichkommt, sieht Baudrillard etwa im Verhalten der Krebszelle, in der Überspezialisierung der Objekte und der Menschen, in der Operationalisierung eines jeden Details, in der Über-Bedeutsamkeit eines jeden Zeichens (alles wird zum Zeichen von etwas anderem). Alle Systeme – das der Kommunikation, der Information, der Produktion u.a. – haben längst schon die Grenzen ihrer Funktionalität und ihres Gebrauchswertes überschritten. Hier ist der Körper unteilbar, er kann sich nicht mehr mit einem Anderen, mit einem Konzept des Fremden, verbinden, paaren. Er ist unendlich, da das fremde Auge nicht mehr existiert, er ist in jeder Hinsicht asexuell, da Unterschiede keine Rolle mehr spielen. Der Körper frißt sich selbst oder seinen Raum - was letztlich dasselbe ist.

Baudrillard (1983) spricht von der Revolte gegen die eigene Definition, die zu einem organischen Delirium führt (vgl. Krebsgeschwür). Der Körper will den Unterschied nicht mehr, nicht mehr seine Definition, auch nicht die des Anderen und schließlich: die Definition des Ich nicht mehr. Das Ich verwirft sich und ist nicht mehr Ich, da es sich nur mehr bezüglich eines Unendlichen (das des "Auswachsens") definiert[2]. Seine Kommunikation ist unvorstellbar, unerzählbar, unrepräsentierbar, außerhalb der symbolischen Ordnung: Die Kommunikation des Allganzen zum Allganzen oder zum Nichts. Mit diesem Delirium, in welchem die Unterschiede geschluckt werden, verschwinden zugleich auch die Vorstellungen von Polen mit ihren Spannungen und ihrer Handlungsdynamik und die von Gleichgewichten - stabile oder instabile.

2.4 Kommunikation und Struktur

Baudrillard weiterführend sei zunächst festgestellt, daß Nicht-Kommunikation nicht existiert (Watzlawick, Beavin & Jackson, 1974), woraus folgt, daß der Körper mit seiner eigenen Definition kommuniziert - indem er sie zerstört. Die Kommunikation kommt nicht über das Selbst hinaus und richtet sich stets nur an dieses. Da es auf dieser Ebene kein Außen gibt, das zu einer "echten" Kommunikation führen würde, sind die Begriffe Wahrheit und Ordnung nicht wie im Wörtlichen und Metaphorischen thematisierbar. Für die Struktur eines metastatischen Systems ergibt sich, daß sie nicht allgemeinen Gesetzen gehorcht, die der Kommunikation mit anderen dienen und durch sie definiert werden, sondern nur eigenen - bis sich das System zerstört hat.

Die Fortführung der Baudrillardschen Gedanken und ihre Übertragung auf Sprache läßt die Frage entstehen, ob eine Verschiebung von

---

[2] Um der hier implizit mitschwingenden autoritären und dogmatischen individuellen Schuldzuschreibung entgegenzuwirken ("der Körper will"), möchte ich anfügen, daß der individuelle Körper ebenso vom sozialen Körper "gewollt" wird. Ich denke z.B. an die Art der medizinischen Verschreibung, insbesondere bei schweren Krankheiten, die auch Ausdruck eines psycho-sozialen Konsens über den Umgang mit dem Einzelkörper ist. Im Prinzip enthält wohl jede Institution (Bildungs-, Arbeits-, Vereins-, Familieninstitution u.ä.m.) solche "Verschreibungen", die auf den individuellen Körper wirken.

einer Ebene des sprachlichen Handelns zur anderen feststellbar ist, was die gesamte symbolische Aktivität in ihren kognitiven und sozialen Dimensionen betreffen würde. Denn sowohl für das allgemeine symbolische Handeln wie auch für das sprachliche Handeln ist der Gedanke interessant, daß es zum einen Systeme gibt, deren Struktur als Produkt eines (kommunikativen) Wechselspiels strukturschaffend wirken (Sphäre der Metapher); zum anderen Systeme, deren Aktivität nicht mehr durch das Wechselspiel bestimmt wird (Sphäre der Metastase), so daß die Struktur sowohl im positiven Bereich (hyperstrukturierende Aktivitäten) als auch im negativen Bereich (strukturnivellierende Aktivitäten) keine Grenzen kennt. Die ersten Systeme arbeiten auf der Grundlage von Unterschieden, Verschiedenheiten, Grenzen und Definitionen, welche eine symbolische Ordnung ermöglichen; die zweiten Systeme lösen in ihrer Innen-Kommunikation die symbolische Ordnung allmählich auf.

In der Sprachfigur der Metapher verdeutlicht sich der Prozeß der Unterscheidung, der es gestattet, Dinge in neue Zusammenhänge zu bringen. Was aber geschieht, wenn die Fähigkeit zur Unterscheidung nivelliert wird? Was wird aus dem (ordnenden) Symbolsystem und den damit zusammenhängenden kognitiven Organisationen, und nicht zuletzt: aus sozial kommunizierten Strukturen?

2.5 Indefinita: Form der metastatischen Rede

In der aktuellen Alltagssprache läßt sich eine geradezu inflationäre Zunahme an Indefinita erkennen, worunter zunächst Heckenausdrücke (Vagheitsindikatoren, Partikel) und Elativa subsumiert werden sollen. Diese sprachlichen Elemente und Figuren werden hier *Indefinita* genannt, weil sie den Versuch darstellen, mit sprachlicher Vagheit umzugehen, sei es im Sinne einer Reduktion oder einer bewußten Indizierung, wodurch Verstehensanweisungen für die Bedeutung gegeben werden sollen, aber auch auf interaktioneller Ebene eine Relativierung und/oder Reduktion der Sprecher-Verantwortlichkeit erreicht werden soll. Letzteres gilt vor allem für die Heckenausdrücke, denn durch den Gebrauch von Elativa versucht ein Sprecher gerade umgekehrt eine über-eindeutige Stellungnahme abzugeben.

Elativa sind in Anlehnung an die grammatische Terminologie Formen des "absoluten Superlativs" von Adjektiven durch adverbiale oder präpositionale Zusätze. Bei den hier angesprochenen Elativa können auch solche Adjektive gesteigert werden, die semantisch gesehen nicht steigerungsfähig sind (vgl. Erben 1972, S. 187: "Manche Beiwörter entziehen sich der üblichen Steigerung; es sind solche, die keine vergleichende oder wertende Abstufung zulassen: grün, kupfern."). Beispiele für den klassischen Elativ wären etwa: *herrlichstes Wetter*, *liebste Freundin* oder auch durch Zusammensetzungen mit Präpositionen gebildete Formen wie das *überschlanke Mannequin*, *superkluge Bemerkungen* (vgl. Helbig & Buscha, 1987 und Erben, 1972). Bußmann (1983) gibt auch adverbiale Umschreibungen mit *äußerst*, *höchst*, *enorm*, *überaus* an.

Helbig und Buschas *superkluge Bemerkungen* und Bußmanns adverbiale Umschreibungen weisen auf die sprachlichen Phänomene hin, die mit Elativa bezeichnet werden. Konstruktionen nach dem Schema von *superklug : obergeil, überfit, hypergut*; und Zusätze wie *extrem, tierisch, wahnsinnig, irre, total, absolut*, durch die sich nicht-steigerungsfähige Adjektive steigern lassen: *total grün, wahnsinnig kupfern*. Ein aus Heckenausdrücken und Elativ zusammengesetzer Ausdruck wäre z.B.: *irgendwie schon total gut*. Das Bemerkenswerte an den Indefinita ist die Tatsache, daß ihr inflationärer Gebrauch zu einer allgemeinen Bedeutungsverwischung führt, obwohl es gerade das Ziel ist, das zu Beschreibende deutlicher zu fassen. Durch die Bestückung von Bedeutungen und Meinungen mit Partikeln, Heckenausdrücken und Elativa entsteht eine Beliebigkeit auf der Inhaltsebene, die einer Undifferenziertheit, einer Nivellierung von Unterschieden entspricht. Ein GAU (an sich schon eine außerordentliche Wortbildung) ist gleichermaßen *total wahnsinnig* wie der letzte Film mit Dustin Hoffman.

Aus psycholinguistischer Sicht ist zu fragen, was hier mit den Bedeutungskategorien geschieht, ob sie stark ausgeweitet oder im Gegenteil auf Clichégröße verengt werden, ob Gradunterschiede im Sinne der Prototypentheorie aufgelöst oder vielleicht umstrukturiert werden (z. B. Reduzierung der Graduierungsmöglichkeiten). Bezüglich der interaktionellen Ebene der Kommunikation ist zu fragen, was mit diesem inflationären Gebrauch erreicht werden soll und dann tatsächlich erreicht wird.

Denkbar wäre, daß dieser Gebrauch einem andauernden Aufmerksamkeitsappell entspricht, der beim Hörer aber zu einer Sättigung führen könnte, die den Mechanismus verstärkt. Anderseits gehören Indefinita z.T. sicher auch zu einem Gruppen-Code ("die Jugendlichen") und könnten somit ein Wir-Gefühl signalisieren und daher beziehungsregulierende und -bestätigende Signale sein. Weitere Gründe sind vorstellbar, die die Indefinita vor einen psychosozialen Hintergrund stellen und Kommunikationsmechanismen und -weisen einer Gesellschaft aufzeigen können.

Bezüglich der persönlichen Stellung des Spechers zu dem, was er sagt, kann bei Partikeln und Heckenausdrücken in vielen Fällen davon gesprochen werden, daß der Sprecher in hohem Maße die Reduktion der Verantwortlichkeit beansprucht und sich lieber auf Vagheit und Defektivität einläßt, als eine eindeutige (=persönliche und angreifbare) Position einzunehmen. Er ist dann inhaltlich nicht mehr festlegbar, und man fragt sich, was er denn "eigentlich" sagt.

2.6 Mögliche Ursachen der metastatischen Rede

Im humboldtschen Sinne ist Sprachbetrachtung immer auch Kulturbetrachtung und ein sprachliches Phänomen wie das der Indefinita daher kein Zufall oder eine bloße Modeerscheinung, sondern Ausdruck der gesellschaftlich-historischen Wirklichkeit, in der es stattfindet. Man mag einwenden, daß nicht alle so sprechen, aber es genügt, wenn viele so sprechen, d.h. wenn dieses Sprechen Teil der Kultur geworden ist und diese Vielen nicht ghettoisierte Randgruppen der Gesellschaft sind, sondern im Gegenteil von ihrem Alter her diese bestimmen und immer mehr bestimmen werden.

Die Ursache dieser allgemeinen Bedeutungsunsicherheit könnte in der stark zunehmenden Diskrepanz in der Relation zwischen menschlichen Erkenntnissen und der Zeit liegen, in der diese gewonnen und in breitestem Maße angewendet werden. Man muß in Dimensionen handeln, denken und sich bewegen, also auch sprechen, die es eigentlich nicht gibt, da sie psychisch und kognitiv zum großen Teil nicht mehr nachvollziehbar sind.

Ein eklatantes Beispiel dieser Art der möglich gemachten Unmöglichkeit ist das gegeneinander Aufrechnen von Atomraketen, die, jede einzelne für sich genommen, schon unvorstellbar genug sind. Die Möglichkeit des Sterbens, die es tatsächlich nur einmal gibt, wird theoretisch potenziert, sie wird zu einer vorstellungsmäßigen Realität. In ähnlicher Weise wird die Möglichkeit des Lebens selbst theoretisch potenziert - so, als ob man mehr als einmal leben könnte. Das Individuum wird in seinem Sein vervielfacht. Es entstehen, positiv wie negativ, Handlungsmöglichkeiten, die nicht handlungsmöglich sind. Hier eröffnet sich eine Verbindung zum veränderten symbolischen Handeln im Sinne Baudrillards.

Diese Steigerung (Delirium), die das faktische Wissen, die Handlungsmöglichkeiten, aber auch die Anzahl der "Dinge an sich" (vgl. Reiz- und Objektüberflutung) betrifft, führt zu einer Ohnmacht des Ausdrucks, der etwas aus einem Ganzen, welches "durchschnittlich" oder "normal" gedacht wird (Prototyp), herausheben möchte. Da aber nun (fast) alles *wahnsinnig* ist (positiv wie negativ), muß zu Elativa gegriffen werden, um überhaupt noch einen Unterschied herzustellen. Dazu gesellt sich eine Unsicherheit gegenüber der Fülle an Information, die eine Hyper-Präzision möglich macht und zu einer solchen tendenziell zwingt, aus der sich das überforderte Individuum oft nur noch durch Undeutlichkeit retten kann.

Es mag der Eindruck enstehen, daß die Sprache nicht mehr ausreicht, die Erkenntnisse zu fassen. Doch da die Sprache Weltbilder transportiert, sind es wohl eher diese Bilder, die das Ungenügen und die Ohnmacht hervorrufen. Die vorgestellte Welt ist quasi völlig hausbacken gegenüber der gesellschaftlich-technischen Welt.

Mit der Hyper-Präzision entsteht zugleich ein hoher und zugleich wertender Anspruch auf Genauigkeit, der die grundsätzliche und alltägliche Vagheit entwertet und die Inhaltsebene gegenüber der Beziehungsebene stark überbelastet. Sprecher und Hörer dürfen sich nicht mehr auf das Prinzip des "Du-weißt-was-ich-meine" berufen.

Die Inflation entsteht also allgemein gesagt aus einem Zuviel an Präzision und einem Zuwenig an Vagheit. Die Inflation selbst ist ein Zuviel an Vagheit und ein Zuwenig an Präzision.

2.7 Über-Präzision als Form metastatischen Erkenntniswunsches

Die Überpräzision ist nicht zuletzt auch innerhalb der Wissenschaften festzustellen, die sich mit der Kognition des Menschen beschäftigen. Denn Ziel der kognitiven Forschung ist (auch) die Operationalisierung des menschlichen Weltwissens, eine Formalisierung, die auf die logische Kontrollierbarkeit eben dieses Wissens hinausläuft. Aber das Problem "Weltwissen" ist nicht bloß ein wissenschaftliches, sondern auch ein wissenschaftstheoretisches Problem in dem Maße, wie der

Mensch in seinem Erkenntnisdrang an die Grenzen selbst der Bestandsaufnahme der Welt und der Information geht ("... aller... aux limites même de l´inventaire du monde et de l´information", Baudrillard 1983, S. 32). Was bedeutet dieser Erkenntnisdrang, der zur Erklärungswut wird, zu einer kompletten (präzisen) Inventur des menschlichen Daseins? In der Erklärungswut seines eigenen Wissens will der Mensch nicht mehr nur in der Lage sein, die Außenwelt zu lesen und sich verfügbar zu machen, sondern auch seine eigene Innenwelt, er ist sich Objekt, er will in seinem Gehirn die Wege seiner Gedanken sehen können ("le spectacle du cerveau", Baudrillard 1986, S. 39). Auch hier sieht Baudrillard einen Ausdruck des Phänomens der "Fettleibigkeit": Charakteristisch für die moderne Operationalisierung ist der maßlose und rauschhafte Wunsch, alles zu speichern, zu memorieren, referentiell zu machen und eben an die Grenzen der Weltbestandsaufnahme und der Information zu gehen, wodurch eine ungeheure Potentialität entsteht, die sich jeder Vorstellbarkeit entzieht und die darum auch nutzlos wird. Hier wird die Information zur Metastase, zu einem selbständig wachsenden System, das eine Verbindung, eine Relation mit einem Außen löscht, überflüssig macht.

Ein Anliegen moderner Technologie ist sinnigerweise das der möglichst platzsparenden Informationsspeicherung, denn wirklich: Das Geschwür wächst in einem phantastischen Tempo.

3. Schlußbemerkung

Das Anliegen der vorangegangenen Überlegungen ist nicht die nostalgische Heraufbeschwörung einer humanistisch geprägten Zeit (wenn es sie je gegeben hat), nicht das Ausspielen irrationalistischer gegen rationalistische Denktraditionen, sondern das Beobachten und Erkennen zugrundeliegender Annahmen über den Menschen und seine Stellung in der Welt, aus welchen Annahmen auch Wissenschaft entsteht. Als zentral erweist sich dabei das Problem der Präzision. Nach der Aristotelischen Tradition ist eine absolute sprachliche Präzision nicht nur möglich, sondern auch zur Erfassung der Welt erforderlich; dieser Anspruch drückt sich z.B. in der Sprache der Wissenschaften aus, die als tatsächliche Entsprechung der Struktur der Welt behandelt wird. Davon führt die Humboldt-Tradition weg, da sie von Präzision nur im Sinne ihrer Kontextadäquatheit spricht und so auch

Sprache in ihrer Angemessenheit innerhalb eines bestimmten Weltbildes sieht. Der Modellcharakter menschlicher Symbolsysteme und die damit verknüpfte methodische Fruchtbarkeit kommen in einer an solchem Präzisionsanspruch orientierten Wissenschaft zur Geltung.

Die Ebene der Metastase führt zum Begriff der Hyperpräzision, der eine neue logische Ebene eröffnet, da hier die Präzision zur Welt der Erscheinungen gehört, sie ist eines der systemauflösenden Phänomene des Auswuchses. Die Hyperpräzision entsteht aus dem absoluten Wahrheitsanspruch und der als machbar angesehenen Präzision, doch als Phänomen zeigt sie Folgen, die z.B. in einer inflationär vagen Alltagssprache oder einer sich selbst fortwährend erklärenden, überpräzisen Wissenschaftssprache liegen.

Literatur

Apel, K.-O. (1959): Sprache und Wahrheit in der gegenwärtigen Situation der Philosophie. *Philosophische Rundschau*, 7, 161-184.

Apel, K.-O. (1980): *Die Idee der Sprache in der Tradition des Humanismus von Dante bis Vico*. Bonn.

Baudrillard, J. (1983): *Les stratégies fatales*. Paris.

Baudrillard, J. (1986): *Amérique*. Paris.

Bußmann, H. (1983): *Lexikon der Sprachwissenschaft*. Stuttgart.

Cicourel, A.V. (1975): *Sprache in der sozialen Interaktion*. München.

Erben, J. (1972): *Deutsche Grammatik. Ein Abriß*. München.

Grice, H.P (1979): Logik und Konversation. In: Meggle, G. (Hrsg.): *Handlung, Kommunikation, Bedeutung*. Frankfurt/Main.

Helbig, G. & Buscha, J. (1987): *Deutsche Grammatik. Ein Handbuch für den Ausländerunterricht*. Leipzig.

Hörmann, H. (1976) : *Meinen und Verstehen. Grundzüge einer psychologischen Semantik*. Frankfurt/Main.

Johnson, M.G. & Henley, T.B. (1988): Book Review Essay: Something Old, Something New, Something Borrowed, Something True. *Metaphor and Symbolic Activity*, 3, 233-252.

Olson, D.R. (1988): Or What´s a Metaphor For? *Metaphor and Symbolic Activity*, 3, 215-222.

Schwemmer, O. (1987): *Handlung und Struktur. Zur Wissenschaftstheorie der Kulturwissenschaften*. Frankfurt/Main.

Watzlawick, P., Beavin, J.H. & Jackson, D.D. (1974): *Menschliche Kommunikation. Formen, Störungen, Pradoxien*. Bern, Stuttgart, Wien.

Wittgenstein, L. (1984): Philosophische Untersuchungen. In: Wittgenstein, L.: *Schriften, Bd.1*. Frankfurt/Main.

Die designative und die gegenstandskonstituierende Funktion der Sprache

Claudia Weiand

Die designative und die gegenstandskonstituierende Funktion werden unter drei verschiedenen Sichtweisen betrachtet. Auf der Ebene philosophischer Sprachbetrachtung, auf der die beiden Funktionen den Zusammenhang von Sprache und Wahrheit thematisieren, erscheinen sie in unversöhnlicher Diskrepanz: Bildet Sprache die schon erkannte Ordnung der Welt ab oder gibt sie der Welt eine Ordnung? Die geschichtliche Sprachbetrachtung läßt beide Funktionen als notwendig für die Auseinandersetzung des Menschen mit der Wirklichkeit erscheinen: Sprache ist Werkzeug, die erfahrene Wirklichkeit sprachlich zu erfassen, und sie ist Werkzeug, eine noch nicht erfahrene Wirklichkeit zu erfahren. Die Betrachtung des konkreten Sprechereignisses schließlich zeigt, wie beide Funktionen zusammenwirken, um die Wahrnehmungen auf das jeweils konkret Gemeinte hinzulenken.

The designative and the object-constituting functions of language are discussed from three different points of view. On the level of philosophical consideration of language, where both functions choose the relation between language and truth as a central theme, they appear in an irreconcilable discrepancy: Does language reflect the order of the world which is already known or does language give the world order? The historical consideration of language sees both functions as necessary for the individual´s analysis of reality. Language is a tool used to linguistically describe known reality, and language is a tool used to experience a reality which is yet unknown. The examination of language use in concrete situations reveals that both functions work together to guide perception to the intended concrete object or event.

> Der Gigant: "Ihr vertröstet uns auf die Zukunft. Gebt ihr zu, daß die bisherige abendländische Logik kulturbedingt ist?"
>
> Der Ideenfreund: "Kulturbedingt, aber wahr."
>
> Der Gigant: "Rund, aber viereckig."
>
> Der Ideenfreund: "Nein. Kulturbedingt in dem Sinne, daß sie in dieser Kultur und Sprache leichter gefunden werden konnte als in anderen. Zugegeben, daß ihre geschichtliche Präsentation und die Richtung ihres Wachstums damit Spuren ihres Entstehungsmilieus trägt."
>
> Der Gigant: "Ihr wollt im Ernst behaupten, daß die griechische Sprache besser befähigt, Wahrheiten zu erkennen als andere Sprachen?"
>
> Der Ideenfreund: "Für diese spezielle Wahrheit wollen wir das im Ernst behaupten." (v. Weizsäcker, 1971, S. 90)

Die designative Funktion der Sprache

Nach Aristoteles entsteht die Beziehung zwischen Wörtern und Dingen durch Setzung des Menschen. Aufgrund der Übereinstimmung zwischen Ding und Verstand (adaequatio rei et intellectus) kann der Mensch die Welt unabhängig von der Sprache erfassen. Zwischen Wort und Ding besteht eine dyadische, eindeutige Beziehung: Das ist die designative Funktion der Sprache. Mittels der Eindeutigkeit der Bezeichnung und der grammatischen Struktur bildet Sprache die objektiv gegebene Ordnung der Welt ab.

Diese Auffassung legt weitreichende Folgerungen nahe, die Philosophen, Logiker, Sprachwissenschaftler und Psychologen gleichermaßen in ihren Bann zogen und auch heute noch Fundament vieler theoretischer und empirischer Arbeiten sind.

Erstens: Wenn der Mensch die wahre Ordnung der Welt erkennen kann und sich diese Kenntnis in der Ordnung der Sprache niederschlägt, dann besteht Hoffnung, die Ordnung der Sprache verriete die wahre Ordnung der Welt. Die Sprachanalyse birgt somit den Schlüssel zur Erkenntnis der Wahrheit. Zweitens: Wenn sich die Ordnung der Welt in der Sprache niederschlägt, so müßten Sprachen dieser Welt in ihren Grundprinzipien übereinstimmen, d.h. die mittels der Sprachanalyse entdeckten, zugrundeliegenden Prinzipien, Regeln oder Strukturen müßten universell gültig sein. Drittens: Wenn sich in der Sprache die Welt abbildet, so können die Dinge der Welt als Ursachen für die sprachliche Ordnung begriffen werden.

Auch wo die gesuchte Ordnung der Sprache zu finden ist, ist bei Aristoteles vorgezeichnet: sowohl im Wortschatz wie in der Grammatik. Entsprechend entwickelten sich zwei Formen von Adäquationstheorien: Die Adaequationstheorien der Zeichentheorie gehen von der Zuordnung von Zeichen und - immer als bekannt und wahr vorausgesetztem - Bezeichnetem aus. Die Theorien der logisch-syntaktischen adaequatio sehen das Wahre in der Sprache nicht in der Beziehung Ding-Wort gegeben, sondern in der zwischen Sprachstruktur und Weltstruktur (vgl. Hörmann 1977, Apel 1973). Beide Wege wurden und werden beschritten - in etwas abgewandelten Formen, explizit begründet oder auch als implizite Voraussetzung, in Form von vortheoretischen Annahmen oder einfach von Intuitionen.

So wurde die Zuordnung von Zeichen und Dingen in der Scholastik als Suppositionstheorie heftig diskutiert. Ockham sah die Wahrheit in der Sprache dadurch gesichert, daß die Dinge als Ursache für Aussagen wirkten. Noch heute grundlegend ist aber vor allem die realistische Semantik, wie sie z.B. von Wittgenstein im Tractatus, von Carnap und von Frege vertreten wurde, und die in den semantischen Komponenten der Kategorialgrammatik und der Montague-Grammatik ihre Nachfolge findet - beide werden in der modernen Linguistik häufig angewendet.

Die Montague-Grammatik fußt zudem auf der Tradition der logisch-syntaktischen adaequatio, wie sie etwa von Hobbes, Leibniz und vor allem der positivistischen Sprachlogik mit Carnap und Russel verfochten wurde. Dabei wurde die Bedeutung zunächst gänzlich ausgeklammert. Carnap versuchte sich an einer logischen Syntax, die ganz ohne Bedeutung auskommen sollte. Diese Versuche wurden später jedoch aufgegeben.

In der Montague-Grammatik findet sich also beides: die strukturelle Parallelität zwischen Sprache und Welt und die direkte Zuordnung der sprachlichen Zeichen zu den Dingen der Welt. Ein natürlicher Satz wird in eine logische Form einer formal-logischen Zielsprache überführt und schließlich in der Zielsprache semantisch interpretiert. Die Zuordnung zwischen Sprache und Welt ist durch die sogenannten Extensionen gewährleistet (wobei ich hier nicht auf die Fregesche Unterscheidung von Sinn und Bedeutung, von Extension und Intension eingehen will). Extensionen sind mengentheoretische Objekte. Die Extension eines Wortes ist ein Objekt oder Sachverhalt der Welt und nicht etwa ein Begriff oder eine Vorstellung. Die Bedeutung eines Eigennamens (z.B. "München") besteht darin, daß er einen bestimmten Gegenstand bezeichnet (nämlich die reale Stadt). Ein Prädikat (z.B. "grün") bezeichnet eine bestimmte Eigenschaft, die an realen Objekten beobachtbar ist. Die Extension eines Satzes ist ein Wahrheitswert, wobei dieser Wahrheitswert bzw. die Adäquatheit der Formalisierung letztlich intuitiv mittels der Kenntnis von der Welt überprüft wird. Der einfache Satz "München liegt an der Isar" bezeichnet einen Sachverhalt, dessen Bezeichnung genau dann wahr ist, wenn der Sachverhalt real so vorliegt, also wenn München tatsächlich an der Isar liegt (Link, 1979).

Selbstgenügsamer sind Chomskys Ansatz in der Generativen Grammatik und mit ihm die psycholinguistischen Arbeiten in diesem Rahmen, da zwischen Sprache und Welt kein bestimmter Zusammenhang postuliert wird: Die Universalgrammatik ist erstens die Theorie der abstrakten Eigenschaften von grammatischen Systemen (und zwar von allen) und zweitens die angeborene Sprachfähigkeit der Menschen, d.h. Teil seiner biologischen Ausstattung. Die erlernte Einzelsprache ist in weiten Teilen von den angeborenen Sprachprinzipen determiniert (ein solches universelles Prinzip ist z.B.: Jeder Satz hat ein Subjekt). Die Verschiedenheit der Einzelgrammatiken wird auf die Verschiedenheit der Lexika und die unterschiedliche Fixierung von Parametern zurückgeführt (ein einzelsprachlicher Parameter ist z.B.: Das grammatische Subjekt ist die Nominativ-NP). Die strukturelle Parallelität zwischen Welt- und Sprachstruktur ist aufgegeben, nicht jedoch der universelle Anspruch und nicht der Abbild-Gedanke. Er bleibt in der Parallelität zwischen angeborenen universellen Sprachstrukturen und einzelsprachlichen Strukturen erhalten.

Für die stärker am Kommunikationsprozeß ausgerichtete Sprachpsychologie und Psycholinguistik wurde Bühlers Organonmodell grundlegend, bei dem das sprachliche Zeichen nicht nur im Zusammenhang auf die Welt gedeutet wird, sondern auch in bezug auf die Rolle, die es in der Kommunikation spielt. Das sprachliche Zeichen hat drei Funktionen: eine Darstellungsfunktion (es symbolisiert Gegenstände und Sachverhalte), eine Ausdrucksfunktion (es drückt den inneren Zustand des Sprechers aus) und eine Appellfunktion (es appelliert an den Hörer, dessen Verhalten es steuern kann). Betrachtet man nun die Darstellungsfunktion, so zeigt sich auch hier der aristotelische Zeichenbegriff, nach dem Sprache die Welt abbildet. Bühler entschied sich gegen die platonische für die aristotelische Auffassung, die humboldtsche (s.u.) diskutierte er hingegen nicht:

"Wenn wir "heute" den Laut und das Ding hin und her vergleichend betrachten, so ergibt sich keine "Ähnlichkeit" zwischen beiden (...). Zuordnungen "bestehen" (...) immer nur kraft einer Konvention (...) Kurz es kann bei der Entscheidung des Kratylos bleiben: die Lautbilder einer Sprache sind den Dingen zugeordnet und das Lexikon einer wissenschaftlich aufgenommenen Sprache löst die Aufgabe, die sich als erste aus der Antwort des Kratylos ergibt, die N a m e n (wie es dort heißt) der Sprache systematisch mit ihren Zuordnungsrelationen zu den "Dingen" darzustellen." Bühler (1965, S.30).

Entsprechend gewichtet Bühler in seinen Arbeiten zum Spracherwerb als wichtige Etappe den Moment, in dem das Kind erkennt, daß jedes Ding einen Namen hat (Bühler, 1967) - eine Ansicht, die sich mit Stern beginnend quer durch die Spracherwerbsliteratur hindurchzieht.

Stellvertretend sei das Grundlagenwerk zu Spracherwerb und Sprachstörung von Bloom und Lahey (1978) angeführt. Bloom und Lahey gehen davon aus, daß zuerst die nötigen Konzepte oder Begriffe erworben werden, bevor die Sprache gelernt werden kann (ganz im Einklang mit Piaget): "An individual learns to use and understand a language in relation to (or as a representation of) the ideas or mental concepts that have been formed through experience " (Bloom & Lahey, 1978, S.7). Hieraus folgern sie, das der Spache zugrundeliegende Weltwissen sei universell. Sowohl der Wortschatz wie die Syntax stehen in einem Abbildungsverhältnis zur Realität: Als primäre Kategorien des universellen sprachlichen Wissens gelten einerseits das Wissen über Objekte und Objektklassen, andererseits das Wissen über Zusammenhänge zwischen Objekten bzw. Ereignissen, das sich im Erwerb syntaktischer Strukturen niederschlägt.

Häufig wird der Abbildgedanke nicht explizit thematisiert, liegt aber implizit einer Reihe von psycholinguistischen Arbeiten zugrunde. So z.B. in Standardverfahren, mit denen vor allem Fragen zum Spracherwerb und zu Sprachstörungen beantwortet werden, bzw. die Diagnosezwecken dienen. Man läßt Objekte und Figuren benennen, Szenen beschreiben und Bildgeschichten erzählen. Jeder Versuchsleiter, der entsprechendes Material zusammenstellt, auswählt oder Versuchspersonen vorlegt, um bestimmte Äußerungen, bestimmte lexikalische, morphologische oder syntaktische Strukturen zu provozieren, hat bestimmte Annahmen und Intuitionen über den Zusammenhang zwischen dem konkreten Material und der angezielten Äußerung. Zumindest geht er davon aus, daß ein bestimmtes Bild zusammen mit einer Frage die gewünschte Antwort provozieren kann. Dahinter steckt die Annahme einer Ursache-Wirkungs-Relation, die Annahme, zu bestimmten Objekten gehörten bestimmte "Namen", zu bestimmten Relationen zwischen Objekten gehörten bestimmte grammatische Strukturen. Doch oft genug fällt die Anwort anders aus als gewünscht, ist unvollständig, wo vollständige Sätze erwartet wurden, ist allein identifizierend, wo eine Beschreibung angezielt war, referiert nur auf ein Objekt, wo auf mehrere Objekte Bezug genommen werden sollte, und ähnliches.

Die gegenstandskonstituierende Funktion der Sprache

"Durch die gegenseitige Abhängigkeit des Gedankens, und des Wortes von einander leuchtet es klar ein, dass die Sprachen nicht eigentlich Mittel sind, die schon erkannte Wahrheit darzustellen, sondern weit mehr, die vorher unerkannte zu entdecken. Ihre Verschiedenheit ist nicht eine von Schällen und Zeichen, sondern eine Verschiedenheit der Weltansichten selbst" (Humboldt, Bd. IV, S. 27, zit. nach Kutschera, 1975, S. 290).
In dieser häufig zitierten Stelle findet sich der Grundgedanke, der in Deutschland die inhaltsbezogene Sprachwissenschaft mit Weisgerber als Wortführer kennzeichnet und in Amerika in Korzybskis General Semantics und in Whorfs Metalinguistik mündete (Helbig, 1983). Die Wahrheit, die in der Sprache liegt, ist hier die Wahrheit der eine bestimmte Sprache sprechenden Nation, weniger die Wahrheit der Welt. Sprecher sehr verschiedener Sprachen erfahren und begreifen die Welt auf verschiedene Weisen, die vom System ihrer Sprache bedingt sind. Die Verschiedenheiten der Sprachen sind die Verschiedenheiten der Weltansichten. In ihrer gegenstandskonstituierenden Funktion dient Sprache der Welterschließung, sie dient dazu, der Welt durch die Sprache eine Ordnung zu geben und sie so der Erfahrung und dem Begreifen zugänglich zu machen. Nach Humboldt ist Sprache Energeia, eine Kraft geistiger Gestaltung. Dieser Anteil der Sprache an der Welterfahrung ist dem Sprecher jedoch nicht bewußt (Sapir, 1929; Whorf, 1956) und kann möglicherweise nur im Sprachvergleich herausgearbeitet werden.

Sowohl der Wortschatz wie auch die Grammatik einer Sprache prägen die Weltsicht des Individuums. Wenn beispielsweise im Navaho Blau und Grün in einer Kategorie zusammenfallen, d.h. wenn es eine Farbbezeichnung gibt und nicht zwei, so ist anzunehmen, daß diese Unterscheidung von Navahos gewöhnlich nicht getroffen wird – was nicht bedeutet, daß die Fähigkeit zur Unterscheidung nicht vorhanden wäre (vgl. Hoijer, 1971). Nach Trier, der in seinem Feldbegriff den saussureschen Systemgedanken mit Weisgerbers Ansichten verknüpft, läßt das Ordnungsgefüge der Wörter ein Stück sprachliches Weltbild erkennen. Im Bereich der Grammatik wurde beispielsweise hinterfragt, inwieweit der "Zeitbegriff" einer Sprachgemeinschaft von den in dieser Sprache vorhandenen Zeitadverbien und -präpositionen und den Tempusformen der Verben abhängen (Whorf, 1956). Die Unterscheidung von Nomina und Verba legt - wenngleich nicht exakt - die perzeptive Unterscheidung von Dingen und Prozessen nahe. So mag etwa das Nomen "Seele" mit dazu verführt haben, diese als ein zweites Ding neben dem "Körper" zu begreifen, das schließlich als "Psyche" zum Untersuchungsgegenstand einer Wissenschaft wurde. Aber vor allem die Subjekt-Prädikat-Struktur scheint das europäische Denken, die europäische Philosophie, Logik und Wissenschaft geprägt zu haben (vgl. Kutschera, 1975). Auf eben dieser Subjekt-Prädikat-Struktur gründen auch die oben erwähnte Montague-Theorie sowie die Generative Grammatik. Doch sowohl die Nomen-Verb-Distinktion wie die Subjekt-Prädikat-Struktur sind manchen Sprachen fremd. So z.B. den nordirokesischen Sprachen, in denen "Nomina Verba sind, sich wie Verba benehmen oder eine Unterklasse von Verben darstellen" (Sasse, 1988, S.10), d.h. in denen auch "Dingbezeichnungen" prädikativ und nicht referentiell sind. Diese prädikativen Elemente werden im irokesischen Satz juxtapositiv aneinandergereiht, wobei die Bedeutung der Glieder im Gesamtzusammenhang durch ihre Reihenfolge und den Gebrauch diverser Partikeln geklärt wird.

Zur Sprachpsychologie und Psycholinguistik: Sieht man von interkulturell ausgerichteten Arbeiten ab (besonders im Bereich der Farbbezeichnungen wurde eine ganze Reihe vergleichender Untersuchungen durchgeführt), so sind Arbeiten, die der gegenstandskonstituierenden Funktion der Sprache einen Platz einräumen, nicht gerade weit gestreut. In der sowjetischen Sprachpsychologie wird sie zwar mit zu den Hauptfunktionen der Sprache gezählt, jedoch bleibt auch hier die Auffassung von dem Abbild-Charakter der Sprache dominant: Als Träger von Begriffen wird Sprache für die Lenkung und Beherrschung psychischer Prozesse (wie z.B. der Farbwahrnehmung) verantwortlich gemacht (Wygotski, 1969; Lurija 1982). Insofern wird ihr ein gegenstandskonstituierender Charakter zugesprochen (bei Lurija die "kategoriale" Funktion). Dennoch bleibt diese in ihrem Freiraum recht beschränkt, so daß die sowjetische Sprachpsychologie von einer "psychologischen Relativitätstheorie" weit entfernt bleibt.

"Das Wort verdoppelt die Welt nicht nur, gewährleistet nicht nur das Entstehen der entsprechenden Vorstellungen, sondern ist ein mächtiges Werkzeug zur Analyse dieser Welt, indem es die gesellschaftliche Erfahrung in bezug auf einen Gegenstand übermittelt; das Wort führt uns über die Grenzen der sinnlichen Erfahrung hinaus und erlaubt es, in die Sphäre des Rationalen einzudringen. (. . .) Wenn wir uns die Wortbedeutungen aneignen, eignen wir uns die Erfahrung der gesamten Menschheit an, die die objektive Realität unterschiedlich vollständig und unterschiedlich tief widerspiegelt. "Bedeutung" ist ein hinter dem Wort stehendes und für alle Menschen gleiches stabiles System von Verallgemeinerungen, wobei dieses System nur durch unterschiedliche Tiefe und unterschiedliche Vollständigkeit gekennzeichnet ist und die bezeichneten Gegenstände unterschiedlich breit erfaßt; es bewahrt jedoch einen unveränderlichen "Kern"- einen bestimmten Komplex von Zusammenhängen" (Lurija, 1982, S. 44f.).

Es scheint, als habe sich der humboldtsche Gedanke, wenngleich als "linguistische Relativitätstheorie" geradezu populär geworden, nie derart flächendeckend durchsetzen können, wie die aristotelische Auffassung. Das mag daran liegen, daß die aristotelische Ansicht ein kausales Ursache-Wirkungsgefüge nahelegt, die humboldtsche hingegen zu dialektischem Begreifen auffordert. Da die Geisteswissenschaften von jeher um das Prädikat "naturwissenschaftlich" kämpfen, mag es schwerfallen, auf "kausale Erklärungsmöglichkeiten" zu verzichten.

Ins Hintertreffen geraten ist die gegenstandskonstituierende Funktion nicht zuletzt, weil sich in den letzten Jahrzehnten ein Ausweg bot: der sprechende Mensch als informationsverarbeitendes System. Hier scheint sich die Frage nach dem Zusammenhang von sprachlichen Zeichen und Welt ganz natürlich aufzulösen. Die Sprachverarbeitung ist nun nicht mehr von äußeren Faktoren bedingt, sondern von inneren - entweder ganz spracheigenen (Autonomiehypothese der Sprachverarbeitung) oder übergreifenden (Hypothese der generellen Verarbeitungsprozesse), die auch die anderen Verarbeitungen mitsteuern. Dieser letzte Lösungsweg bietet Parallelen von Wahrnehmung/ Sprache oder Handlung/Sprache an, die sich nicht gegenseitig erzeugen oder bedingen, sondern von dem dritten Faktor, dem übergeordneten Verarbeitungsprozeß hervorgerufen werden. In beiden Fällen - und in dieses "Paradigma" fällt der weitaus größte Teil der derzeitigen Forschungen - ist die Frage nach dem Zusammenhang mit der Welt nicht gelöst, sondern völlig vernebelt, kaum noch stellbar, einem diffusen, undurchdringlichen Gerechtwerden möglicher Wechselwirkungen (zwischen der Welt und den Verarbeitungen der Welt) gewichen.

Des Kontrastes wegen habe ich bisher das Problem der designativen und gegenstandskonstituierenden Funktion als ein Entweder-Oder dargestellt. Im folgenden will ich zeigen, wie sich diese Polarität auflöst, wenn die Betrachtung der Sprache aus ihrer Zeitlosigkeit gelöst und da verankert wird, wo sich Sprache als Geschehen manifestiert - im singulären Sprechakt und in ihrer Geschichtlichkeit.

Geschichtlichkeit

Die geschichtliche Betrachtung zeigt Sprache als sich wandelndes System - in Grammatik und Wortschatz. Sie wandelt sich in der Auseinandersetzung der Sprecher mit der Welt. Der Sprecher geht zwar sprachlich geprägt in die Auseinandersetzung mit der Welt hinein, doch geht gleichermaßen die Sprache aus der - leibhaften - Auseinandersetzung des Menschen mit der Welt hervor. "Leibhaft" ist die Welterschließung, insofern der Mensch in der Welt wohnt, arbeitet, forscht etc. (Apel, 1973, S. 133). Hier ist der Mensch mit mehr als sprachlicher Wahrheit konfrontiert.

Coseriu (1974 und 1983) hat sich besonders intensiv mit dem geschichtlichen Wesen der Sprache auseinandergesetzt. Zunächst scheidet er - mit Kant - grundsätzlich Naturdinge von Kulturdingen. Während Naturdinge der Welt der Notwendigkeit angehören und kausalen Zusammenhängen folgen, gehören Kulturdinge der Welt der Freiheit an und sind final bedingt. Sprechen ist eine freie, zweckgerichtete Tätigkeit, daher gehört Sprache zum finalen Bereich, zu den Erscheinungen, welche durch ihre Funktion bestimmt werden.

"In der Sprache finden sich also weder die Wirk-"Ursachen" des Wandels (da die einzige Wirkursache die Freiheit der Sprecher ist), noch ihre "Gründe" (die immer finalistischer Art sind), sondern die Umstände, die "instrumentalen" (technischen) Bedingungen, innerhalb derer die Sprachfreiheit der Sprecher wirkt" (Coseriu, 1974, S. 169).

Sprache funktioniert nicht, weil sie System ist, sondern sie ist System, um zu funktionieren, um einer Finalität zu entsprechen. Sprache ändert sich, um als solche weiterzufunktionieren. Eine Sprache stirbt, wenn sie sich nicht mehr ändert. Die philosophische Frage nach der designativen oder gegenstandskonstituierenden Funktion der Sprache stellt sich aus dieser Sicht anders: In welcher Funktion dient Sprache den Menschen, in ihrer Auseinandersetzung mit einer sich wandelnden - auch von ihnen selbst gewandelten - Umwelt? Der Funktionsbegriff ist nun ein anderer: Sprachfunktionen werden als intentional begründete Beziehungsgefüge verstanden. Eine solche Funktion ist dann keine der Sprache immanente unveränderliche Eigenschaft, sondern Sprache hat die Funktion, in der sie gebraucht wird, in der sie nützlich ist: Eine Sprache, die die Wirklichkeit nicht abbilden kann, wäre ebenso nutzlos wie eine Sprache, in der die Wirklichkeit als status quo fixiert wäre.

Und folglich: Sprache hat eine designative Funktion, wenn der Sprecher sie verwendet, um auf - als bekannt vorausgesetzte, d.h. erfahrene - Dinge und Sachverhalte eindeutig zu verweisen. Sie hat eine gegenstandskonstituierende Funktion, wenn sie verwendet wird, um "Gegenstände", die als unbekannt vorausgesetzt werden, zu konstituieren, um sie aus der Fülle des Noch-Nicht-Gedachten herauszumodellieren. Hier ergibt sich der Unterschied zwischen einem Sprachgebrauch, der die Eigenschaften der Dinge und Menschen als "offenbar" voraussetzt und einem, der sie erst offenbar macht. Zwischen einem solchen, der Tatsachen unter konventionelle Begriffe subsumiert und einem solchen, der zugleich mit echten Neu-"wahr"-nehmungen des Seienden dieses in seinem Sosein erst "freigibt" (vgl. Apel, 1973, S. 159f.).

Vor allem der metaphorische Sprachgebrauch dient hier im Gegensatz zum wörtlichen dem Erarbeiten von Neu-wahrnehmungen (vgl. Bertau, in diesem Band). An der Metapher zeigt sich auch, wie die schöpferische Sprachkraft aus der Geschichtlichkeit der Sprache aufsteigt und in diese zurückfällt: Die Metapher entfaltet sich, wenn Altbekanntes in eine neue Beziehung gesetzt wird; sie stirbt, wenn die neue Beziehung konventionalisiert ist. Während die Einsicht in den "Anteil der Sprache an der Erfahrung", in die weltkonstituierende Sprachkraft, bisweilen in der bitteren These zu münden droht, der Mensch sei Gefangener seiner Sprache, seine Weltsicht sei sprachlich determiniert, scheint es doch gerade dieser konstituierende Charakter der Sprache zu sein, der es ihm erlaubt, über die sprachlich vorgeprägte Weltsicht hinauszugelangen und neue Sichtweisen zu entwickeln und zu kommunizieren.

Wenn der Sprecher ein sprachliches Zeichen verwendet, um auf ein "als bekannt vorausgesetztes Ding" eindeutig zu verweisen, dann bedeutet das, daß er ein begriffliches Konzept beim Hörer voraussetzt, auf das verwiesen werden kann. Und "einen Gegenstand konstituieren" bedeutet hier, daß der Sprecher davon ausgeht, daß ein Begriff nicht vorhanden ist. Designativ und gegenstandskonstituierend ist hier also nicht der Zusammenhang zwischen sprachlichem Zeichen und

Welt, sondern der zwischen sprachlichem Zeichen und begrifflichen Konzepten von der Welt. Wie nun ist die Beziehung zwischen sprachlichem Zeichen und konkreten Dingen zu verstehen?

Das Geschehen

Was Bedeutung wirklich ist, kann nach Ogden und Richards (1974) nur erfaßt werden, wenn man den Prozeß versteht, der in einem Gespräch abläuft. Sie ersetzten die dyadische Zeichen-Objekt-Relation durch ein triadisches Modell, in dem die Referenz – als psychologischer Erfahrungskontext begriffen – zwischen Zeichen und Bezugsobjekt vermittelt. Die Erfahrungskontexte können mehr oder weniger der Welt entsprechen und sie können auf verschiedene Art symbolisiert werden. Ziel der Kommunikation ist es, zum gleichen Bezugsobjekt zu gelangen. Wie nun in der Gesprächssituation dieses Ziel erreicht wird, das untersuchte Olson (1974). Er kommt in einem Experiment zur Objektbenennung mit variierendem situativen Kontext (An- bzw. Abwesenheit alternativer Objekte) zu dem Befund, daß Wörter Dinge nicht benennen, sondern das intendierte Bezugsobjekt hinsichtlich einer Menge von Alternativen spezifizieren, von denen es unterschieden werden muß. Das Bezugsobjekt wird dabei nur bis zu dem Grade spezifiziert, der für den Hörer erforderlich ist, um es von seinen Alternativen zu unterscheiden.

"Da nicht die gesamte Information über das Bezugsobjekt, so wie es wahrgenommen wird, durch das Wort signalisiert werden kann, gelangen wir zu dem Ergebnis, daß Wörter (bzw. Äußerungen) Bezugsobjekte, Gegenstände oder Ereignisse, weder symbolisieren oder an ihrer Stelle stehen, noch sie repräsentieren" (Olson, 1974, S.192).

Die Bezeichnung verweist nicht direkt auf den Gegenstand, das intendierte Bezugsobjekt wird vielmehr dialogisch unter Betrachtung der Gesamtsituation herausgearbeitet. Die gewählte Bezeichnung dient nicht als Name für einen Gegenstand, sondern sie dient dazu, die Wahrnehmung des Hörers situationsangemessen zu lenken, bestimmte Wahrnehmungen zu erzeugen. Den Verweis auf das singulär Gemeinte gewährleistet also die gegenstandskonstituierende Funktion der Sprache, indem durch die gezielte Bezeichnung der Merkmale, die das intendierte Objekt von möglichen Alternativen unterscheiden, situationsspezifische Wahrnehmungsprozesse ausgelöst werden. Die designative Funktion dient dabei dem Verweis auf die als bekannt vorausgesetzten begrifflichen Konzepte.

Für die Objektbenennung läßt sich dies so auf den Punkt bringen: Die designative Funktion ist der Zusammenhang, der sich darin ausdrückt, daß "viele Dinge einen Namen haben" (der bewahrende, konservative Charakter der Sprache): Ob reif oder schon angefault, es bleibt ein "Apfel". Die gegenstandskonstituierende Funktion hingegen drückt sich darin aus, daß "ein Ding viele Namen hat" - je nach Situation und weiter gefaßt je nach situativem "Standpunkt" (der schöpferische Charakter der Sprache): z.B. "Gib mir den roten" oder "Gib mir den großen", wenn ein grüner oder ein kleiner Apfel zur Auswahl steht, aber auch "Dann eß ich halt die bittere Medizin", wenn Gesundheitsgründe zum ungewünschten Apfelessen zwingen.

Zusammenfassung

Die Sprachphilosophie formulierte zwei gegensätzliche und nach wie vor einflußreiche Thesen zum Zusammenhang von Wörtern und Dingen: die auf Aristoteles zurückgehende These der designativen Funktion, nach der Wörter den zuvor schon erkannten Dingen zugeordnet sind, und die humboldtsche These der gegenstandskonstituierenden Funktion, nach der die Weltsicht sprachlich determiniert ist. Überlegungen zur Diachronie legen nahe, daß beide Thesen auf die Sprache zutreffen: Einerseits schlägt sich das Sein der Welt in der Entwicklung der Sprache nieder, da der Mensch in der Welt lebt, Teil von ihr ist und Sprache in seiner - auch nicht-sprachlichen - Auseinandersetzung mit der Welt benutzt, andererseits kann sich der Mensch seine Wirklichkeit sprachlich - wie nicht-sprachlich - so schaffen, daß er seinen Finalitäten entsprechend in ihr agieren kann.

Die diachronische Betrachtungsweise weist auch auf einen Zusammenhang zwischen der sich wandelnden Sprache und den sich wandelnden begrifflichen Konzepten, die die Sprecher einer Sprache von der Welt haben: Die designative Funktion dient dem Verweis auf Konzepte, die tradiert und der Sprachgemeinschaft gemeinsam sind, die gegenstandskonstituierende Funktion dient dem Erzeugen neuer, nicht tradierter Konzepte. Ist ein Konzept etabliert, d.h. als bekannt vorauszusetzen, so entsteht die Möglichkeit eines designativen Zusammenhangs eines sprachlichen Zeichens mit dem nun etablierten Begriff: So war beispielsweise die Wortschöpfung "Motorhaube" ursprünglich metaphorisch, d.h. sie löste einen Denkprozeß aus, bei dem aus den beiden tradierten Begriffen "Motor" und "Haube" ein neues Konzept resultierte. Mittlerweile handelt es sich bei "Motorhaube" längst um einen tradierten Begriff, auf den das Wort designativ verweist. Die synchronische Betrachtungsweise zeigt, daß zwischen Wörtern und konkreten Objekten kein designativer, sondern ein gegenstandskonstituierender Zusammenhang besteht: Die gewählte Bezeichnung verweist nicht direkt auf das intendierte Objekt, sondern dient der Steuerung und Erzeugung von Wahrnehmungsprozessen: Die sprachliche Bezeichnung ist gleichsam eine Anleitung, unter Beachtung welcher Merkmale das gemeinte Objekt von anderen Objekten der Umgebung unterschieden werden kann.

Die designative Funktion scheint eine Funktion zu sein, die allein dem Zusammenhang zwischen Wörtern und Begriffen dient. Die gegenstandskonstituierende Funktion hingegen dient sowohl dem Entstehen neuer Begriffe, wie der Bezeichnung konkreter Objekte.

Literatur

Apel, K.-O. (1973): *Transformation der Philosophie. Band I: Sprachanalytik Semiotik Hermeneutik.* Frankfurt.

Bloom, L. & Lahey, M. (1978). *Language development and language disorders.* New York.

Bühler, K. (1965): *Sprachtheorie.* Stuttgart.

Bühler, K. (1967): *Abriß der geistigen Entwicklung des Kleinkindes.* Heidelberg.

Coseriu, E. (1974): *Synchronie, Diachronie und Geschichte.* München.

Coseriu, E. (1983): "Linguistic change does not exist". *Linguistica Nuova Ed Antica I*, S.51-59.

Helbig, H. (1983): *Geschichte der neueren Sprachwissenschaft.* Opladen.

Hörmann, H. (1977): *Psychologie der Sprache.* Berlin.

Hoijer, H. (1971): The Sapir-Whorf Hypothesis. In: H. Hoijer (Hrsg.), *Language in Culture.* Chicago.

Humboldt, W.v. (1903): *Gesammelte Schriften.* Berlin.

Kutschera, F.v. (1975): *Sprachphilosophie.* München.

Link, G. (1979): *Montague-Grammatik.* München.

Lurija, A.R. (1982): *Sprache und Bewußtsein.* Köln.

Ogden, C.K. & Richards, I.A. (1974): *Die Bedeutung der Bedeutung.* Frankfurt.

Olson, D.R. (1974): Sprache und Denken: Aspekte einer kognitiven Theorie der Semantik. In: H. Leuninger, M.H. Miller & F. Müller (Hrsg.), *Linguistik und Psychologie Bd. 1,* Frankfurt.

Sapir, E. (1929): The status of linguistics as a science. *Language*, 5, 207-214.

Sasse, H.-J. (1988): *Der Irokesische Sprachtyp.* Institut für Sprachwissenschaft - Universität zu Köln. Arbeitspapier Nr. 9.

Weizsäcker, C.F.v. (1971): *Die Einheit der Natur. Studien von Carl Friedrich von Weizsäcker.* München.

Whorf, B.L. (1956): *Language, Thought and Reality.* New York.

Wygotski, L.S. (1969): *Denken und Sprechen.* Stuttgart.

Die Ontogenese der designativen und der gegenstandskonstituierenden Sprachfunktion

Claudia Weiand

Sprache hat eine designative Funktion, wenn der Sprecher sie verwendet, um auf Begrifflichkeiten zu verweisen, die er als bekannt voraussetzt. Der Zusammenhang zwischen sprachlichen Zeichen und konkreten Objekten/Ereignissen ist aber auch gegenstandskonstituierend: Sprache wird hier wahrnehmungslenkend und -erzeugend eingesetzt. In diesem Beitrag wird der Frage nachgegangen, wie sich die beiden Sprachfunktionen in der Ontogenese im Zusammenhang mit der Begriffsbildung entwickeln. Die Hypothesen zur Entwicklung der designativen und der gegenstandskonstituierenden Funktion wurden in einem Experiment mit 39 sprachunauffälligen und 38 sprachauffälligen Kindern überprüft (Altersbereich 5 bis 10 Jahre). Das Entstehen der designativen Funktion konnte gezeigt werden, das Entstehen der gegenstandskonstituierenden Funktion jedoch nicht. In dem untersuchten Altersbereich wurde Sprache kaum gezielt wahrnehmungslenkend eingesetzt. Die sprachauffälligen Kinder unterschieden sich in der Entwicklung der Funktionen nicht von den sprachunauffälligen Kindern.

Language has a designative function, whenever the speaker intends to refer to concepts which he assumes to be already known. However, the relationship between words and concrete objects/events is also object-constituting: In this case, language is used for guiding and creating specific perceptions. The present study is concerned with the manner in which both functions arise in ontogenesis in connection with the formation of concepts. To investigate this question, hypotheses were tested with 39 normal and 38 language-impaired children from 5 to 10 years of age. The development of the designative function could be observed, but not the development of the object-constituting function. Within the examined age group, language was rarely used for guiding the perception of the hearer. In regard to the development of the functions, there was no difference between normal and language-impaired children.

1. Einleitung

Was lernen Kinder im Spracherwerb: Namen für Dinge? Oder lernen sie, daß Dinge keine Namen haben und verschieden benannt werden? Oder erfahren sie Dinge als Dinge, weil sie Namen erhalten?

Die sprachphilosophische Tradition zeigt zwei mögliche Arten des Zusammenhangs von sprachlichen Zeichen und der Welt auf: Nach aristotelischer Vorstellung bildet Sprache die zuvor erkannte Ordnung der Welt ab. Nach humboldtscher Ansicht ist die Weltsicht der Menschen sprachlich bedingt, der Welt wird durch die Sprache eine Ordnung gegeben, und sie wird so der Erkenntnis zugänglich. Ersteres ist die designative Funktion der Sprache, zweiteres die gegenstandskonstituierende (vgl. z.B. Apel, 1973; Helbig, 1983; Hörmann, 1977; Kutschera, 1975 und die ausführlichere, theoretische Darstellung von Weiand, in diesem Band). Aus diachronischer Sichtweise ist eine Sprache ein sich langsam, aber beständig wandelndes System. Der Wandel betrifft alle Sprachebenen. Sprache wandelt sich nicht aus "systeminternen Gründen", nicht "aus sich heraus", sondern weil sie den - sehr verschiedenartigen - Finalitäten der Sprecher dient (vgl. Coseriu, 1974, 1983). Unter diesem Gesichtspunkt hat Sprache eine designative Funktion, wenn der Sprecher sie verwendet, um auf als bekannt vorausgesetzte Dinge und Sachverhalte zu verweisen. Und sie hat eine gegenstandskonstituierende Funktion, wenn der Sprecher sie verwendet, um Begrifflichkeiten zu konstituieren, die als unbekannt vorausgesetzt werden. Beide Funktionen beschreiben hier nicht den Zusammenhang zwischen sprachlichen Zeichen und "der Welt", sondern den zwischen sprachlichen Zeichen und geschichtlich gewachsenen Konzepten von dieser Welt oder nicht tradierten Begriffen.

Sprachliche Zeichen sind Begriffen zugeordnet. "Konkreten Objekten" sind sie nicht unmittelbar zugeordnet (vgl. Ogden & Richards, 1974) und können folglich auch nicht als "Namen" für konkrete Objekte oder Sachverhalte dienen. Der Verweis auf konkrete Objekte geschieht nicht dadurch, daß Wörter Dinge benennen, sondern dadurch, daß das intendierte Bezugsobjekt in bezug auf eine Menge von Alternativen, von denen es unterschieden werden muß, spezifiziert wird. Das Bezugsobjekt wird dabei nur bis zu dem Grade spezifiziert, der für den Hörer erforderlich ist, um es von seinen Alternativen zu unterscheiden (vgl. Olson, 1974).

Da nicht die gesamte Information über das Bezugsobjekt, so wie es wahrgenommen wird, durch das Wort signalisiert werden kann, gelangen wir zu dem Ergebnis, daß Wörter (bzw. Äußerungen) Bezugsobjekte, Gegenstände oder Ereignisse weder symbolisieren oder an ihrer Stelle stehen, noch sie repräsentieren (vgl. Olson, 1974, S. 192).

Auf den Gegenstand wird nicht direkt verwiesen, sondern die Wahnehmung des Hörers wird so gesteuert, daß er das gemeinte Objekt von den nicht gemeinten Objekten unterscheiden kann (z.B. "der Grüne", wenn ein blauer Klotz mit zur Auswahl steht oder "der Klotz", wenn ansonsten nur Nicht-Klötze anwesend sind etc.). Den

Verweis auf das singulär Gemeinte gewährleistet also die gegenstandskonstituierende Funktion der Sprache, indem durch die gezielte Bezeichnung der Merkmale, die das intendierte Objekt von möglichen Alternativen unterscheiden, situationsspezifische Wahrnehmungsprozesse ausgelöst werden. Die designative Funktion dient dabei dem Verweis auf die als bekannt vorausgesetzten begrifflichen Konzepte (z.B. von der Farbe Grün).

Eine "Bewußtheit" davon, daß Wahrnehmungen Prozesse sind, die verschieden sein können und gelenkt werden können (oder müssen) - im Sinne von Olsons Beobachtungen - und weiter gefaßt, eine "Bewußtheit" der Relativität der Wirklichkeitswahrnehmung, wie sie sich im sprachlichen Schöpfen echter Neuwahrnehmungen (z.B. durch metaphorischen Sprachgebrauch) ausdrückt - kann nur entstehen, wenn ein "Standpunkt" gewonnen ist, von dem aus die Verschiedenheit der Wahrnehmungen (in einem selbst und im anderen) als Verschiedenheit begriffen werden kann. Dieser "Standpunkt" - so die These der folgenden Untersuchung - ist in der Ontogenese gewonnen, wenn relativ stabile "Begriffe" entstanden sind. Um diesen Standpunkt zu entwickeln, braucht es jedoch zunächst einen anderen: nämlich den, daß das, was man wahrnimmt, "wahr" ist und daß der andere es ebenso wahrnimmt. Dadurch wird ein *gezieltes*, von der Situation abhängiges Benennen konkreter Objekte überflüssig, da die Wahrnehmung des Hörers scheinbar nicht gesteuert zu werden braucht. Und auf der Ebene der Geschichtlichkeit: Solange alles neue Wahrnehmungen sind (d.h. die tradierten Begriffe noch nicht als solche erworben sind - wie zunächst in der Ontogenese der Fall), können sprachlich nicht gezielt neue Begriffe geschaffen werden. Auch das philosophische Begreifen der Relativität der Wirklichkeitswahrnehmung - im Sinne der humboldtschen Tradition - braucht den Sprachvergleich und hier den Standpunkt in der eigenen Sprache.

So scheint mir am Anfang der Sprachentwicklung die aristotelische und am Ende die humboldtsche Funktion der Sprache zu stehen: Die designative Funktion der Sprache (die sprachlichen Zeichen verweisen auf als *bekannt vorausgesetztes*) ist Voraussetzung der gegenstandskonstituierenden Funktion (die sprachlichen Zeichen dienen dem Wahrnehmung oder Begreifen des als *unbekannt Vorausgesetzten*). Diese Überlegung wird im folgenden vertieft und experimentell überprüft.

In der Ontogenese ist das Sprechen zunächst eng vom nichtsprachlichen Kontext und dem Vorverständnis des teilhabenden Hörers

abhängig. Sprache wird im aktuellen Geschehen erworben, das "Wort" wird dem Geschehen, den Handlungen an- und eingegliedert. Diese Eingebundenheit der Sprache in den Handlungskontext, in die konkreten Ereignisse hat mehrere Seiten: Hier kann sich durch Assoziation eine direkte und eindeutige Beziehung zwischen Wort und erlebtem Ereignis etablieren. Das Wort wird zum "Namen" für das Ereignis. Diese Beziehung ist zwar triadisch, da zwischen Wort und Ereignis ein gespeicherter Erfahrungskontext (Referenz) vermittelt, dennoch ist sie eindeutig, und zwar in beiden Richtungen, insofern als ein konkretes Ereignis mit einem bestimmten Wort assoziiert ist. Mittels dieser *designativen Beziehung zwischen Wörtern und konkreten Ereignissen* wirkt Sprache auf die Begriffsbildung ein: Das Erstmals-Assoziierte *muß* mit dem neuen, Gleichnamig-Assoziierten in Verbindung gebracht werden, eben weil die Beziehungen eindeutig sind. Dabei verändern sich die Wortbedeutungen. Wygotski (1969) streicht zwei wesentliche Entwicklungen im Vorschulalter als Wegbereiter für "echte" Begriffe heraus: die "Komplexbildung" und die parallel entstehende Fähigkeit, einige Merkmale herauszulösen. Komplexe beruhen auf der Verbindung einer Reihe einzelner Dinge zu einem komplexen Begriff, ohne daß diese dabei verschmelzen und so etwa automatisch zu abstrakteren Begriffen würden. Wörtern weist Wygotski bei der Komplexbildung eine zweifache Rolle zu:
- Die Komplexbildung entsteht erstens "mit Hilfe eines für die ganze Gruppe von Dingen gemeinsamen Familiennamens". Der "Familienname", d.h. das einen Komplex repräsentierende Wort, kann für die ganze Gruppe konkreter Dinge stehen oder auch für ein einzelnes Mitglied:
  "Einen gegebenen Gegenstand mit dem entsprechenden Namen zu nennen bedeutet für das Kind, ihn einem bestimmten konkreten Komplex zuzuweisen, mit dem er verbunden ist. Ein Ding zu bezeichnen heißt für das Kind in dieser Zeit, es beim Familiennamen zu nennen." (Wygotski, 1969, S. 126)
- Zweitens geben Wörter der Komplexbildung ihre Richtung: Deckt sich der kindliche Wortgebrauch nicht mit dem der Erwachsenen, so ändert sich der Komplex (wird beispielsweise erweitert oder eingeengt), bis schließlich als letzte Phase des Denkens in Komplexen die sogenannten "Pseudobegriffe" entstanden sind: Wörter fallen nun in ihrer "dinglichen Bezogenheit" weitgehend mit denen der Erwachsenen zusammen, ohne sich jedoch in der Bedeutung decken zu müssen: Diese ist weiterhin nicht abstrakt, sondern ein Komplex konkreter und lose verbundener Dinge; das Wort ist wei-

terhin "Familienname". So muß auch der Gebrauch allgemeiner Wörter nicht von der Beherrschung abstrakter Begriffe zeugen (vgl. Wygotski, 1969, S. 162).

Für die hier dargelegte Argumentation ist weniger wichtig, *wie* sich die Wortbedeutungen im einzelnen verändern. Wesentlich ist, *daß* eben sie es sind, die sich ändern, und nicht etwa die Art des Zusammenhangs zwischen Wort und konkret Intendiertem, der designativ bleibt: Solange das Denken in Komplexen vorherrscht, behalten Wörter ihre Verweiskraft auf konkrete Dinge. Kinder im Vorschulalter verwenden Wörter, als seien sie Namen für konkrete Dinge, eine ausführlichere Spezifikation von Objekten ist von daher überflüssig. (So könnte etwa "der Grüne" als Bezeichnung gewählt werden, oder auch nur "der Klotz", nicht hingegen wohl "der grüne, runde Holzklotz").

Während die designative Funktion der Sprache darauf beruht, daß sich die Sprache an die vorgegebene Wirklichkeit anpaßt, beruht die gegenstandskonstituierende Funktion darauf, daß die Sprache die Wirklichkeitswahrnehmung steuert und verändert: indem Neuwahrnehmungen (z.B. metaphorischer Sprachgebrauch) und situationsspezifisch neue Wahrnehmungen (*kontextadäquater* Sprachgebrauch, s.u.) erzeugt werden. Die gegenstandskonstituierende Funktion der Sprache setzt voraus, daß die Wahrnehmung der Wirklichkeit als sprachlich steuerbar und erzeugbar begriffen wird. Die Wahrnehmung kann aber erst zum relativen, auf Sprachliches reagierenden Pol werden, wenn die Sprachwelt (und hier insbesondere die Begriffswelt) nicht mehr dauernden Veränderungen unterworfen ist und damit ihrerseits als stabiler Pol, als "Standpunkt", verfügbar wird.

Ein solcher "Standpunkt" scheint in der Phase der Pseudobegriffe erreicht, in der sich der kindliche Wortgebrauch mit dem der Erwachsenen weitgehend deckt und die Entwicklung der Begriffe von dieser Seite aus zur Ruhe kommen kann.

So ermöglichen die Pseudobegriffe einerseits, daß das Kind die eigene Wahrnehmung als sprachlich steuerbar erfährt, andererseits aber erübrigen sie eine gegenstandskonstituierende Funktion, da Pseudobegriffe "Komplexe" sind und so nach wie vor als "Namen" für konkrete gegebene Dinge verfügbar sind. Nötig wird die gegenstandskonstituierende Funktion erst, wenn sich im Schulalter die Pseudobegriffe in abstrakte Begriffe wandeln und Wörter damit ihren Verweischarakter auf konkrete Dinge und Sachverhalte zunehmend verlieren. Damit verliert die Sprache die direkte Anbindung an die konkrete Wirklichkeit, die mit der eindeutigen Beziehung zwischen Wort und konkretem Geschehnis bestand. Sie verliert ihre Gebundenheit an Raum und Zeit. Dies sollte sich zunächst in einem generellen Bemühen niederschlagen, durch "ungezielt" vermehrte Merkmalsspezifikation den Verlust der Anbindung an den situativen Kontext auszugleichen. (Z.B.: "Der grüne, runde Holzklotz", obwohl keine verwechselbare Alternative anwesend ist).

Solche *komplexen Benennungsleistungen* können als komplexe Namen für konkrete Dinge und Sachverhalte aufgefaßt werden und zeugen vom Wandel der Wortbedeutungen vom Komplex zum Begriff, der sich im Wandel der designativen Funktion vom Verweis auf konkret Gegebenes zum Verweis auf Abstrakteres niederschlägt. Sie zeugen jedoch nicht vom Entstehen der gegenstandskonstituierenden Funktion. Diese zeigt sich erst darin, daß der sprachliche Ausdruck zunehmend "kontextadäquat" wird, d.h. wenn die Sprache wahrnehmungslenkend und -erzeugend eingesetzt wird, indem das singulär Intendierte durch gezielte Benennungsleistung von möglichen Alternativen abgegrenzt, sozusagen herausmodelliert wird. Die gezielte Benennungsleistung schließt ein, daß nur soweit spezifiziert wird, wie nötig, daß also nicht-unterscheidende Merkmale nicht genannt werden. Es ergibt sich also der Unterschied zwischen *redundant diskriminierenden Benennungsleistungen* (die möglicherweise zufällig auch diskriminierend sind, da einfach verstärkt spezifiziert wird) und solchen, die nicht redundant diskriminierend sind, d.h. *kontaxtadäquat diskriminierend* (z.B.: "der grüne, runde Holzklotz" im Gegensatz zu "der Grüne", wenn nur noch ein blauer, runder Klotz zur Auswahl steht). Erstere zeugen vom Wandel der designativen Funktion, zweitere vom Entstehen der gegenstandskonstituierenden Funktion. Herrmann und Deutsch (1976) unterscheiden Benennungsreaktionen, die funktionsadäquat sind, d.h. eine eindeutige Zuordnung zwischen sprachlichem Zeichen und Objekt gewährleisten, dabei aber auch mehr als nötig spezifizieren können, von solchen, die dem Ökonomieprinzip folgen ("so wenig wie nötig sagen") und nur soweit spezifizieren, wie zur Verwechslungsvermeidung nötig (vgl. auch Herrmann, 1982). Sie fanden in einem groß angelegten Experiment die Hypothese der vorwiegenden Funktionsadäquatheit von Benennungsreaktionen bei 9-11jährigen Schülern bestätigt, fanden jedoch Abweichungen vom "Ökonomieprinzip" (das in der hier vorliegenden Argumentation nicht als Ökonomieprinzip begriffen wird, sondern als gegenstandskonstituierende Funktion der Sprache).

Allerdings waren aus ihrem theoretischen Konzept keine gerichteten Vorhersagen zum Unterschied von "nur funktionsadäquaten" und "ökonomisch funktionsadäquaten" Benennungsleistungen ableitbar.

Der Wandel der designativen Funktion vom Verweis auf Komplexe konkreter Dinge bzw. Ereignisse zum Verweis auf abstraktere Begriffe sollte sich nicht nur im Bereich der Objektbenennung zeigen. Zum einen: Wenn die designative Funktion der Sprache den Spracherwerb relativ lange prägt, dann ist anzunehmen, daß Sprache zunächst auch stärker dem *Verweis* auf außersprachliche Entitäten (Dinge, Sachverhalte, Ereignisse) dient, die in konkrete Handlungen, ins konkrete Geschehen eingebunden werden sollen (z.B. dem Verweis auf Zielobjekte und Zielereignisse, zu denen die konkrete Handlung führen soll), als daß sie der *Darstellung* von komplexen Ereignissen, Geschehnissen, Handlungen diente.

Zum anderen – was auf dasselbe hinausläuft: Solange Wörter als "Familiennamen" für "Komplexe" dienen und sowohl für das Ganze wie für seine Teile stehen können, unterscheidet sich die Benennungsleistung einfacher Dinge nicht von der komplexer Ereignisse, da der Name auch für ein ganzes Ereignis stehen kann. Erst der Wandel der designativen Funktion in Zusammenhang mit dem Wandel der gespeicherten Referenzen, die abstrakter werden, führt dazu, daß auf komplexe Ereignisse nicht mehr einfach und direkt referiert werden kann. Wenn also zunächst die Benennung eines Objektes das ganze konkrete Geschehen mit und um dieses Objekt beinhalteten konnte oder die Nennung eines Zielereignisses beispielsweise den Weg umfaßte, so muß nun sprachlich expliziert werden, woraus das Ereignis bestand, (wer was machte, was wann geschah, wie was geschehen soll etc.). Diese Überlegungen führen zur Hypothese, daß die Aufgabe, nachträglich Handlungen zu beschreiben, die zu einem bestimmten Ziel führten, von jüngeren Kindern anders gelöst wird als von älteren (so z.B. die Beschreibung der Handlung eines Vl, der nacheinander verschiedene Klötze zu einem Turm aufeinanderstellt). Die jüngeren Kinder sollten der Hypothese folgend im Vergleich zu den älteren Kindern häufiger allein die Objekte benennen (objektzentriert) und weniger häufig die Handlung des Vl beschreiben bzw. sie sollten häufiger das Resultat (den Turm) benennen oder die einzelnen Objekte in Bezug auf das Resultat beschreiben (resultatzentriert), während die älteren Kinder häufiger den Weg zum Resultat beschreiben sollten (handlungszentriert).

Die dargestellten Überlegungen wurden in einem Experiment mit Kindern aus Kindergärten bzw. Vorschulen und aus der 2./3. Klasse Grundschule untersucht. Auch sprachauffällige Kinder nahmen an der Untersuchung teil, wobei im vorliegenden Bericht die Ergebnisse zur Sprachauffälligkeit nur am Rande erwähnt werden können. Hinsichtlich der sprachauffälligen Kinder wurde davon ausgegangen, daß Entwicklungen, wie sie bei den unauffälligen Kindern beobachtbar sein sollten, verzögert verliefen.

2. Experiment

Versuchspersonen.[1]. Allgemeine Vorraussetzungen für die Teilnahme an der Untersuchung waren:
- deutschsprachige Erziehung,
- Intelligenz im Normbereich (zusätzlich über die Columbia Mental Maturity Scale abgesichert).

Gruppe	SPRACHUNAUFFÄLLIG				SPRACHAUFFÄLLIG			
Kinderg./Vorschule	N	Alter	m	w	N	Alter	m	w
Bed.1	9	5.9 (5.0-6.8)	6	3	9	6.5 (5.2-7.3)	6	3
Bed.2	9	5.9 (5.0-6.6)	6	3	7[2]	6.8 (5.8-7.2)	7	0
Schulkinder								
Bed.1	11	8.1 (8.0-9.9)	7	4	10	9.3 (8.4-10.5)	7	3
Bed.2	10	8.1 (8.2-10.3)	7	3	10	9.4 (8.0-10.4)	7	3

Tab.1: Beschreibung der Vpn nach Alter (Mittelwerte und Altersstreubreite) und Geschlecht, differenziert nach Sprachentwicklungsstand (unauffällig/auffällig) und Altersbereich (Kindergarten/Vorschule; 2./3. Klasse).

Die sprachauffälligen Kinder besuchten Sprachheilschulen oder deren Vorschuleinrichtungen. Sie wurden von den Lehrern nach folgenden

---

1 Die beschriebene Untersuchung wurde 1989 im Rahmen des von der DFG geförderten Projekts "die zeitliche Organisation spachlicher Strukturen als Sprachentwicklungsfaktor" durchgeführt. Ich danke allen Beteiligten für die Mithilfe, besonders meinen Kolleginnen K. Dames (M.A.), G. Hay (M.A.), A. Macion und M. Mollenhauer (M.A.).

2 Zwei der ursprünglich neun Kinder dieser Gruppe waren nicht auswertbar, da sie nur durch Fragen zum Antworten zu bewegen waren, die die Antwort bereits implizierten.

Kriterien für die Untersuchung ausgewählt:
- keine nachgewiesene Hörstörung, weder Hirnschaden noch Lähmung,
- kein Stottern.

Die sprachunauffälligen Kinder besuchten Grundschulen und Kindergärten.

Da der Versuch unter zwei Bedingungen durchgeführt wurde, ergab sich ein dreifaktorielles Design mit je zwei Stufen für jeden Faktor. In Tabelle 1 sind die acht Vpn-Gruppen dargestellt.

Versuchsaufbau. Es gab zwei Bedingungen, eine "Sichtbarkeits"- und eine "Unsichtbarkeits"-Bedingung. In beiden Bedingungen begann der Versuch wie folgt:

In Sichtweite, aber nicht in Reichweite von dem Kind lag auf dem Tisch unter einem Tuch versteckt ein Haufen Holzklötzchen. Eine der beiden Versuchsleiterinnen gab folgende Instruktion (bei den jüngeren Kindern auch ausführlicher und mehrfach, wobei aber die Klötze nie benannt wurden und auch nicht gesagt wurde, was sich das Kind im einzelnen merken solle): "Du mußt jetzt erstmal gar nichts machen oder sagen. Ich decke jetzt Xs Kopf zu, so daß sie nichts sieht." Woraufhin sie die Augen der anderen Versuchsleiterin mit einem Schal verband. Danach wurden die Klötzchen aufgedeckt. Die Versuchsleiterin sagte dazu: "Jetzt geht´s los. Du schaust jetzt genau zu, was ich mache und versuchst es dir zu merken. Nachher sollst du X erzählen, was ich gemacht habe, so daß X anschließend dasselbe tun kann, was ich gemacht habe. Also schau nur zu und versuch dir zu merken, was ich mache. Jetzt geht´s los!"

Dann führte die Versuchsleiterin nicht allzu schnell vier Handlungssequenzen aus:
(1) Sie wählte aus dem Haufen einen quadratischen, x-farbigen Klotz und stellte ihn auf den Tisch.
(2) Sie wählte einen quadratischen, y-farbigen Klotz und stellt ihn auf den x-farbigen.
(3) Sie wählte einen runden, y-farbigen Klotz und stellt ihn neben die beiden anderen.
(4) Sie stellte die beiden quadratischen Klötze zusammen auf den runden.

Dann sagte die Vl: "Das war´s. Hast du´s dir gemerkt?" und zerstörte den Turm. In der Sichtbarkeitsbedingung (B1) blieben die vier Klötze sichtbar auf dem Tisch liegen (der Klotzhaufen wurde wieder mit dem

Tuch abgedeckt). In der Unsichtbarkeitsbedingung (B2) wurden die vier Klötze auf den Klotzhaufen zurückgelegt und dieser ganz zugedeckt. Dann wurde der zweiten Versuchsleiterin die Augenbinde abgenommen und das Kind aufgefordert, ihr zu erzählen, was gemacht worden war, so daß sie dies auch tun könne. Anschließend wurde der Turmbau nach der Beschreibung des Kindes tatsächlich ausgeführt, was Gelegenheit gab, herauszufinden, ob ein Kind sich etwas nicht gemerkt oder nicht erwähnt hatte. Die Beschreibungen der Handlungssequenzen wurden auf Tonband aufgenommen und später deskribiert.

Versuchsdurchführung und Analyse. Der Versuch wurde in den Räumen der Schulen und Kindergärten in Einzelsitzungen durchgeführt und auf Tonband aufgezeichnet. Er dauerte zwischen 5-10 Minuten. Während die älteren Kinder in der Regel ganz entspannt bei der Sache waren, stießen wir bei den jungen sprachauffälligen Kindern auf Schwierigkeiten bei der Durchführung. Es gab Kinder, die ohne gezieltes Nachfragen keine Antworten gaben, so daß in einer Gruppe zwei Kinder nicht auswertbar waren. Möglicherweise war die Aufgabenstellung für diese Gruppe etwas zu schwierig.

Die Tonbandaufnahmen wurden deskribiert und folgendermaßen ausgewertet: Für die Analyse der *Objektbenennung* wurde für jeden der drei Klötze die erste Benennungsleistung hinsichtlich des Vorhandenseins oder Nicht-Vorhandenseins folgender Charakterisierungen ausgewertet (wurden zwei Klötze auf einmal charakterisiert "die viereckigen Klötze", so wurde die Charakterisierung für beide Klötze notiert):
- Farbe,
- Form,
- andere Merkmale (z.B. Größe),
- Identifikation ("Klotz").

Für die Analyse der *Handlungssequenzbeschreibung* wurden die Äußerungen danach ausgewertet, ob sie (a) objektzentriert, (b) resultatzentriert und (c) handlungszentriert waren.
(a) Objektzentrierte Äußerungen beinhalteten keine Darstellung der Handlung, sondern allein die Benennung eines Objekts. Ein Beispiel der Beschreibung eines sprachunauffälligen Kindergartenkindes (Sichtbarkeitsbedingung, 4 Äußerungen, wobei nur die letzte handlungszentriert ist). Letzte Aussage der Vl_1 war immer:

"Jetzt erzähl ihr (=Vl$_2$), was ich gemacht habe, so daß sie das anschließend auch tun kann." Und die Antwort des Kindes:
"Ein gelber Baustein - und ein blauer Baustein - und dann so etwas rundes - dann obendrauf den gelben und den blauen."
(b) resultatzentrierte Äußerungen waren Äußerungen, die
- einen einzelnen Klotz in bezug auf seine Lage im Resultat beschrieben,
- allein das Resultat einer Handlung beschrieben,
- eine Handlung in Bezug auf das Resultat beschrieben.
In der Beschreibung eines sprachauffälligen Vorschulkindes, das auf Nachfrage auch die Farben und die Reihenfolge der Klötze wußte (Unsichtbarkeitsbedingung), waren alle drei Äußerungen resultatzentriert:
"Ein Turm war´s" - (Vl: "aha") - "ein unten das war so rund, so´n rundes Teil - und dann waren oben zwei viereckige."
(c) Handlungszentrierte Äußerungen beinhalteten die einzelnen Handlungssequenzen, ohne daß das Resultat benannt wurde. Als Beispiel ein sprachunauffälliges Schulkind (Unsichtbarkeitsbedingung), vier Äußerungen:
"Erst hast du ein roten Stein dahingelegt - dann einen blauen Stein auf den roten Stein - dann hast du so eine blaues langes rundes Ding dahingestellt - und den und die beiden Steine die von vorher drauf."
Diese Auswertungsart erwies sich als sehr gut durchführbar, der einzige Fall, über den man sich streiten könnte, waren Präpositionalphrasen ohne zusätzliche Verbalphrasen (z.B. "mit zwei Klötzen") - sie wurden als objektzentriert gewertet.

3. Ergebnisse

Ergebnisse zur "Komplexität der Benennungsleistungen". In Abbildung 1 sind für die vier untersuchten Gruppen die Mittelwerte für die komplexen Benennungsleistung in beiden Bedingungen dargestellt. Da über die gleiche Stichprobe mehrfach getestet wurde, mußte das gewählte Signifikanzniveau α von 0.05 auf 0.0073 nach der Formel $1-(1-\alpha)^{1/c}$ abgesenkt werden (mit c = 7, Anzahl der durchgeführten Tests).

Die dreifache Varianzanalyse ergab einen signifikanten Alterseffekt ($F_{1,67}$ = 37.40, p < .0001), keinen Auffälligkeitseffekt ($F_{1,67}$ = 3.76, p =

.059) und einen signifikanten Situationseffekt ($F_{1,67}$ = 8.44, p = .005). Es zeigte sich keine Interaktion. Für die unauffälligen Kinder wurde der Scheffé-Test durchgeführt: Die Leistungen der jüngeren Kinder unterscheiden sich nicht signifikant (p = 0.6) in Abhängigkeit von der Situation (Sichtbarkeitsbedingung versus Unsichtbarkeitsbedingung).

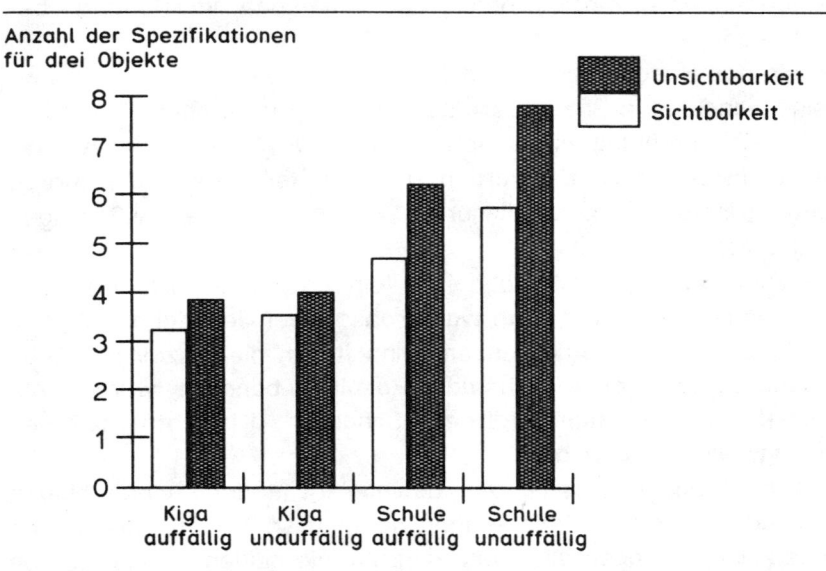

Abb. 1: **Komplexität der Benennungsleistungen, differenziert nach Alter, Sprachauffälligkeit und Sichtbarkeitsbedingungen. Mittelwerte.**

Ergebnisse zur "redundant diskriminierenden Benennungsleistung". In Abbildung 2 sind für die vier untersuchten Gruppen die Mittelwerte für redundant diskriminierende Benennungsleistungen unter der Sichtbarkeitsbedingung dargestellt. Die zweifaktorielle Varianzanalyse ergab einen signifikanten Alterseffekt ($F_{1,35}$ = 18.19, p = 0.0001), keinen Auffälligkeitseffekt ($F_{1,35}$ = 1.68, p = 0.21), keine Interaktion ($F_{1,35}$ = 0.18, p = 0.68).

Ergebnisse zur "Kontextadäquatheit". Da die Spezifikation von Farbe oder Form insgesamt viermal unterscheidend, aber nur zweimal nicht unterscheidend war, läßt sich kein direkter Vergleich der genannten unterscheidenden versus nicht unterscheidenden Merkmale berechnen: Die Wahrscheinlichkeit, daß unterscheidende Merkmale genannt werden, ist a priori höher. Deswegen wurde ein anderer Weg beschritten: Analysiert wurde, inwieweit sich die Benennungsleistungen aller drei

Redundant diskriminierende Benennungen für drei Objekte

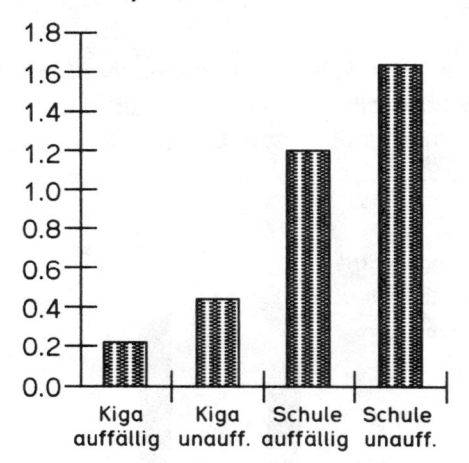

Abb. 2: Redundant diskriminierende Benennungsleistungen, differenziert nach Alter und Sprachauffälligkeit. Mittelwerte.

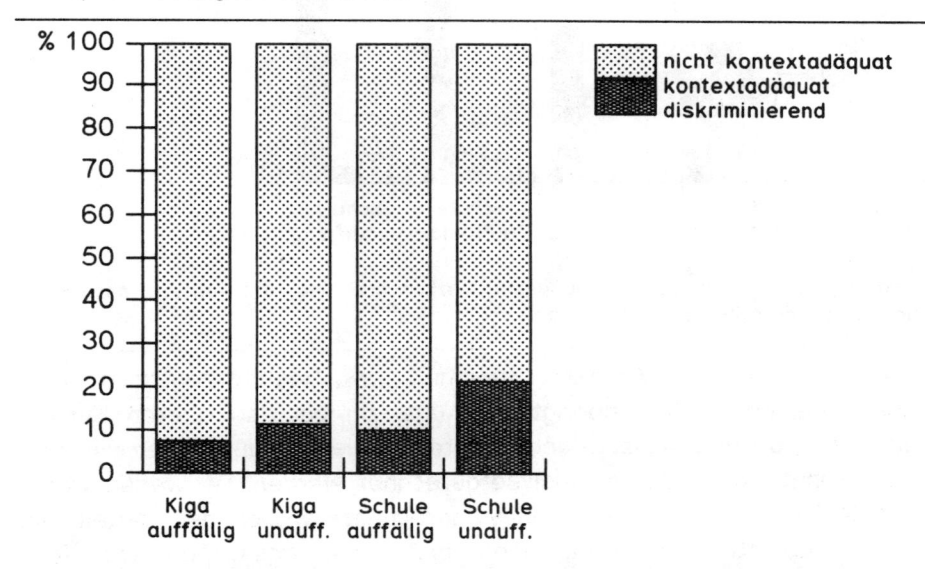

Abb. 3: Kontextadäquat diskriminierende Benennungen in % aller Benennungen, differenziert nach Alter und Sprachauffälligkeit.

benannten Objekte voneinander kontextadäquat unterscheiden oder nicht (zur eindeutigen, nicht-redundanten Identifikation mußte bei einem Objekt die Farbe, bei dem anderen die Farbe und Form und bei dem dritten die Form genannt werden).

Die zweifaktorielle Varianzanalyse ergab keinen Alterseffekt ($F_{1,35}$ = 15, p = 0.24), keinen Auffälligkeitseffekt ($F_{1,35}$ = 2.07, p = 0.17), keine Interaktion ($F_{1,35}$ = 0.52, p = 0.48) (vgl. Abb.3).

Ergebnisse zur "Art der Handlungssequenzbeschreibung". Abbildung 4 zeigt die Mittelwerte über alle vier Gruppen für die objektzentrierten, resultatzentrierten und handlungszentrierten Äußerungen.

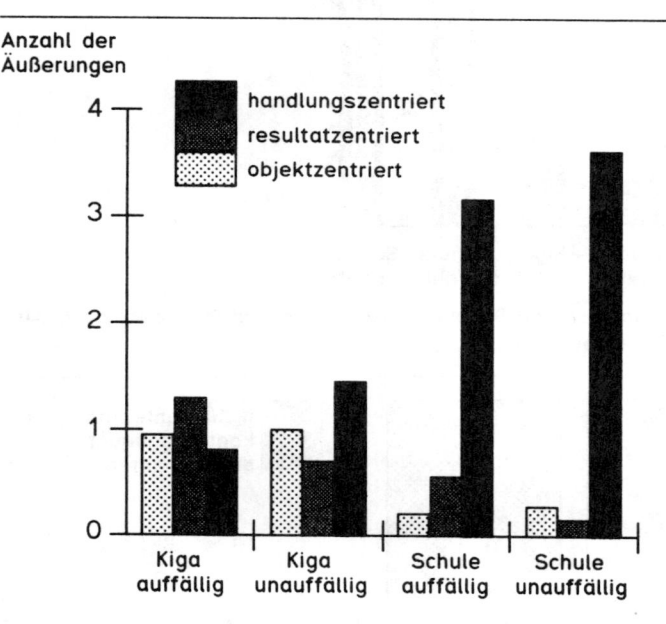

Abb. 4: Drei Formen der Handlungssequenzbeschreibung, differenziert nach Alter und Sprachauffälligkeit. Mittelwerte.

Die Entwicklung von Objektzentriertheit bzw. Resultatzentriertheit zu Handlungszentriertheit springt ins Auge. Da bei den älteren Kindern nur wenig objektzentrierte und resultatzentrierte Äußerungen vorkommen, konnte keine Varianzanalyse gerechnet werden. Deswegen wurde der U-Test von Mann-Whitney gerechnet, wobei der Anteil der handlungszentrierten Äußerungen pro Äußerungskorpus wie folgt berechnet wurde:

$$\frac{\Sigma \text{ der handlungszentrierten Äußerungen}}{\Sigma \text{ der handlungs- + resultat- + objektzentrierten Äußerungen}}$$

Der Alterseffekt war bei den unauffälligen wie bei den auffälligen Kindern signifikant (für die unauffälligen Kinder: U = 57, Z = 3.4, p = .0003, für die auffälligen Kinder: U = 50.5, Z = 3.317, p = .0004), während sich die auffälligen Kinder nicht von den unauffälligen unterschieden.

4. Diskussion

Der Wandel der designativen Funktion vom Verweis auf konkrete Objekte und Sachverhalte zum "innerpsychischen" Verweis auf begriffliche Konzepte sollte sich in komplexer werdenden Objektbenennungen und stärker handlungszentrierten Beschreibungen niederschlagen. Beides war tatsächlich beobachtbar: Die jüngeren Kinder benannten häufiger allein die in der Handlung involvierten Objekte, anstatt die gesehene Handlung zu beschreiben, bzw. sie beschrieben die involvierten Objekte häufiger in bezug zum Endresultat ("unten war der blaue") oder benannten häufiger allein das Endresultat. Hingegen beschrieben die älteren Kinder fast immer die Handlung, ohne dabei das Resultat zu erwähnen. D.h. die Äußerungen der jüngeren Kinder waren meist objekt- oder resultatzentriert, während die der älteren Kinder vorwiegend handlungszentriert waren (vgl. Abbildung 4).

Die Ergebnisse zur "komplexen Benennungsleistung" (vgl. Abbildung 1) zeigen, daß die Vorschulkinder vorwiegend durch einfache Benennungsleistungen (deiktische Verweise "der da", einfache Identifikation "der Klotz" oder Nennung eines Merkmals "der blaue") auf die intendierten Bezugsobjekte verwiesen, die älteren Kinder durch komplexe Benennungsleistungen (vermehrte Merkmalsspezifikation einschließlich Identifikation: "der blaue runde", "der blaue Klotz", "der blaue runde Klotz"). Die durchschnittliche Anzahl der spezifizierenden Benennungsleistungen, d.h. Merkmalsspezifikation einschließlich Objektidentifikation lag bei den jüngeren Kindern bei 1.26, bei den älteren Kindern hingegen bei 2.25 pro Objekt.

Nicht nachgewiesen werden konnte jedoch das Entstehen der gegenstandskonstituierenden Funktion der Sprache: Diese sollte sich darin niederschlagen, daß die Objekte gezielt benannt werden, d.h. in Abhängigkeit von Kontext und Situation: Es zeigte sich, daß die Benennungsleistungen der älteren Kinder zwar deutlich häufiger redundant diskriminierend waren als die der jüngeren Kinder, daß sie jedoch genausowenig kontextadäquat diskriminierend waren wie die der jüngeren (vgl. Abbildung 2 und 3): Beide Gruppen setzten die Merkmalsspezifikation überraschend ungezielt ein. Alle drei Objekte wurden meist homogen spezifiziert, d.h. entweder nur die Farbe (ob nötig oder unnötig) oder nur die Form (ob nötig oder unnötig) oder jedesmal beides. Bei den älteren Kindern waren 79% aller Benennungsleistungen homogen (oder für die Unterscheidung der Objekte in irrelevanter Weise voneinander verschieden) – bei den jüngeren Kindern 89%. In Abbildung 5 ist die relative Auftretenshäufigkeit aller drei Arten der Benennungsleistungen dargestellt.

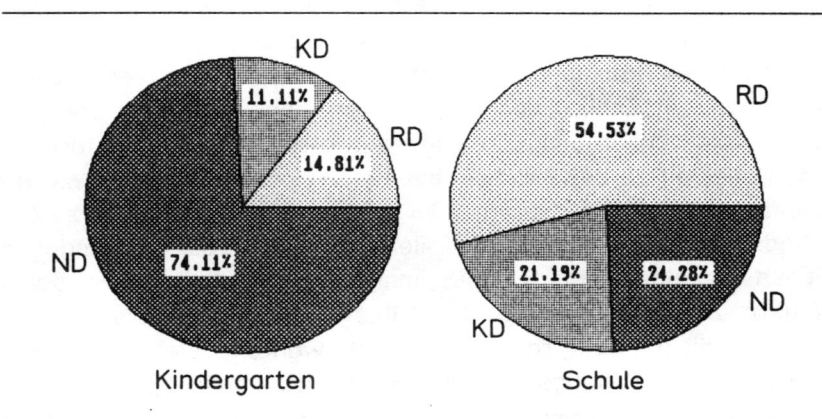

Abb. 5: Anteil der verschiedenen Benennungsleistungen für die sprachunauffälligen Kindergarten- und Schulkinder: (ND) nicht diskriminierend und/oder zufällig diskriminierend (d.h. wenn z.B. für alle drei Objekte gleichermaßen allein die Farbe benannt wurde, obwohl dies nur für ein Objekt das diskriminierende Merkmal war), (RD) redundant diskriminierend (Benennung der zur Unterscheidung nötigen Merkmale plus überflüssige Spezifikationen), (KD) kontextadäquat diskriminierend (kontextadäquate Verschiedenheit der Benennungsleistungen)

Das dem Fehlen der Kontextadäquatheit entsprechende Bild ergab auch die Analyse der "Situationsabhängigkeit": Ob die Situation eine ausführliche Beschreibung der Objekte verlangte (die Objekte waren nicht sichtbar) oder ob weniger Spezifikation zur Identifikation der Objekte nötig war (die Objekte lagen für Sprecher und Hörer sichtbar auf dem Tisch) – die älteren Kinder spezifizierten in beiden Situationen mehr als die jüngeren Kinder. Und der Mittelwertsvergleich zwischen beiden Bedingungen innerhalb der Altersgruppen der sprachauffälligen Kinder ergab: Bei den jüngeren Kindern zeigte sich wie erwartet kein Unterschied je nach Situation; die älteren Kinder spezifizierten in der Situation, die nur eine gezielte Spezifikation weniger Merkmale verlangte, nur tendenziell weniger (vgl. Abbildung 1).

So konnte in dieser Studie der Wandel der designativen Funktion anhand der komplexer werdenden Benennungsleistungen und der Art der Handlungssequenzbeschreibungen verfolgt werden. Das Entstehen der gegenstandskonstituierenden Funktion der Sprache als eine Funktion, mit deren Hilfe Wahrnehmungsprozesse in Abhängigkeit von Kontext und Situation gezielt gelenkt werden, konnte jedoch nicht nachgewiesen werden, zeigte sich nur tendenziell, was zum Teil auch an der geringen Stichprobengröße und der geringen Anzahl von Benennungsleistungen liegen mag.

Sprachauffälligkeit. An der Untersuchung nahmen auch sprachauffällige Kinder teil. Doch kann dieser Teil der Arbeit hier nicht vertieft werden. Hinsichtlich der Sprachauffälligkeit wurde von einer allgemeinen Verzögerungshypothese ausgegangen, die sich jedoch als nicht haltbar erwies: Sprachauffällige Kinder unterscheiden sich in den hier untersuchten Leistungen nicht von sprachunauffälligen Kindern. Ein nachdenkenswerter Befund, da kaum eine Untersuchung zur Sprachauffälligkeit ohne signifikante Unterschiede bleibt. Nun konnte in dieser Untersuchung zwar der Wandel der designativen Funktion in der Ontogenese anhand der vermehrten Spezifikationsleistungen verfolgt werden, das Entstehen der gegenstandskonstituierenden Funktion (kontext- und situationsabhängige Benennungsleistungen) machte sich kaum bemerkbar. Im Einklang mit dem in Weiand (1989) angewendeten Erklärungsansatz kann der Wandel der designativen Funktion auch als Entwicklung vom ganzheitlichen Verarbeitungsmodus zum analytischen Verarbeitungsmodus begriffen werden, und das Entstehen der gegenstandskonstituierenden Funktion als entstehendes Zusammenspiel beider Modi (die Gesamtsituation muß als Ganzes verarbeitet werden, um die zur Unterscheidung relevanten Merkmale herauslösen zu können). Wenn sich, wie in Weiand (1989) argumentiert, die sprachauffälligen von den unauffälligen Kindern nicht darin unterscheiden, daß sie vorwiegend ganzheitlich oder vorwiegend analytisch verarbeiteten, sondern darin, daß das Zusammenwirken beider Modi gestört ist oder verzögert erworben wird, dann ist erklärlich, daß hier keine Unterschiede gefunden wurden.

Literatur

Apel, K.-O. (1973): *Transformation der Philosophie. Band I: Sprachanalytik Semiotik Hermeneutik.* Frankfurt.

Coseriu, E. (1974): *Synchronie, Diachronie und Geschichte.* München.

Coseriu, E. (1983): "Linguistic change does not exist". *Linguistica Nuova Ed Antica I*, 51-59.

Helbig, H. (1983): *Geschichte der neueren Sprachwissenschaft.* Opladen.

Herrmann, T. (1982): *Sprechen und Situation. Eine psychologische Konzeption zur situationsspezifischen Sprachproduktion.* Berlin.

Herrmann, T. & Deutsch, W. (1976): *Psychologie der Objektbenennung. Studien zur Sprachpsychologie 5,* Bern.

Hörmann, H. (1977): *Psychologie der Sprache.* Berlin.

Kutschera, F.v. (1975): *Sprachphilosophie.* München.

Ogden, C.K. & Richards, I.A. (1974): *Die Bedeutung der Bedeutung.* Frankfurt.

Olson, D.R. (1974): Sprache und Denken: Aspekte einer kognitiven Theorie der Semantik. In: Leuninger, H., Miller, M.H. & Müller, F. (Hrsg.): *Linguistik und Psychologie Bd. 1,* Frankfurt.

Weiand, C. (1989): Die Integration verbaler und visueller Einheiten im Sprachverhalten. In: Kegel, G., Arnhold, Th., Dahlmeier, K., Schmid, G. & Tischer, B. (Hrsg.): *Sprechwissenschaft & Psycholinguistik 3.* Opladen.

Wygotski, L.S. (1969): *Denken und Sprechen.* Stuttgart.

Der Einfluß makrotypographischer Markierungen auf die Textverarbeitung in Abhängigkeit von der Leseintention

Wieland Auberlen

In einem kurzen Abriß werden die typographische Forschung und ihre Teilgebiete skizziert und Ergebnisse zum Einfluß makrotypographischer Markierungen auf die Textverarbeitung vorgestellt. Dann werden Thesen zur formalen, qualitativen und quantitativen Variablenentwicklung makrotypographischer Markierungen sowie zur Bestimmung des theoretischen Ortes im Rahmen der Text-Leser-Interaktion diskutiert. Anschließend werden einige der theoretischen Postulate in einem Experiment auf ihre funktionale Relevanz hin überprüft. Es zeigt sich, daß signifikante Effekte makrotypographischer Markierungen an drei Aspekten (Perzeptions-, Verständnis- und Lenkungsaspekt) aufgewiesen werden können, und daß Markierungen eine doppelte Funktion haben: Einerseits kognitive Strukurierungsfunktion, andererseits metasemantische Betonungsfunktion.

Firstly, typographic research and its branches are outlined as well as results on the influence of macrotypographic cueing on word processing. Secondly, hypotheses on the formal, qualitative and quantitative development of variables of macrotypographic cueing are discussed as well as hypotheses on the determination of the theoretical position within the frame of text-reader interaction. Subsequently, a few of the theoretical demands were reconsidered in an experiment concerning their functional relevance. It was discovered that significant effects of macrotypographic cueing on three aspects (perception, comprehension, guidance) could be demonstrated as well as that macrotypographic cueing has a twofold function: on the one hand, a cognitive-structural function and on the other hand, a metasemantic-stress function.

1. Die typographische Forschung und ihre Teilgebiete

Das Forschungs- und Anwendungsgebiet der Typographie ist ein weites, an vielen Stellen erforschtes, aber relativ unsystematisch beschriebenes Land, in dem auch die Grenzlinien zwischen den Teilgebieten nicht auf Anhieb methodisch genau festzustellen sind. Aus diesem Grunde verwundert es nicht, daß Definitionsversuche bezüglich des Begriffs der Typographie möglichst allgemein gehalten werden. Alsleben (1962, S. 103) schlägt beispielsweise die folgende Definition vor: "Typographie ist die Lehre vom Entwurf von Textdrucksachen, die für menschliche Wahrnehmung bestimmt sind und als Kanal im Rahmen einer Kommunikationskette funktionieren." Eine so abstrakt formulierte Definition der Typographie läßt natürlicherweise sowohl den Praktiker als auch den Wissenschaftler, der forschend auf diesem Gebiet tätig werden will, hilfesuchend nach weiteren, konkreteren Bestimmungen Ausschau halten. Mehrere Differenzierungsversuche wurden denn auch vorgenommen, von denen hier zwei beispielhaft vorgestellt werden.

Teigeler (1968, S. 42f.) unterteilt die Typographie in mikro- und makrotypographische Gestaltungsvariablen. Zu den mikrotypographischen Variablen gehören z.B.: Schrifttypus, Schriftgröße, Schriftschnitt, Buchstabenabstand, Wortabstand, Zeilenabstand, Spaltenlänge. Zu den makrotypographischen Variablen gehören in erster Linie die Anordnungsform je nach semantischer Zusammengehörigkeit der Wort- bzw. Sinneinheiten und in zweiter Linie auch Worttrennungsregeln und Zeichensetzungsregeln. Ein erwähnenswertes Detail ist hierbei, daß Teigeler diese beiden typographischen Variablen nur zum syntaktischen, nicht aber zum semantischen Teil linguistischer Faktoren (hier: der Verständlichkeit) zählt, was für meine Begriffe nicht zu rechtfertigen ist. Daß darüber hinaus die Variablen der Typographie möglicherweise gar ein selbständiger und damit unabhängiger Faktor gegenüber den linguistischen Faktoren sein könnten, zieht Teigeler erst gar nicht in Betracht.

Becker & Heinrich (1971) nehmen ebenfalls eine Zweiteilung der typographischen Gestaltungsmittel vor. Hier umfaßt der mikrotypographische Bereich z.B. die Typenart (Serifen vs. serifenlos, kursiv vs. aufrecht), die Typenstärke (mager-normal-halbfett-fett, schmallaufend-normallaufend-breitlaufend), die Typengröße sowie Groß- vs. Kleinbuchstaben. Der makrotypographische Bereich umfaßt die Unterteilung von Textmengen (Zeilenabstand, Zeilenbreite, Absätze, Überschriften, Zwischentitel, Auszeichnungen) und die Anordnung von Textmengen (Blocksatz, Flattersatz, Kolumnen, square span, spaced units, Stand auf dem Papier).

Beim Vergleich beider Unterteilungsversuche fällt sofort auf, daß einige Zuordnungen unterschiedlich vorgenommen werden. Becker und Heinrich ordnen "Zeilenabstand" und "Zeilenbreite" dem makrotypographischen Bereich zu, während Teigeler diese zu den mikrotypographischen Variablen zählt. Gemeinsam ist beiden, daß sie die Anordnung von Textmengen im makrotypographischen Bereich ansiedeln. Ebenso gemeinsam ist beiden Schemata, daß sie typographische Auszeichnungen (Hervorhebungen im Text durch z.B. Kursivdruck, Fettdruck usw.)

im fortlaufenden Text nicht explizit berücksichtigen bzw. nicht eindeutig zuordnen können. Für Becker und Heinrich treten Auszeichnungen nur als Mittel der Unterteilung von Textmengen auf. Teigeler spricht zwar von Wort- und Sinneinheiten, deren Zusammengehörigkeit typographisch signalisiert werden sollte, bezieht dies aber nur auf die Anordnungsform von Textmengen. Zweifelsohne werden jedoch in fortlaufenden Texten Auszeichnungen vorgenommen (sowohl von Autoren als auch von Lesern), und zwar mit der Absicht, Sinnzusammenhänge zu verdeutlichen bzw. besonders relevante Ausdrücke und Textstellen zu signalisieren. Also liegt es nahe, genau dieses Element explizit dem makrotypographischen Bereich ergänzend zuzuordnen. Wobei es in unserem Zusammenhang sinnvoller ist, von "Markierung" statt von "Auszeichnung" zu reden, was auch der im englischsprachigen Raum verwendeten Bezeichnung "cueing" näher kommt.

Nach dieser inhaltlichen Präzisierung und Ergänzung sieht das Schema der Teilgebiete typographischer Forschung folgendermaßen aus:

Mikrotypographischer Bereich   Makrotypographischer Bereich

- Typenart   - Unterteilung von Textmengen
- Typenstärke   - Anordnung von Textmengen
- Typengröße   - Markierung von Textmengen

1.1 Ein kurzer Abriß über die mikrotypographische Forschung

Im Bereich der mikrotypographischen Forschungen liegt eine Vielzahl von Untersuchungen über einzelne Variablen vor, und dementsprechend ist die Literatur zu diesem Themenkreis heute kaum mehr zu überschauen. Gute Zusammenfassungen der älteren Literatur geben Paterson & Tinker (1940) und Tinker (1963). Erwähnenswerte Veröffentlichungen im deutschsprachigen Raum sind Gagel (1965), Elbracht (1967), Wendt (1969, 1970), Heller & Krüger (1978) und zusammenfassend Hofer (1972), Ballstaedt, Mandl, Schnotz & Tergan (1981) und Groeben (1982). Aus Groeben (1982, S. 175) seien beispielhaft einige gesicherte Ergebnisse angeführt:
- Eingeführte Drucktypen sind in der Regel gleich gut leserlich.
- Fett- und Halbfettdruck erhöht die Erkennbarkeit der einzelnen

Zeichen, verbessert nicht die Lesegeschwindigkeit, wird von Lesern z.T. als unangenehm empfunden.
- Kursivdruck beeinträchtigt z.T. die Lesegeschwindigkeit, wird von Lesern z.T. als unangenehm empfunden.
- Ausschließliche Verwendung von Großbuchstaben reduziert einheitlich die Lesegeschwindigkeit (um ca. 12%).
- Die Buchstabengröße von 11 Punkt ist am günstigsten, unter 10 und über 12 Punkt wird die Lesegeschwindigkeit beeinträchtigt.

In den letzten Jahren hat sich die Kritik gegen die bisherige Forschungstätigkeit und deren Ergebnisse hauptsächlich an drei Punkten entzündet. Erstens wird der Vorwurf der mangelnden Theoriebildung erhoben, denn die Experimente wurden und werden zum großen Teil ohne theoretische Basis vorgenommen. Konsequenterweise wird zweitens der Vorwurf der geringen praktischen Verwertbarkeit der Ergebnisse gemacht, da die reinen, mit isolierten Variablen vorgenommenen Laborexperimente weder die Komplexität von "Real-life-Situationen" widerspiegeln noch die Intentionalität der Vpn in Rechnung stellen. Und drittens wird darauf verwiesen, daß die Fragestellungen der Wissenschaftler nicht idiosynkratischen Vorlieben entspringen, sondern aus der Praxis der Typographie kommen sollten (vgl. MacDonald-Ross & Waller, 1975; Hartley & Burnhill, 1977; Waller, 1979).

1.2 Ein kurzer Abriß über die makrotypographische Forschung

In diesem Abschnitt wollen wir uns nur auf Forschungen und Ergebnisse zweier Teilbereiche der makrotypographischen Forschungen beziehen, nämlich auf die Unterteilung und auf die Anordnung von Textmengen. Der von uns eingeführte dritte Teilbereich – die Markierung von Textmengen – wird später ausführlich beschrieben.

Besonders hervorgehoben werden in der Literatur die Anordnungsexperimente von Andrews (1949), North & Jenkins (1951) und Klare, Nichols & Shuford (1957). Zusammenfassende Übersichtsberichte geben Teigeler (1968), Watts & Nisbet (1974), Hartley (1978), Doerfert (1980) und Ballstaedt et al. (1981).

Auf Andrews (1949) geht die Idee zurück, Texte in Rechteckform (square span) anzuordnen. In dieser Form werden Satzteile, die semantisch eng zusammengehören, zu zweizeiligen Blöcken zusammengefaßt und durch weite Zwischenräume voneinander getrennt. Beispiel:

Besonders   werden in der   die Anordnungsexperimente
hervorgehoben   Literatur   von Andrews (1949).

In seinen Experimenten ergab sich, daß diese Anordnungsform hinsichtlich der Lesegeschwindigkeit und der Behaltensleistung unserer Standardanordnung überlegen ist. North & Jenkins (1951) entwickelten eine andere Anordnungsform, die sie "Einheitensperrung" (spaced unit) nannten. Von Andrews übernahmen sie die Methode der weiträumigen Trennung von unterschiedlichen Sinneinheiten, behielten aber gleichzeitig die Einzeiligkeit der Standardform bei. Beispiel:

Besonders hervorgehoben   werden in der Literatur
   die Anordungsexperimente von Andrews (1949).

Diese Anordnung erwies sich in Experimenten der Standardform als auch der "square span" von Andrews hinsichtlich der Lesegeschwindigkeit und der Behaltensleistung als überlegen. Klare, Nichols & Shuford (1957) unterzogen diese beiden neuen Anordnungen einem Vergleich mit der Standardform und konnten die vorteilhaften Ergebnisse nur teilweise replizieren. Als interagierende Variablen stellten sich die Faktoren Übung und intellektuelle Fähigkeit heraus, welche die Ergebnisse stark beeinflußten. Die daraus resultierende Überlegenheit der traditionellen Anordnungsform darf deshalb wohl zum größten Teil auf unsere eingeschliffenen Lesegewohnheiten zurückgeführt werden und nicht auf eine funktionelle Überlegenheit dieser Form. Problematisch bei den neueren Anordnungsvorschlägen ist offensichtlich auch der Punkt, wie denn möglichst objektiv bestimmt werden kann, welche Satzglieder der semantischen Zusammengehörigkeit bzw. semantischen Trennung unterliegen. Höchstwahrscheinlich sind es diese beiden Problempunkte, die es bis heute verhinderten, daß diese Formen der Textanordung ihren Eingang in die typographische Praxis gefunden haben.

Als Elemente zur Unterteilung von Textmengen gelten Zeilenabstand, Zeilenlänge, Absätze, Überschriften und Zwischentitel. Da diese Elemente teilweise auch dem mikrotypographischen Bereich zugeordnet werden (vgl. Teigeler, 1968 und Hofer, 1972), lassen sich viele Forschungsergebnisse hierzu in der im Abriß über die mikrotypographische Forschungen genannten Literatur finden. Die forschungsinterne Kritik richtet sich in beiden Fällen vor allem auf die Tatsache, daß bei allen bisherigen Experimenten zu wenige Variablen miteinander variiert wurden bzw. das weite Feld der Text-Leser-Interaktion gänzlich außer acht gelassen wurde.

1.3 Ergebnisse der Forschungen zur Wirksamkeit makrotypographischer Markierungen

Die nachfolgende Aufstellung gibt einen Überblick über 31 Experimente, die zwischen 1949 und 1980 zur Wirksamkeit makrotypographischer Markierungen gemacht wurden. Zwei Einschränkungen seien diesem Versuch eines Überblicks über die bisherige Forschung vorausgeschickt: Erstens beansprucht die folgende Übersicht nicht den Titel der Vollständigkeit, obwohl Vollständigkeit angestrebt wurde. Zweitens wurden nur diejenigen Experimente augewählt, deren Untersuchungsziel die Frage nach der Wirksamkeit von "experimenter provided cueing" ist, d.h. der Lesende findet bereits Markierungen vor, nimmt aber selbst keine vor. Im Gegensatz dazu stehen Untersuchungen, welche die Effekte von "learner generated cueing" behandeln, d.h. der Lesende findet keine Markierungen vor, soll aber selbst Markierungen am Text vornehmen. Bei Experimenten, die gleichzeitig beide Ziele verfolgen, oder auch andersgeartete Untersuchsziele haben, wurden allein diejenigen Elemente des Experiments berücksichtigt, welche das "experimenter provided cueing" betreffen.

Forschungskurzübersicht

Versuchspersonen:	Überwiegend Schüler u. Studenten
Anzahl der Vpn:	Zwischen 19 und 2.674 Personen
Texte:	Überwiegend vorgefundene Texte verschiedenster Typen mit einer Länge zwischen ca. 30 und 6.000 Wörtern.
Markierungsformen:	Überwiegend wurden die Markierungen durch "Unterstreichen" realisiert. Weitere Formen: - Typenwechsel (bold, italics, primary size, pica), - Versalien (capitals), - Farbwechsel, - "Highlighting".
Markierungsquantität:	Mindestens 1,5% und maximal 30% des Gesamttextes wurden markiert.

Markierungsqualität:	Grundsätzlich wurde inhaltlich "Wichtiges" markiert (main/important points, principles, key words, core content, statements, sentences etc.) mit Abwandlungen je nach Fragestellung.
Instruktion:	Bei einer geringen Anzahl von Experimenten wurde explizit auf die Markierungen und ihre Bedeutung hingewiesen.
Auswahlverfahren:	Meistens durch die Verfasser selbst bzw. durch eine von ihnen bestimmte Expertenjury.
Testverfahren:	Überwiegend wurde die Behaltensleistung mit Multiple-choice-Tests gemessen. Weitere Ver- fahren waren: Free recall, offene Fragen, Completion-test bzw. Cloze-procedure-Tests. Die Mehrzahl der Tests wurde sofort durchgeführt und testete sowohl markierte (direkt) als auch nicht markierte Items (indirekt). Die Lesegeschwindigkeit wurde bei einigen, die Leseeffektivität bei nur einem Experiment bestimmt. Der subjektive Eindruck wurde bei drei Versuchen erhoben.
Statistik:	Hauptsächlich parametrische Verfahren (Varianzanalysen)

Ergebnisse:

- Signifikanter absoluter Zuwachs
  in der Behaltensleistung: 11 Experimente

- Signifikanter relativer Zuwachs
  in der Behaltensleistung (im
  Verhältnis markierter zu nicht
  markierten Items):   6 Experimente

- Neutrale Ergebnisse bezüglich
  der absoluten Behaltensleistung
  (ohne/mit o.g. Punkt Nr.2):   12/18 Experimente

- Signifikanter absoluter Rückgang
  in der Behaltensleistung: 1 Experiment

- Signifikant höhere Lesegeschwindig-
  keit (incl. Leseeffektivität):   2 Experimente

- Neutrale Ergebnisse bezüglich der
  Lesegeschwindigkeit: 8 Experimente

- Signifikant positivere subjektive
  Beurteilung des Textes: 2 Experimente

- Neutrale Ergebnisse bezüglich der
  subjektiven Beurteilung des Textes: 1 Experiment

Faßt man die untersuchten Wirkungsdimensionen zusammen (Behaltensleistung / Lesegeschwindigkeit / subjektiver Eindruck), ergibt sich das Ergebnisverhältnis von 21 positiv signifikanten Ergebnissen zu 21 neutralen Untersuchungsergebnissen und einem negativ signifikanten Ergebnis. Zu dieser hier dokumentierten Forschungstätigkeit können in methodenkritischer Hinsicht die folgenden Anmerkungen gemacht werden:

Die bisherige Forschung zeichnet sich durch ein erhebliches Defizit an Theoriebildung aus. Wenn überhaupt theoretische Grundlagen erwähnt werden, dann bleibt es bei einem kurzen Hinweis auf den von-Restorff-Effekt. Von Restorff (1933) war einer der ersten, der bemerkte, "that isolation of an item against a homogenous background facilitated recall of that item." (Cashen & Leicht, 1970, S. 484). Wallace (1965) faßte die Ergebnisse der Forschungen zum von-Restorff-Effekt wie folgt zusammen: Der Isolationseffekt ist ein zuverlässiges Phänomen. Die höhere Behaltensleistung der "isolierten" Items geht einher mit einer niedrigeren Wiedergabeleistung von den übrigen Items, so daß die absolute Wiedergabeleistung unverändert bleibt. Wie auf dieser theoretischen Grundlage jedoch die Ergebnisse von 11 Experimenten mit einem absoluten Zuwachs in der Behaltensleistung zu erklären sind, bleibt unklar.

Die bisherige Forschung zeichnet sich durch unnötig einschränkende Einseitigkeiten und Fixierungen im experimentellen Bereich aus:
- Fixierung auf die abhängige Variable "Behaltensleistung". Weitere Wirkungsdimensionen von Markierungen sind nur vereinzelt und noch lange nicht ausreichend überprüft worden, wie z.B. Lesegeschwindigkeit u. subjektiver Eindruck. Eine systematische Überprüfung weiterer Wirkungsspekte steht noch aus.
- Fixierung auf die Messung der Behaltensleistung durch Multiple-choice-Tests. Erst in jüngster Zeit wurden auch weitere, validere Meßverfahren eingesetzt, wie z.B. "free recall" und die Verwendung von offenen Fragen.
- Fixierung auf die unmittelbare Messung der Behaltensleistung. Die wenigsten Untersuchungen geben Aufschluß über evtl. längerfristige Wirkungen von Markierungen. Der stärkere Einsatz von Nachtests in der Zeitspanne von 1 bis 4 Wochen ist dringend erforderlich, um etwas mehr über die Konstanz von Markierungseffekten erfahren zu können.
- Fixierung auf die Markierungsform "Unterstreichen". In mehr als 60% aller Experimente wurde diese Markierungsform eingesetzt. Erst in neuerer Zeit wurden verstärkt auch andere Formen wie z.B. "Fettdruck", "Versalien" etc. untersucht.

Die bisherige Forschung zeichnet sich durch das offensichtliche Fehlen methodischer Anstrengungen zur Bestimmung des Variablenbereichs von Markierungen aus. In keinem der dargestellten Publikationen wurden methodisch-analytisch grundlegende Überlegungen angestellt bezüglich der Bestimmung von Markierungsvariablen wie Form (wie), Quantität (wieviel), syntaktische und semantische Qualität (was).

Mit diesem Aufweis von Kritikpunkten an den bisherigen Forschungen ist natürlich auch – ex negativo – bereits ein Programm für die zukünftige Forschung umrissen: Erstens die Einbettung der Arbeiten zu makrotypographischen Markierungen in den theoretischen Rahmen der Text-Leser-Interaktion unter besonderer Berücksichtigung von Modellen zur Textverarbeitung und den Ergebnissen der experimentellen Leseforschung. Zweitens die methodische Entwicklung des Inventars, der Verwendungsweisen und der Wirkungsaspekte von makrotypographischen Markierungen. Und drittens die Erprobung von möglichen Wirkungsaspekten durch eine Vielfalt von experimentellen Designs, um designabhängige Ergebnistendenzen kontrollieren zu können.

2. Thesen zur Bestimmung makrotypographischer Markierungen

2.1 Extensionale Bestimmung / typographische Klasse

Einer der oben genannten Kritikpunkte gegenüber der bisherigen Forschung war, daß sie zu sehr auf eine Form makrotypographischer Markierungen (hier: "Unterstreichen") fixiert war und vielleicht gerade deswegen auch keine Anstrengungen unternommen wurden, das Inventar möglicher Elemente der typographischen Klasse für die Zwecke der Markierung zu bestimmen. Der folgende extensionale Bestimmungsversuch lehnt sich stark an die Übersichten über die Graphetik des Deutschen von Gallmann (1985, S. 14f.) und Günther (1988, S. 64f.) an:

Typographische Klasse

Elemente	Bestimmung
Versalien	
Sperrung	
Kapitälchen	Integrative Markierungen
Schrifttypen (Kursive, Pica, Fettdruck etc.)	
Farbdruck	

Unterstreichen
Anführungszeichen   Additive Markierungen
"Highlighting"

Integrative Markierungen sind Markierungsformen, bei denen die Markierung in das Schriftzeichen integriert ist, während additive Markierungen nicht direkt mit dem Schriftzeichen verbunden sind, sondern hinzuzusetzen werden können. Durch die isolierte Anwendung nur eines Elements integrativer bzw. additiver Markierung entstehen einfache makrotypographische Markierungen. Werden integrative und additive Markierungsformen kombiniert angewendet, so kann eine Vielzahl unterschiedlich komplexer makrotypographischer Markierungen zusammengestellt werden.

Selbst wenn – wie in der Literatur teilweise vorausgesetzt wird – allen Elementen und einfachen wie auch komplexen Markierungen ein und dieselbe Funktion zugeschrieben werden könnte, so bliebe selbst dann die Frage nach einer unterschiedlichen Funktionalität derselben noch unbeantwortet. Erste Hinweise auf diese unterschiedlichen Grade der Funktionalität von Markierungen für den Leser ergaben die Untersuchungen von Hershberger & Terry (1965) (einfache vs. komplexe Markierungen) und Marks (1966) (verschiedene Schrifttypen), in denen jeweils unterschiedliche Markierungsformen zu unterschiedlichen Ergebnissen führten. Aus der oben vorgestellten Übersicht über die typographische Klasse lassen sich folgende Fragestellungen bezüglich der Funktionalität von makrotypographischen Markierungen entwickeln, die in zukünftigen Untersuchungen Beachtung finden sollten: Einmal Fragen nach der Funktionalität der einzelnen Elemente der integrativen bzw. der additiven Markierungsform. Zum anderen Fragen nach der Funktionalität von einfachen bzw. komplexen Markierungen.

2.2 Intensionale Bestimmung / semantische Funktion

Wie bereits festgestellt, wurde in der bisherigen Forschung teilweise stillschweigend vorausgesetzt, daß makrotypographische Markierungen nur eine Funktion haben. Diese Annahme zeigt ihre Berechtigung durch den Hinweis auf die praktische Verwendung von Markierungen in den genannten Experimenten. Markiert wurden da hauptsächlich "main points", "key words", "core content" etc. Es ist jedoch eine Tatsache, daß makrotypographische Markierungen in weit mehr als einer Ver-

wendungsweise vorkommen. Um diesen Sachverhalt feststellen zu können, genügt ein Blick in die eigene Büchersammlung. Bei einer solchermaßen phänomenologisch ausgerichteten Suche nach der Verwendung von makrotypographischen Markierungen können prima facie vier funktionale Verwendungsweisen ausgemacht werden. Makrotypographische Markierungen werden vorgenommen, um:
(1) semantische Ähnlichkeiten hervorzuheben bzw. um inhaltliche Zusammenhänge zu signalisieren;
(2) semantische Unterschiede zu verdeutlichen bzw. zu Trennendes und Getrenntes hervorzuheben;
(3) Schlußfolgerungen, Zusammenfassungen, Definitionen und "Kernsätze" zu signalisieren;
(4) Zitate, Eigennamen, Absätze, einzelne Begriffe und Wörter (incl. Funktionswörter) hervorzuheben.
Diese vier unterschiedlichen Verwendungsweisen zeigen deutlich, daß Markierungen eben nicht nur eine Funktion haben können, nämlich "main points" bzw. "Kernsätze" zu signalisieren, sondern - bei aller Vorsicht - in mindestens vier unterschiedlichen Verwendungs- bzw. Funktionszusammenhängen auftreten können. Deshalb sollen die beschriebenen Verwendungsweisen im folgenden als Grundlage für eine vierfache Funktionsbestimmung von makrotypographischen Markierungen dienen. Makrotypographische Markierungen haben die Funktion:
(1) semant. Äquivalenzen (siehe Verwendungsweise 1),
(2) semantische Differenzierungen (siehe Verwendungsweise 2),
(3) semantische Integrationen (siehe Verwendungsweise 3),
(4) semantische Akzentuierungen (siehe Verwendungsweise 4)
zu signalisieren. Mit dieser vierfachen Funktionsbestimmung kann sehr leicht bestimmt werden, welche semantische Funktion ein Autor in seinem Markierungsverhalten dominant nutzt.

In zukünftigen Untersuchungen müßte dementsprechend klargestellt werden, welche der vier funktionellen Verwendungsweisen makrotypographischer Markierungen untersucht werden soll. Denn auch hier spricht prima facie nichts gegen die Vermutung, daß diese Funktions- bzw. Verwendungsweisen jeweils eine unterschiedliche Funktionalität für den Leser besitzen könnten.

2.3 Strukturelle Bestimmung / syntaktische Verteilung

Richtet man den Blickwinkel phänomenologischer Analyse von der Semantik zur Syntax, so fallen auch hier unterschiedliche Vorkommensweisen auf. Und diese Unterschiede lassen sich durch die Einführung von vier Ebenen syntaktischer Verteilung folgendermaßen beschreiben:
- Graphem-Ebene: Markierung von einzelnen Buchstaben
- Morphem-Ebene: Markierung von einzelnen Wörtern
- Syntax-Ebene: Markierung von Satzteilen und ganzen Sätzen
- Text-Ebene: Markierung von mehreren aufeinanderfolgenden Sätzen

Um die Menge der Differenzierungen nicht mehr als nötig anwachsen zu lassen, ist es sicher vertretbar, zugunsten der praktischen Handhabung dieser Klassifizierung, sie auf zwei Ebenen zu reduzieren:
- Ebene der Mikromarkierung: Markierungen auf Graphem- / Morphem-Ebene
- Ebene der Makromarkierung: Markierungen auf Syntax-/ Text-Ebene.

Und auch für diese Bestimmung gilt, daß zukünftige Experimentatoren sich überlegen sollten, welche Ebene der syntaktischen Verteilung makrotypographischer Markierungen sie untersuchen wollen, denn Unterschiede im Grad der Funktionalität für den Leser sind hier ebenfalls nicht von vornherein auszuschließen.

Nach dieser eher heuristisch bedingten Trennung von semantischer Funktionsverwendung und syntaktischer Verteilung von makrotypographischen Markierungen ist noch die Frage ihres Zusammenhangs zu klären. Dabei spielt es m. E. keine Rolle, welche der beiden Bestimmungen als Folie für die Zuordnung der jeweils anderen genommen wird, da ihr Zusammenspiel wechselseitig abhängig ist. Wenn die syntaktische Verteilung als Folie genommen wird, so sieht die Zuordnung der semantischen Funktionsverwendungen wie folgt aus:

Ebene der Mikromarkierung. Hier treten als dominante semantische Funktionen die Akzentuierungs- und die Differenzierungsfunktion auf, eher selten die Äquivalenzfunktion. Die Integrationsfunktion kann hier meines Erachtens nicht realisiert werden.

Ebene der Makromarkierung. Dominant sind hier die Äquivalenz- und die Integrationsfunktion. Möglich sind aber auch - wenn auch weniger oft zu beobachten - die Akzentuierungs- und Differenzierungsfunktion.

2.4 Operationelle Bestimmung / Interaktion von typographischer Klasse, semantischer Funktion und syntaktischer Verteilung

Die bisher getrennt vorgenommenen Bestimmungen stehen faktisch in einem engen Wechselverhältnis, das bisher eher mißachtet denn untersucht wurde. Ballstaedt et al. (1981, S. 232) schließen denn auch ihren Abriß über die Ergebnisse makrotypographischer Forschungen mit dem wohl nur ironisch zu verstehenden Ratschlag: "Nicht zuviel und nicht zuwenig, aber wenn, dann zielgerichtet und abgestimmt." Mit Hilfe der hier entwickelten Bestimmungen können nun exaktere Hinweise an diejenigen gegeben werden, die entweder Texte mit makrotypographischen Markierungen versehen oder markierte Texte bezüglich ihrer Markierungen analysieren sollen. Zudem ermöglichen sie dem Wissenschaftler, die einzelnen Dependenzverhältnisse zwischen den Bestimmungsgrößen im Detail zu untersuchen. Ganz im Sinne einer Checkliste könnte man etwa die folgenden Punkte durchgehen:

Quantitative Operationalisierung. Wieviel Prozent des Textes sind markiert? Um über alle syntaktischen Verteilungsebenen hinweg mit derselben Bezugsgröße arbeiten zu können, empfiehlt es sich hier, die Angabe absolut oder prozentual in der Einheit "Anzahl der Wörter" anzugeben. Die Reihe der möglichen Werte reicht von 0% - 50% als deren logische Grenzen. Wenn über 50% der Wörter eines Textes markiert würden, dann hätte dies zur Folge, daß die markierten Textstellen zur unmarkierten Grundform würden und umgekehrt (vgl. Gallmann, 1985, S. 16 und Günther, 1988, S. 66).

Qualitative Operationalisierung. Welche syntaktische Verteilungsebene - die Ebene der Mikro- oder der Makromarkierung - dominiert? Welche der Untergruppen der beiden Verteilungsebenen dominiert? Und damit untrennbar zusammenhängend: Welche semantische Funktionsverwendung dominiert (Akzentuierungs-/Differenzierungs-/Integrations-/ Äquivalenzfunktion)?

Formale Operationalisierung. Welche Elemente der typographischen Klasse realisieren die Markierungen (additive vs. integrative)? Wird "einfach" oder "komplex" markiert?

2.5 Wirkungsaspekte makrotypographischer Markierungen

Einer der wesentlichen Kritikpunkte an der bisherigen Forschung war u.a. die Fixierung auf die Wirkungsdimension Behaltens- oder Verständnisleistung. Zweifellos ist dies eine nicht zu unterschätzende Dimension möglicher Wirkungen von makrotypographischen Markierungen. Doch sollte man sich davor hüten, die endgültige Beantwortung der Frage, ob Markierungen überhaupt Wirkungen entfalten, allein an dieser abhängigen Variablen festzumachen. Daher ist es sicherlich sinnvoll, bereits vereinzelt untersuchte Variablen (wie Lesezeit bzw. Lesegeschwindigkeit und Veränderung des subjektiven Eindrucks) aus ihrem Mauerblümchen-Dasein zu erlösen und verstärkt zu untersuchen. Grundsätzlich jedoch bedarf es einer Bestimmung der relevanten Wirkungsaspekte von makrotypographischen Markierungen überhaupt, die dann im einzelnen mit konkreten Wirkungsdimensionen besetzt und untersucht werden können. Meiner Ansicht nach kann man mindestens drei solcher Wirkungsaspekte von makrotypographischen Markierungen unterscheiden:

Der Perzeptionsaspekt. Erleichtern oder erschweren Markierungen die Perzeption von Texten? Zu untersuchende Wirkungsdimensionen sind z.B. Lesezeit, Lesegeschwindigkeit und Leseeffektivität.

Der Verstehens-/ Verständnisaspekt. Erleichtern oder erschweren Markierungen das Verstehen von Texten? Zu untersuchende Wirkungsdimensionen sind z.B. Behaltensleistung (objektiv), Verständlichkeitsbeurteilung (subjektiv) und Verständnisleistung (subjektive Inferenzen).

Soweit die schon in der Literatur erwähnten und teilweise auch untersuchten Wirkungsaspekte. Der nun folgende Aspekt wurde bisher übersehen, obwohl er für die makrotypographische Theoriebildung und funktionale Praxis meiner Meinung nach von höchster Relevanz sein könnte, wenn sich hier signifikante Wirkungen feststellen ließen:

Der Lenkungsaspekt. Führen Markierungen dazu, daß der Rezipient den markierten Items subjektiv die herausragende Bedeutung zumißt, die der Autor ihnen durch die Markierung zukommen lassen will? Zu untersuchende Wirkungsdimensionen sind z.B. quantitativer und qualitativer Einfluß von "experimenter provided cueing" auf darauffolgendes "learner generated cueing".

2.6 Zusammenfassende Funktionsbeschreibung von makrotypographischen Markierungen

Die Funktion makrotypographischer Markierungen ist eine zweifache: Einerseits "kognitive" Strukturierungsfunktion und andererseits "metasemantische" Betonungsfunktion. Diese beiden Funktionen sind so untrennbar miteinander verbunden wie die zwei Seiten einer Medaille, denn "kognitiv strukturiert" wird mit Hilfe von "betonenden" Markierungen und "metasemantisch betont" wird mit Hilfe von "strukturierenden" Markierungen. Makrotypographische Markierungen sind also Signale, mit denen – über die gegebenen syntaktischen und semantischen Strukturen hinaus – Elemente und Relationen innerhalb und zwischen diesen Strukturen betont, gleichsam gewichtet und damit auch nochmals strukturiert werden können. Will ein Autor z.B., daß seine Leser die Entwicklung einer These gedanklich gut verfolgen können, dann wird er seine Gedankengänge eher mit Markierungen akzentuierender und differenzierender Funktion zusätzlich zu strukturieren versuchen. Ist es ihm in einem anderen Fall wichtiger, daß lediglich die These als Endergebnis im Vordergrund steht, so wird er eher Markierungen in integrativer Funktionsverwendung anbringen. In diesem Sinne eröffnen sich dem Autor also relative Wahlmöglichkeiten bezüglich der Funktionen, Verteilungsebenen und auch Formen von makrotypographischen Markierungen. Das Ziel ist dabei, dem Leser – ohne eine explizite sprachliche Formulierung gebrauchen zu müssen – Bedeutungsschwerpunkte bzw. wichtige Strukturübergänge im Text zu signalisieren. Als praktisches Postulat gilt dabei, daß die Gesamtheit der vorgenommenen Markierungen eine einheitliche und sinnvolle Tendenz der Strukturierungs- bzw. Betonungsbemühungen widerspiegeln sollte, und zwar sowohl auf der Ebene der Mikro- als auch auf der der Makromarkierung. Dies ist meiner Ansicht nach eine entscheidende Voraussetzung dafür, daß makrotypographische Markierungen signifikante Wirkungen entwickeln können.

3. Thesen zur Bestimmung des theoretischen Rahmens

Bei der Besprechung der bisherigen Forschungsliteratur zu den makrotypographischen Markierungen fiel ein erhebliches theoretisches Defizit auf. Dieses Defizit besteht nicht nur darin, daß quasi keine genuine Theoriebildung für diese Forschungen existiert, sondern auch darin, daß es bisher versäumt wurde, aus den Forschungen zur Textverarbeitung und aus den Ergebnissen der experimentellen Leseforschung theoretische Anregungen für eine Theoriebildung und praktische Konsequenzen für die Anlage der Experimente abzuleiten.

3.1 Textverarbeitung

Eine schon fast beherrschende Stellung in der Literatur nimmt die sowohl strukturelle als auch funktionelle Aspekte berücksichtigende Modellbildung von Kintsch et al. ein (vgl. Kintsch, 1974; Kintsch & van Dijk, 1978; Kintsch & Vipond, 1979; Kintsch & Miller, 1980; Kintsch & van Dijk, 1983; Kintsch, 1985 und 1988). Daher liegt es nahe, gerade diese Modellbildung als theoretischen Rahmen für einen Integrationsversuch unserer Thesen zur Bestimmung makrotypographischer Markierungen auszuwählen. Kintsch et al. gehen von der Oberflächenstruktur eines Textes aus. Diese stellt sich ihnen als eine Menge von syntaktischen und semantischen Strukturen und Relationen dar. Um diese Menge von Bedeutungsstrukturen theoretisch faßbar zu machen, führen sie diese in eine funktionale Repräsentation von Propositionen über. Eine Proposition ist eine Prädikat-Argument-Struktur, die in etwa einem "weichen" Kalkül der Prädikatenlogik vergleichbar ist. In diesem Kalkül können ein bis mehrere Argumente dem Prädikat zugeordnet werden. Das Ziel ist dabei, die linguistische Oberflächenstruktur in eine Liste von Mikropropositionen zu überführen, der sogenannten impliziten Textbasis, welche die Mikrostruktur eines Textes bildet. Der Zusammenhang zwischen den Mikropropositionen dieser Liste wird durch "Argumentüberlappung" (Wiederholung eines Arguments in der Liste) und "Einbettung" (einer Mikroproposition als Argument in eine andere) sichergestellt. Die Textbasis wiederum kann in einen Kohärenzgraphen überführt werden, der die hierarchische Struktur des Textes auf der Ebene der Mikropropositionen wiederspiegelt. Erreicht wird dies, indem eine – möglichst die wichtigste – Proposition den Anfangspunkt des Graphen bildet. Der weitere Aufbau erfolgt dann relativ mechanisch durch die Über- und Unterordnung von Propositionen mit Hilfe von "Argumentüberlappung" und "Einbettung". Aus der Mikrostruktur können mittels sogenannter "Makrooperatoren" Makropropositionen erzeugt werden, die wiederum die Makrostruktur eines Textes bilden. Makrooperatoren sind hypothetische Prozeduren, die reduktive Prozesse in der Textverarbeitung beschreiben sollen. Mit Hilfe von Makrooperatoren können aber auch elaborative Prozesse beschrieben werden, also die Umwandlung von Makropropositionen in Mikropropositionen. Die Kohärenzprüfung der Makrostruktur folgt derselben Methodik wie der bereits bei der Mikrostruktur beschriebenen. Der Unterschied zwischen der Ebene der Mikro- und der Ebene der Makrostruktur ist kurz gesagt der, daß die Mikrostruktur eine konkrete und detaillierte funktionale Beschreibung des Textes darstellt, während die Makrostruktur eine abstrahierte und komprimierte funktionale Beschreibung der "wichtigsten Ideen" eines Textes ist. Was die "wichtigsten Ideen" eines Textes sind, hängt natürlich von dem Vorwissen und der Leseintention des jeweiligen Textrezipienten ab, d.h. was letztendlich die Makrostruktur eines Textes bildet, kann durch Textvariablen allein nicht determiniert werden, sondern wird in hohem Maße durch Leservariablen mitbestimmt.

Dieser stark vereinfachte Ausschnitt aus einer im Detail komplexen Modellbildung erlaubt es bereits, die angestrebte Bestimmung des theoretischen Ortes von makrotypographischen Markierungen in diesem Modell vorzunehmen:

Funktion auf der Ebene der Mikromarkierung. Makrotypographische Markierungen auf der Ebene der Mikromarkierung können als Signale an den Leser interpretiert werden, die markierten Argumente bzw. Prädikate einer Mikroproposition bei der Bildung einer Makrostruktur des Textes möglichst lange konkret und detailliert zu berücksichtigen und diese nicht etwa sofort durch Makrooperatoren wie Generalisation oder Bündelung in unspezifizierte Makropropositionen zu transformieren (Dominanz der metasemantischen Betonungsfunktion).

Funktion auf der Ebene der Makromarkierung. Makrotypographische Markierungen auf der Ebene der Makromarkierung können als Signale an den Leser interpretiert werden, den/die markierten Satz/Sätze (i.e. Mikropropositionen) vorrangig zur Bildung der Makrostruktur des Textes zu verwenden (Dominanz der kognitiven Strukturierungsfunktion).

3.2 Leseforschung

Die experimentelle Leseforschung beschäftigt sich mit einer Vielzahl von Fragestellungen. Eine wichtige ist z.B. die nach der Bestimmung von physiologischen Determinanten visueller Wahrnehmungsprozesse, eine andere ist die nach der Auswirkung von psychologischen Variablen auf diese physiologischen Determinanten. Die Erforschung des Leseprozesses im ganzen, d.h. die Bestimmung der effektiven Variablen und ihrer Interaktion kann man als das übergeordnete Forschungsziel dieser hier angeführten Fragestellungen bezeichnen. Auf die physiologischen Grundlagen von Leseprozessen im Detail soll an dieser Stelle nicht eingegangen werden (vgl. hierzu Günther, 1988).

Einige psychologische Variablen, die Leseprozesse steuern oder beeinflussen, konnten durch die experimentelle Leseforschung bereits identifiziert werden. Ein typisches Merkmal schriftlicher Kommunikation ist die selbstgesteuerte Informationsentnahme. Was also aus einem Text an Information entnommen wird, unterliegt der subjektiven interessegeleiteten Zielsetzung des Lesenden. Die Zielsetzung wiederum hängt teilweise davon ab, ob und wieviel spezifisches bzw. allgemeines Vorwissen dem Lesenden zur Verfügung steht. Vorwissen und Zielsetzung zusammen bestimmen also in hohem Maße, wie ein Text gelesen wird, d.h. welche Lesestrategie der Lesende anwendet und damit auch, welche Informationen er einem Text entnimmt. Die Lesestrategien von geübten Lesern zeichnen sich nach Gibson (1980, S. 340f.) durch ein Ökonomieprinzip aus, welches durch die folgenden vier Merkmale charakterisiert ist:
- Auswählen der zielrelevanten Information,
- Ignorieren der irrelevanten Informationen,
- Verarbeiten möglichst großer Informationseinheiten der zielrelevanten Information,
- Verarbeiten der geringstmöglichen Menge an Informationen zur Zielerreichung.

Lesestrategien - so könnte man zusammenfassend formulieren - sind funktionale Operationen der Informationsselektion und der Informationsorganisation, deren Auswahl und Einsatz von Leservariablen wie Vorwissen und Zielsetzung abhängt. Daß diese nicht die einzigen sind, welche die Auswahl einer Lesestrategie bestimmen, zeigt die folgende Übersicht möglicher Einflußgrößen hinsichtlich der Auswahl von Lesestrategien, die sich an eine Tabelle von Waller (1979, S. 183) anlehnt. Die Auswahl einer Lesestrategie (z.B. browse, skim, preview, search, scan, intense study, review) wird beeinflußt von:
- motivationalen Aspekten (z.B. attention, selection, perseverance)
- intentionalen Aspekten (z.B. criticise, memorise, revise, understand, assignment, note making),
- situativen Aspekten (z.B. home, library, distractions, health, comfort, lighting),
- persönlichen Aspekten (z.B. personal objectives, knowledge, memory, insights, skills, pleasure).

Es darf vermutet werden, daß diese Variablen miteinander interagieren. Jedoch liegen zu dieser Fragestellung bisher kaum detaillierte Untersuchungen vor.

Nach diesem Exkurs nun zurück zu unserer Definition von Lesestrategien als funktionale Operationen der Informationsselektion und der Informationsorganisation. Mit dieser Definition ist der Punkt erreicht, wo die Bestimmung des theoretischen Ortes der Funktion makrotypographischer Markierungen im Bereich der Leseforschung vorzunehmen ist. Doch rekapitulieren wir zuerst: Die Funktion makrotypographischer Markierungen bestimmten wir als eine zweifache. Einerseits haben Markierungen eine kognitive Strukturierungsfunktion, andererseits eine metasemantische Betonungsfunktion. Jetzt stellen wir fest, daß sich diese Funktionsdefinition hervorragend zum Einbau in die o.g. Überlegungen zu den Lesestrategien eignet. Makrotypographische Markierungen können als Hilfen interpretiert werden, welche die operativen Abläufe von Lesestrategien optimieren: Optimierung der Operation Informationsselektion durch die metasemantische Betonungsfunktion und Optimierung der Operation Informationsorganisation durch die kognitive Strukturierungsfunktion von Markierungen.

Mit dem Begriff der "Informationsorganisation" in dieser Definition haben wir fast unmerklich die Grenze zur Textverarbeitung hin überschritten, so daß wir uns jetzt mitten in der Forschungslandschaft der Text-Leser-Interaktion befinden. Dies heißt nun, daß Textverarbeitungsprozesse ohne die Berücksichtigung von Leservariablen nur äußerst unvollständig beschrieben werden können, und daß die Beschreibung von Leseprozessen ohne eine Berücksichtigung von Textvariablen ebenfalls zu fragwürdigen Ergebnissen führt. Einige Beispiele für die Richtigkeit dieses Forschungsansatzes in bezug auf die o.g. Variablen geben die hier stellvertretend genannten sechs Untersuchungen: Sulin & Dooling (1974) und Anderson, Reynolds, Schallert & Goetz (1977) stellten übereinstimmend fest, daß thematisches Vorwissen seitens der Vpn die Behaltensleistung von textinduziertem Wissen erhöht. Schwarz-Türler (1980) und Kegel, Arnhold & Dahlmeier (1985) überprüften den Einfluß von Zielsetzungen (realisiert durch unterschiedliche Leseinstruktionen) auf die Lesezeit bzw. Behaltensleistung von Vpn und konnten beidesmal signifikante Effekte nachweisen. Umgekehrt beeinflussen Textvariablen natürlich auch Leservariablen. Shebilske & Reid (1979) konnten dies für die Augenbewegungsmuster bei der Bildung von Makropropositionen feststellen.

Tinker & Paterson (1955) stellten eine Abhängigkeit der Augenbewegungsmuster auch für formale (i.e. typographische) Textstrukturen fest. Dieser kurze Abriß von Fragestellungen und Ergebnissen aus dem Bereich der Text-Leser-Interaktion zeigt, daß die Forschungen zu makrotypographischen Markierungen innerhalb dieses Rahmens der Text-Leser-Interaktion gestellt werden müssen, wenn valide und reliable Ergebnisse erreicht werden sollen.

3.3 Text-Leser-Interaktion

Die Bestimmung der Prozesse der gegenseitigen Beeinflussung von Textvariablen einerseits und Leservariablen andererseits ist das Thema der Forschungen zur Text-Leser-Interaktion. Anders formuliert könnte die Fragestellung folgendermaßen heißen: Welche Variablen interagieren mit welchen Variablen und welche Variablen determinieren welche Variablen in welchem Maße?

Als Eingriffsebenen für die Leservariablen auf die Textvariablen in der Modellbildung von Kintsch et al. können die drei nachfolgenden angesehen werden:
- *Textbasis.* Die durch eine funktionale Repräsentation in Mikropropositionen überführte Oberflächenstruktur eines Textes bildet die implizite Textbasis. Da ein Autor nie alle Voraussetzungen, Annahmen, Ableitungen u.ä. explizit verbalisieren kann, muß der Lesende bereits eigenes Vorwissen (formal und/oder inhaltlich) und auch interessegeleitete Vermutungen aktivieren, um so die implizite Textbasis ergänzend eine kohärente Textstruktur aufbauen zu können, die sogenannte explizite Textbasis.
- *Kohärenz von Mikro- und Makrostruktur.* Welchen Grad der Kohärenz (durch inferentielle bzw. elaborative Prozesse) ein Text auf Mikro- bzw. Makrostrukturebene erreicht, hängt davon ab, welches Vorwissen bzw. welche Zielsetzung der Lesende besitzt. Textstrukturen sind in diesem Sinne eher Basiskomponenten der Kohärenzbildung als deren Determinanten.
- *Makrostruktur.* Wie weiter oben bereits ausgeführt, ist die Bildung einer Makrostruktur (durch reduktive Prozesse) ein subjektiver Vorgang, der besonders durch die Leservariablen Zielsetzung, Vorwissen und Interesse gesteuert wird.

Eingriffsebenen der Textvariablen auf die Leservariablen sind die folgenden drei:

- *Motivationale Aspekte.* Daß Variablen wie syntakt. bzw. semant. Komplexität und im besonderen natürlich das Thema eines Textes solche Variablen wie Aufmerksamkeit und Durchhaltevermögen beeinflussen können, mag jeder Leser bereits bei sich selbst festgestellt haben.
- *Intentionale Aspekte.* Daß dieselben Textvariablen z.B. auch einen Einfluß darauf haben können, inwieweit der Lesende seiner Absicht - z.B. einen Text zu verstehen - nachkommen kann, ist wiederum den meisten Lesern ein bekanntes Phänomen.
- *Persönliche Aspekte.* Wer aus Büchern lernt, will sich Kenntnisse aneignen. Und dennoch kann z.B. ein anfänglich eher "ernst" vorgenommenes Studium von einem Text mit dem Ziel Kenntniserwerb rasch erlahmen, wenn der Leser feststellt, daß der Autor leider für ihn persönlich nichts Neues zu sagen hat.

Das Zusammenspiel von Textvariablen und Leservariablen in der Modellvorstellung der Text-Leser-Interaktion läßt sich mit Ballstaedt et al. (1981, S.16f) zusammenfassend so beschreiben: Im Rahmen der Text-Leser-Interaktion werden zwei parallele Verarbeitungsrichtungen postuliert. Die aufsteigende, textgeleitete ("bottom-up") Verarbeitungsrichtung wird durch den Text bzw. Textvariablen ausgelöst. Die absteigende, schemageleitete ("top-down") Verarbeitungsrichtung wird durch die Leservariablen Vorwissen, Interessen und Zielsetzungen geleitet. Da diese Verarbeitungsprozesse als parallel und simultan ablaufend modelliert werden, kann von einer interaktiven Selbstregulation beider Variablentypen während dieser Verarbeitungsprozesse gesprochen werden.

Abschließend sei nun noch die theoretische Ortsbestimmung der Funktion makrotypographischer Markierungen im Rahmen des Modells der Text-Leser-Interaktion vorgenommen: Makrotypographische Markierungen gehören im Modell der Text-Leser-Interaktion zu den Textvariablen. Sie sind den formalen Textvariablen zuzurechnen, die den inhaltlichen Textvariablen wie syntaktische bzw. semantische Strukturen und Relationen gegenüber stehen. Sie sind nach Verwendungsweise und Funktion von linguistischen Faktoren (i.e. Syntax u. Semantik) primär unabhängig. Deshalb ist aufgrund dieser Faktoren auch keine objektive Determination der Auswahl und Verteilung von Markierungen möglich. Sekundär bilden jedoch syntakt. bzw. semant. Strukturen und Relationen unter der Kontrolle kommunikativer Ziele die Grundlage relativer Wahlmöglichkeiten der Markierung. Ihre Funktion ist eine zweifache: Einerseits haben sie metasemantische Betonungsfunktion, andererseits kognitive Strukturierungsfunktion. Diese Doppelfunktion führt im Rahmen der Text-Leser-Interaktion zu folgenden Eingriffsmöglichkeiten bezüglich der Regulation von Text- und Leservariablen:

- Textgeleiteter ("bottom-up") Einfluß auf die Leservariablen führt zu einer Erleichterung der operativen Abläufe von Lesestrategien (i.e. Informationsselektion und Informationsorganisation).
- Schemageleiteter ("top-down") Einfluß via Lesestrategien auf die inhaltlichen Textvariablen führt im Rahmen des Textverarbeitungsmodells von Kintsch et al. zur "Auswahl", welche Mikropropositionen beim Aufbau einer Makrostruktur vom Lesenden vorrangig zu berücksichtigen sind (i.e. Betonungs- und Strukturierungsfunktion).

4. Experiment

4.1 Fragestellung

In den vorangegangenen theoretischen Erörterungen wurde gefordert, daß zukünftige experimentelle Untersuchungen drei Wirkungsaspekte von makrotypographischen Markierungen gleichermaßen berücksichtigen sollten:

Den Perzeptionsaspekt. Erleichtern oder erschweren Markierungen die Perzeption von Texten? In dieser Untersuchung erfolgt die Überprüfung dieses Aspekts mit Hilfe der Wirkungsdimension Lesezeit.

Den Verstehens- /Verständnisaspekt. Erleichtern oder erschweren Markierungen das Verstehen von Texten? Hier überprüft durch die Dimensionen der Behaltensleistung für eine objektive, und durch eine Verständlichkeitsbeurteilung für die subjektive Einschätzung des Wirkungspotentials.

Den Lenkungsaspekt. Haben Markierungen einen Einfluß auf Menge und Auswahl der von Rezipienten vorgenommenen Markierungen von Texten? Dieser Aspekt wird überprüft durch Erhebung des quantitativen und qualitativen Einfluß von "experimenter provided cueing" auf "learner generated cueing".

Weiter wurde im theoretischen Teil gefordert, daß die theoretische Ortsbestimmung von makrotypographischen Markierungen im Rahmen der Text-Leser-Interaktion auch praktische Konsequenzen auf die Anlage von Experimenten haben muß d.h., daß Leservariablen mitberücksichtigt werden sollten. Eine dominante Leservariable ist die Zielsetzung, mit der Texte gelesen werden. Um mögliche Einflüsse der Lesevariablen auf die Wirkung von makrotypographischen Markierungen zu überprüfen, wurden im nachfolgenden Experiment Zielsetzungen bzw. Leseintentionen variiert. Diese wurden realisiert und induziert durch unterschiedliche Leseinstruktionen.

4.2 Hypothesen

Ausgehend von den Ergebnissen der bisherigen Forschungen und den oben vorgenommenen theoretischen Bestimmungsversuchen lassen sich bezüglich der drei Wirkungsaspekte und ihrer -dimensionen die folgenden allgemeinen Hypothesen für das Experiment ableiten:

4.2.1 Hypothesen, die sich auf die Überprüfung von Wirkungen im Perzeptionsaspekt beziehen

(H1) Der Einsatz makrotypographischer Markierungen in Texten hat einen Einfluß auf die Lesezeit. Begründung: Wenn, wie weiter oben bestimmt wurde, Markierungen die operativen Abläufe von Lesestrategien (i.e. Informationsselektion und -organisation) optimieren können, dann sollte sich dies in einem Einfluß auf die Lesezeit niederschlagen. Williams (1963) konnte bereits einmal einen Einfluß auf die Lesegeschwindigkeit nachweisen.

(H2) Die Variation von Leseintentionen führt zu unterschiedlichen Lesezeiten. Begründung: Unterschiedliche Leseintentionen sind das Ergebnis unterschiedlicher Zielsetzungen des Rezipienten gegenüber von Texten. Zielsetzungen nun wurden in der Literatur als besonders einflußreiche Leservariable vorgestellt. Schwarz-Türler (1980) und Kegel et al. (1985) konnten einen Einfluß von Leseinstruktionen (i.e. Leseintentionen) auf die Lesezeit in ihren Experimenten belegen.

4.2.2 Hypothesen, die sich auf die Überprüfung von Wirkungen im Verstehens-/Verständnisaspekt beziehen

(H3) Der Einsatz makrotypographischer Markierungen in Texten hat einen Einfluß auf die relative oder absolute Behaltensleistung. Begründung: Oben wurde argumentiert, daß Markierungen die Auswahl von Mikropropositionen für die Bildung von Makropropositionen und den Aufbau der Makrostruktur insgesamt beeinflussen können. Die Bildung von Makropropositionen (= hierarchiehöheren Propositionen) wiederum führte bei Experimenten von Kintsch & Miller (1980) zu höheren Reproduktionsleistungen bei den Vpn. In der weiter oben skizzierten Forschungsliteratur konnte bei 11 Experimenten ein absoluter, bei 6 ein relativer Anstieg der Behaltensleistung beobachtet werden.

(H4) Der Einsatz makrotypographischer Markierungen in Texten hat einen Einfluß auf die subjektive Einschätzung der Verständlichkeit dieser Texte. Begründung: Wenn, wie weiter oben bestimmt wurde, Markierungen eine metasemantische Betonungsfunktion und eine kognitive Strukturierungsfunktion haben, dann sollten diese Signale es dem Rezipienten erleichtern, die linguistische Struktur von Texten zu entziffern, was sich in einer veränderten Verständlichkeitsbeurteilung niederschlagen sollte. Dearborn, Johnston & Carmichael (1949,1951) berichten in ihren Untersuchungen von einer überwältigenden subjektiven Bevorzugung von markierten Texten.

(H5) Die Variation von Leseintentionen führt zu unterschiedlichen Behaltensleistungen. Begründung: Unterschiedliche Leseintentionen sind das Ergebnis unterschiedlicher Zielsetzungen des Rezipienten gegenüber von Texten. Zielsetzungen nun wurden in der Literatur als besonders einflußreiche Leservariable vorgestellt. Schwarz-Türler (1980) und Kegel et al. (1985) konnten einen Einfluß von Leseinstruktionen auf die Behaltensleistung in ihren Experimenten nachweisen.

(H6) Die Variation von Leseintentionen führt zu unterschiedlichen subjektiven Verständlichkeitsbeurteilungen. Begründung: Unterschiedliche Leseintentionen sind das Ergebnis unterschiedlicher Zielsetzungen des Rezipienten gegenüber von Texten. Zielsetzungen wiederum - wie weiter oben argumentiert wurde - beeinflussen, welche Lesestrategien der Rezipient anwendet, d.h. wie erfolgreich er die Operationen Informationsselektion bzw. Informationsorganisation ausführt. Unterschiedliche Leseintentionen sollten daher - via unterschiedliche Lesestrategien - zu differierenden subjektiven Einschätzungen der Verständlichkeit von Texten führen.

4.2.3 Hypothesen, die sich auf die Überprüfung von Wirkungen im Lenkungsaspekt beziehen

(H7) Der Einsatz makrotypographischer Markierungen in Texten hat einen Einfluß auf die Quantität von "learner generated cueing".

(H8) Der Einsatz makrotypographischer Markierungen in Texten hat einen Einfluß auf die Qualität von "learner generated cueing". Begründung: Wenn Markierungen eine metasemantische Betonungsfunktion und eine kognitive Strukturierungsfunktion haben, und wenn sie diese Funktionen in einem Text tatsächlich erfüllen, d.h. daß sie es dem Rezipienten erleichtern, die linguistische Struktur zu entziffern, dann sollte die Quantität und die Qualität dieser kognitiven und metasemantischen Markierungsstruktur einen Einfluß auf ein darauffolgendes "learner generated cueing" besitzen.

(H9) Die Variation von Leseintentionen führt zu quantitativen und qualitativen Unterschieden bei den vom Rezipienten selbst vorzunehmenden Markierungen. Begründung: Unterschiedliche Leseintentionen sind das Ergebnis unterschiedlicher Zielsetzungen des Rezipienten gegenüber Texten. Zielsetzungen wiederum - wie oben argumentiert wurde - beeinflussen, welche Lesestrategien der Rezipient anwendet, d.h. wie erfolgreich er die Operationen Informationsselektion bzw. Informationsorganisation ausführt. Wenn Leseintentionen daher Lesestrategien beeinflussen, dann sollte sich dieser Einfluß auch im subjektiven Markierungsverhalten von Rezipienten dokumentieren lassen.

4.3 Methode

4.3.1 Design

Die oben aufgestellten Hypothesen wurden mit Hilfe eines 3 x 5 faktoriellen Versuchsdesigns überprüft, in dem die Leservariable (Leseintention) in dreifacher Ausprägung und die Textvariable (Markierungsversion) in fünffacher Ausprägung vorliegt. Die unabhängigen und abhängigen Variablen wurden wie folgt operationalisiert:

Operationalisierung der unabhängigen Variable "Leseintention". Wie weiter oben angeführt, wurde die Leservariable Zielsetzung / Leseintention durch unterschiedliche, zielgruppenspezifische (hier: Studentinnen / Studenten) Leseinstruktionen realisiert. Dabei wurde von folgenden Annahmen ausgegangen:
- Die Vpn besitzen kein fachspezifisch-thematisches Vorwissen. Diese Voraussetzung wurde jeweils über einen standardisierten Fragebogen verifiziert (Angaben zu Alter, Geschlecht, Studienfach, Semesteranzahl, Leseaktivität sowie zum Terminus "Psycholinguistik").
- Die Vpn besitzen als Studenten spezifische Erfahrungen im Umgang mit einer Vielfalt von Leseaufgaben, d.h. sie haben verschiedene Zielsetzungs-Schemata ausgebildet. Als typische Schemata dürfen insbesondere bei Studenten drei Zielsetzungen vorausgesetzt werden, nämlich *Orientierungsintention* ("überfliegen / kursorisches Lesen"), *Verstehensintention* ("intensive Auseinandersetzung mit dem Textinhalt") und *Behaltensintention* ("intensive und zusätzlich memorierende Auseinandersetzung mit Texten").
- Diese drei "Zielsetzungs-Schemata" sollten durch situationsadäquate Leseinstruktionen aktiviert werden können, d.h. durch einen situativen Rekurs auf natürliche Situationen im studentischen Universitätsalltag. Auf eine gesonderte Instruktion bzw. Hinweis auf das Vorhandensein und der Bedeutung von makrotypographischen Markierungen wurde verzichtet, da in der Forschungsliteratur bisher kein spezifischer Instruktionseffekt (Hinweis auf die Funktion der Markierungen oder nicht) auf die untersuchten Wirkungsdimensionen nachgewiesen werden konnte.

Instruktionen / Leseintentionen

Orientierungsintention

Bitte stellen Sie sich vor, Sie befinden sich in folgender Situation:

Sie sind an der Universität und gehen in einen Seminarraum in dem Ihr nächstes Seminar stattfinden soll. Da außer Ihnen noch niemand im Seminarraum ist, schauen Sie sich um und entdecken dabei, daß ein umfangreiches Skript auf einem der Tische liegt. Sie gehen hin, nehmen es in die Hand und lesen auf dem Deckblatt:

Vorlesungsskript EINFÜHRUNG IN DIE PSYCHOLINGUISTIK, Prof.Dr. Slobin

Sie denken "das klingt interessant" und beschließen, einen ersten Einblick in das Thema des Skripts zu nehmen.

- Diese erste Orientierung verschaffen Sie sich, indem Sie das Einleitungs-Kapitel des Skripts in groben Zügen überfliegen ....

Verstehensintention

Bitte stellen Sie sich vor, Sie befinden sich in folgender Situation:

Sie haben in der Unibibliothek ein Buch mit dem Titel: EINFÜHRUNG IN DIE PSYCHOLINGUISTIK ausgeliehen, weil es auf dem verbindlichen Lektüre-Kanon Ihres Nebenfaches steht.

Ihr Ziel ist es, den Inhalt des Buches so gut wie möglich zu verstehen. Deshalb wollen Sie es Kapitel für Kapitel durcharbeiten.

Sie beginnen mit dem Einleitungs-Kapitel ....

Behaltensintention

Bitte stellen Sie sich vor, Sie befinden sich in folgender Situation:

Sie bereiten sich auf die Nebenfachprüfung vor. Sie wissen von Ihren "Vorgängern", daß Ihr Prüfer besonders gern über die Inhalte des Buches: EINFÜHRUNG IN DIE PSYCHOLINGUISTIK prüft.

Sie wollen nun dieses Buch mit dem Ziel lesen, den Inhalt möglichst exakt zu behalten, um ihn in der Prüfung präsent zu haben.

Sie beginnen das Einleitungs-Kapitel zu lesen ....

Operationalisierung der unabhängigen Variable "Markierungsversion". Als Materialgrundlage für die fünf Textversionen diente das Einleitungskapitel des Buches "Einführung in die Psycholinguistik" von Slobin (1974, S. 9-10). Einerseits wurde dadurch sichergestellt, daß der Text für die Vpn unbekannt ist, andererseits korrespondiert er als Einleitungstext genau mit der Instruktionsannahme, daß die Vpn kein fachspezifisch-thematisches Vorwissen besitzen. Für die Versuchsversionen wurden gegenüber dem Originaltext 6 Markierungen in "italics" neutralisiert und eine Quellenangabe für ein Zitat gelöscht. Der so veränderte Ausgangstext besitzt eine Länge von 639 Wörtern incl. Überschrift. Die fünf Textversionen wurden wie folgt angelegt:

(1) Neutrale, nichtmarkierte Textversion als Kontrollversion. (Kurztitel: *Neutralversion*)

(2) Markierte Textversion auf der syntaktischen Verteilungsebene der Mikromarkierung, d.h. es wurden Markierungen mit den dominanten Funktionen der "Akzentuierung" und "Differenzierung" vorgenommen. Der markierte Anteil beträgt 26 Wörter (4,06%) vom Gesamttext. (Kurztitel: *4% Version*)

(3) Markierte Textversion auf der syntaktischen Verteilungsebene der Mikromarkierung, d.h. es wurden Markierungen mit den dominanten Funktionen der "Akzentuierung" und "Differenzierung" vorgenommen. Der markierte Anteil beträgt 78 Wörter (12,2%) vom Gesamttext. Die Markierungen der 4% Version sind in dieser Markierungsversion enthalten. (Kurztitel: *12% Version*)

(4) Markierte Textversion auf der syntaktischen Verteilungsebene der Mikromarkierung. Die Auswahl der Markierungsitems erfolgte mit Hilfe eines Zufallsgenerators (RND) mit den folgenden Einschränkungen: Die Verteilung der Markierungen über den gesamten Text sollte relativ gleichmäßig sein. Es sollten möglichst verschiedene Wortarten markiert werden. Es sollte keine "Kettenbildung" auf dem Satz- oder Textniveau (= Ebene der Makromarkierung) vorkommen. Der markierte Anteil beträgt 78 Wörter (12,2%) vom Gesamttext. (Kurztitel: *12%-RND Version*)

(5) Markierte Textversion auf der syntaktischen Verteilungsebene der Makromarkierung, d.h. es wurden Markierungen mit den dominanten Funktionen der "Äquivalenz" und "Integration" vorgenommen. Der markierte Anteil beträgt 232 Wörter (36,3%) vom Gesamttext. (Kurztitel: *36% Version*)
Als Markierungsform wurde aus der typographischen Klasse das Element "Fettdruck/bold" für diese Untersuchung ausgewählt. Es wurden also einfache, integrative Markierungen vorgenommen. Die Darbietung der Textversionen erfolgte computergesteuert (TANDY 1000, DOS 3.2) via Monitor (12 Zoll, grün). Der Text wurde auf vier Bildschirmseiten verteilt, die jeweils über Tastatur von den Vpn selbständig angefordert werden konnten. Die Darbietungsart simulierte den üblichen Lesemodus schwarze Schrift auf hellem Grund mit "Fettdruck" als Markierungsform.

Ausschnitte aus den markierten Textversionen

4%-Version

Die Psycholinguistik verbindet das theoretische und empirische Werkzeug von Psychologie und Linguistik; ihr Ziel ist die Erforschung der geistigen **Prozesse**, die dem Erwerb und Gebrauch der Sprache **zugrundeliegen**. Es handelt sich hier also um einen wirklich interdisziplinären Wissenschaftsbereich. Linguisten bemühen sich um die Beschreibung eines wichtigen Teils menschlichen Wissens, nämlich der **Struktur** der Sprache. Diese Struktur umfaßt Sprechlaute und Bedeutungen sowie das komplexe Grammatiksystem, das Laute und Bedeutungen miteinander in Beziehung setzt. Psychologen dagegen wollen wissen, wie Kinder sich solche Systeme **aneignen** und wie solche Systeme **funktionieren**, wenn Individuen tatsächlich Sätze artikulieren und verstehen.

12%-Version

Die **Psycholinguistik** verbindet das **theoretische** und **empirische** Werkzeug von Psychologie und Linguistik; ihr **Ziel** ist die Erforschung der geistigen **Prozesse**, die dem **Erwerb** und **Gebrauch** der Sprache **zugrundeliegen**. Es handelt sich hier also um einen wirklich **interdisziplinären** Wissenschaftsbereich. **Linguisten** bemühen sich um die Beschreibung eines wichtigen Teils menschlichen Wissens, nämlich der **Struktur** der Sprache. Diese Struktur umfaßt Sprechlaute und Bedeutungen sowie das komplexe **Grammatiksystem**, das Laute und Bedeutungen miteinander in Beziehung setzt. **Psychologen** dagegen wollen wissen, wie Kinder sich solche Systeme **aneignen** und wie solche Systeme **funktionieren**, wenn Individuen **tatsächlich** Sätze artikulieren und verstehen.

12%-RND-Version

Die Psycholinguistik verbindet das theoretische und empirische **Werkzeug** von Psychologie und Linguistik; ihr Ziel ist die Erforschung der geistigen Prozesse, die dem Erwerb und Gebrauch der Sprache zugrundeliegen. Es handelt sich hier also um **einen** wirklich interdisziplinären Wissenschaftsbereich. Linguisten bemühen sich um die Beschreibung eines wichtigen **Teils** menschlichen Wissens, **nämlich** der Struktur der Sprache. Diese Struktur umfaßt Sprechlaute und Bedeutungen sowie **das** komplexe Grammatiksystem, das Laute und Bedeutungen miteinander in **Beziehung** setzt. Psychologen **dagegen** wollen wissen, wie Kinder sich solche Systeme aneignen und wie solche Systeme funktionieren, wenn Individuen tatsächlich Sätze artikulieren **und** verstehen.

36%-Version

Die Psycholinguistik verbindet das theoretische und empirische Werkzeug von Psychologie und Linguistik; ihr Ziel ist die Erforschung der geistigen Prozesse, die dem Erwerb und Gebrauch der Sprache zugrundeliegen. Es handelt sich hier also um einen wirklich interdisziplinären Wissenschaftsbereich. Linguisten bemühen sich um die Beschreibung eines wichtigen Teils menschlichen Wissens, nämlich der Struktur der Sprache. Diese Struktur umfaßt Sprechlaute und Bedeutungen sowie das komplexe Grammatiksystem, das Laute und Bedeutungen miteinander in Beziehung setzt. Psychologen dagegen wollen wissen, wie Kinder sich solche Systeme aneignen und wie solche Systeme funktionieren, wenn Individuen tatsächlich Sätze artikulieren und verstehen.

Operationalisierung der abhängigen Variable "Lesezeit". Die Lesezeit der einzelnen Vpn wurde mit Hilfe einer programmierbaren Uhr bestimmt, die bei Beginn der Textdarbietung und bei Beendigung der Textposition startete bzw. stoppte.

Operationalisierung der abhängigen Variable "subjektive Verständlichkeitsbeurteilung". Der subjektive Eindruck über die Verständlichkeit der einzelnen Textversionen wurde mit Hilfe einer verankerten Skala (direkte Skalierung) erfaßt, wobei die Vpn Punktzahlen zwischen "0" (= vollkommen unverständlich) und "12" (= optimal verständlich) ankreuzen konnten.

Operationalisierung der abhängigen Variable "Behaltensleistung". Als Instrument zur Messung der Behaltensleistung wurde ein standardisierter Fragebogen mit 37 offenen Fragen verwendet (z.B.: In welche Wissenschaft will der Text eine Einführung geben? Was ist das Forschungsziel der Psycholinguistik? Was wird unter der "Struktur" der Sprache verstanden?). Da alle Textversionen mittels eines einzigen Fragebogens überprüft werden sollten, wurde zwangsläufig gleichermaßen "direkt" wie auch "indirekt" getestet. Dies bedeutet, daß in dem Fragebogen sowohl nach Details wie auch nach Grundsätzlichem, nach markierten wie auch nach unmarkierten Items gleichermaßen gefragt wurde. Die Antworten der Vpn wurden für die Zwecke der Auswertung folgendermaßen kodiert: Vollständige und richtige Antwort = 2 Punkte; richtige, aber unvollständige Antwort = 1 Punkt; falsche oder keine Antwort = 0 Punkte. Die maximal erreichbare Punktzahl beträgt damit 37 x 2 = 74 Punkte. Die einzelnen Fragen konnten wiederum von den Vpn über Tastatur selbst angefordert werden. Die Antworten wurden auf einem numerierten Antwortbogen niedergeschrieben.

Operationalisierung der abhängigen Variable "Einfluß des experimenter provided cueing auf das learner generated cueing". Der quantitative Einfluß wurde durch die Auszählung der von den Vpn vorgenommenen Anzahl von Markierungen bestimmt. Der qualitative Einfluß wurde durch die Auszählung der von den Vpn übereinstimmend mit der jeweiligen Textversion vorgenommenen Markierungen bestimmt. Für diesen Zweck wurde den Vpn eine vierseitige neutrale Version des Textes mit einer der jeweiligen Leseintention korrespondierenden Instruktion ausgegeben sowie ein "Spot-Marker"-Stift, um die Markierungen vornehmen zu können.

4.3.2 Statistische Verfahren

Das beschriebene 3 x 5-faktorielle Design wurde durch fünf 2-fache Varianzanalysen für unabhängige Stichproben ausgewertet. Alle Varianzanalysen wurden auf die Voraussetzungen der Normalverteilung mittels Chi-Quadrat-Test und der Varianzhomogenität mittels Cochran-Test überprüft. Newman-Keuls-Tests wurden als post-hoc Tests verwendet. Um eine eventuelle Differenz von Behaltensleistung und Verständlichkeitsbeurteilung erkennen zu können, wurde der Kendellsche Koeffizient (Tau) berechnet.

4.3.3 Versuchspersonen

An der Untersuchung nahmen 60 Studentinnen und Studenten der Universität Stuttgart (männl. = 38, weibl. = 22) im Alter von 19 - 36 Jahren ($\bar{x}$ = 25,5; s^2 = 2.7) teil. Die Anzahl der Semester differierte zwischen 1 und 12 ($\bar{x}$ = 6.7; s^2 = 2.3). Die Studentinnen und Studenten kamen vorwiegend aus den Fachrichtungen Architektur, Elektrotechnik, Romanistik und Philosophie. Die durchschnittliche Leseaktivität wurde relativ konstant mit einer/mehrere Zeitschriften und kein/ein Buch pro Woche angegeben. Allen Teilnehmern war der Terminus "Psycholinguistik" unbekannt. Die Vpn wurden für Teilnahme an dem Experiment mit DM 5,-- entlohnt. Die Verteilung der Vpn auf die Experimentalversionen erfolgte in zufälliger Reihenfolge, jeweils 4 Vpn pro Version.

4.3.4 Durchführung

Die jeweilige Vp wurde begrüßt und in den Versuchsraum geführt. Dort füllte sie den Vpn-Fragebogen aus. Daraufhin wurde sie vom Vl an den Computer geführt mit der Bitte, einen auf dem Bildschirm dargebotenen Begrüßungs- und Einführungstext zu lesen. Dieser Text diente nebenbei auch dazu, die Vp an diese Form der Textrezeption zu gewöhnen und Helligkeit bzw. Kontrast entsprechend den subjektiven Bedürfnissen nachzuregeln bzw. sich mit der Tastatur vertraut zu machen. Wenn die Vp keine weiteren Fragen zur Durchführung hatte, entfernte sich der Vl und die Experimentalphase begann. Die Vp forderte über die Tastatur eine Leseinstruktion, danach eine Textversion an und las diese. Nachdem sie die Textrezeption beendet hatte, gab ihr der Vl den Bogen für die Verständlichkeitsbeurteilung. Als nächstes wurde die Vp gebeten, sich wieder dem Bildschirm zuzuwenden und die Instruktion für den Fragenkatalog zu lesen. Wenn keine weiteren Fragen zum Ablauf gestellt wurden, übergab der Vl den Antwortbogen und entfernte sich wieder. Die Vp begann dann, über die Tastatur einzelne Fragen anzufordern. Nachdem die Vp diese Aufgabe erledigt hatte, wurde sie vom Vl an einen freien Tisch geführt, wo ihr die Instruktion, die Textunterlagen und das Material für die eigenen Markierungen übergeben wurden. Die Dauer eines Versuchsdurchganges betrug ca. 35 Minuten. Danach schloß sich ein kurzes Gespräch mit der Vp über den Zweck des Experiments bzw. über eventuelle subjektive Auffälligkeiten während des Versuches an.

5. Resultate

5.1 Effekte der unabhängigen Variablen Leseintention und Markierungsversion auf die Lesezeit

Die errechneten Zellmittelwerte für die abhängige Variable Lesezeit (in Minuten) sind in Tabelle 1 zusammengestellt.

	Textversionen					Gesamt
	Neutral	4%	12%	12%RND	36%	
"Orientieren"	4.61	4.32	3.85	4.33	2.92	4.00
"Verstehen"	5.25	5.00	4.80	5.74	4.70	5.10
"Behalten"	6.24	5.49	5.50	6.32	5.68	5.85
Gesamt	5.36	4.93	4.71	5.46	4.43	

Tab.1: Arithmetische Zellmittelwerte für die Lesezeit in Minuten differenziert nach drei Leseintentionen und fünf Textversionen

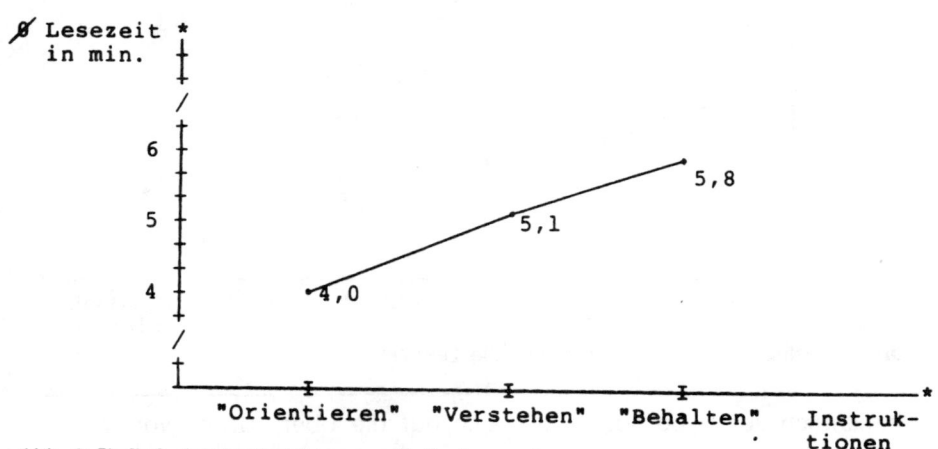

Abb. 1: Einfluß der Instruktionen auf die Lesezeit

Die zweifache Varianzanalyse brachte folgende Ergebnisse: Der Haupteffekt des Zeilenfaktors (Instruktionen) ist sehr signifikant ($F_{2,45}$ = 63.44, p < 0.01). Der Haupteffekt des Spaltenfaktors (Textversionen) ist ebenfalls sehr signifikant ($F_{4,45}$ = 8.3, p < 0.01). Es existiert keine signifikante Interaktion zwischen diesen beiden Faktoren. Die

Analyse der Einzelvergleiche (Newman-Keuls-Test) für den Effekt der Instruktionen brachte die folgenden Ergebnisse: Alle drei Instruktionen unterscheiden sich signifikant in ihren Auswirkungen auf die Lesezeit. Die Dauer der Lesezeit nimmt über die Reihenfolge der Instruktionen zu (Orientieren < Verstehen < Behalten). In Abbildung 1 werden diese Resultate graphisch dargestellt.

Die Analyse der Einzelvergleiche für den Effekt der Textversionen zeigte die folgenden Ergebnisse: Die Textversionen 36% und 12%, sowie die Versionen 12% und 4% wie auch die Version 12%-RND und die Neutralversion unterscheiden sich jeweils nicht signifikant voneinander. Die Textversionen 36% und 4% unterscheiden sich signifikant voneinander. Die Textversionen 36%, 12% und 4% unterscheiden sich signifikant von der Neutralversion bzw. 12%-RND-Version. Die kürzeste Lesezeit gegenüber der Neutralversion erreichte die 36% Version (36% < 12% < 4% < N < 12%-RND). Abbildung 2 stellt diese Resultate graphisch dar.

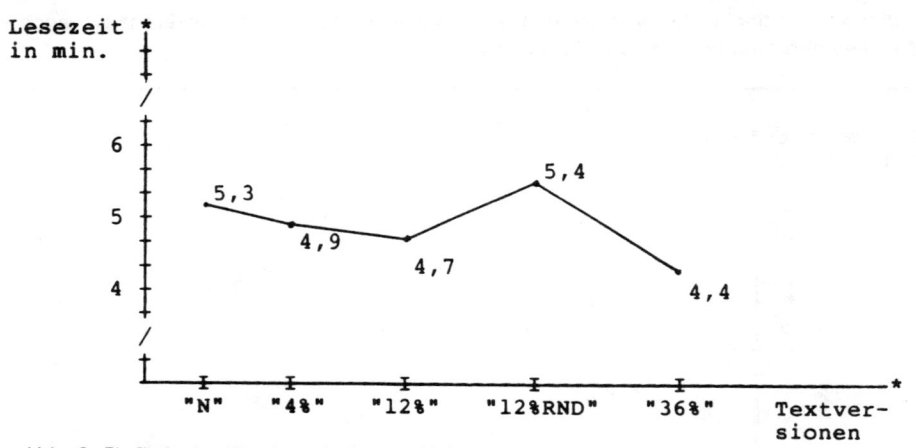

Abb. 2: Einfluß der Textversionen auf die Lesezeit

Hinsichtlich der Hypothesen, die sich auf die Überprüfung von Wirkungen im Perzeptionsaspekt bezogen, bedeuten diese Ergebnisse, daß die Hypothesen (H1) und (H2) angenommen werden können.

5.2 Effekte der unabhängigen Variablen Leseintention und Markierungsversion auf die Verständlichkeitsbeurteilung

Die errechneten Zellmittelwerte für die abhängige Variable Verständlichkeitsbeurteilung (in Punkten) sind in der Tabelle 2 zusammengestellt.

	Textversionen					Gesamt
	Neutral	4%	12%	12%RND	36%	
"Orientieren"	5.5	5.5	6.5	4.5	7.0	5.8
"Verstehen"	5.0	6.5	7.5	4.5	6.5	6.0
"Behalten"	6.0	6.0	7.0	4.0	7.0	6.0
Gesamt	5.5	6.0	7.0	4.3	6.8	

Tab.2: Arithmetische Zellmittelwerte für die Verständlichkeitsbeurteilung in Punkten differenziert nach drei Leseintentionen und fünf Textversionen

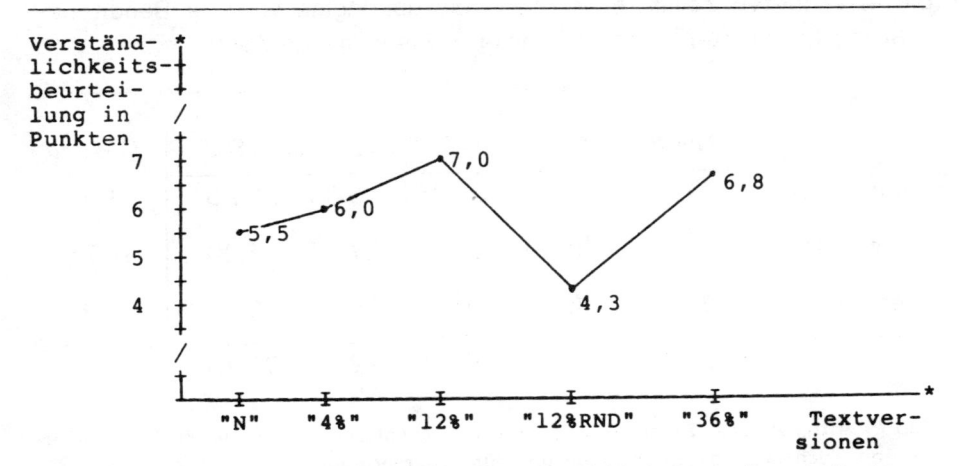

Abb. 3: Einfluß der Textversionen auf die Verständlichkeitsbeurteilung in Punkten

Die zweifache Varianzanalyse brachte folgende Ergebnisse: Der Haupteffekt des Zeilenfaktors (Instruktionen) ist nicht signifikant. Der Haupteffekt des Spaltenfaktors (Textversionen) ist sehr signifikant ($F_{4,45}$ = 9.93, $p < 0.01$). Es existiert keine signifikante Interaktion zwischen diesen beiden Faktoren. Die Analyse der Einzelvergleiche für die Effekte der Textversionen brachte die folgenden Ergebnisse: Die

Textversion 4% und die Neutralversion unterscheiden sich nicht signifikant voneinander, die 12% und die 36% Version ebenfalls nicht. Die Textversionen 12%, 36%, 4% und die Neutralversion unterscheiden sich signifikant von der 12%-RND Version. Die Textversionen 12% und 36% unterscheiden sich signifikant von der 4% bzw. von der Neutralversion. Die beste Verständlichkeitsbeurteilung erhielt die 12% Version (12% > 36% > 4% > N.) Eine signifikant schlechtere Verständlichkeitsbeurteilung gegenüber der Neutralversion erhielt die 12%-RND Version. In Abbildung 3 werden diese Resultate graphisch dargestellt.

Hinsichtlich der Hypothesen, die sich auf die Überprüfung von Wirkungen im Verständnisaspekt bezogen, bedeuten diese Ergebnisse, daß die Hypothese (H4) angenommen werden kann und die Hypothese (H6) zurückgewiesen werden muß.

5.3 Effekte der unabhängigen Variablen Leseintention und Markierungsversion auf die Behaltensleistung

Die errechneten Zellmittelwerte für die abhängige Variable Behaltensleistung (in Punkten) sind in Tabelle 3 zusammengestellt.

	Textversionen					Gesamt
	Neutral	4%	12%	12%$_{RND}$	36%	
"Orientieren"	21.75	17.25	31.75	15.00	23.25	21.80
"Verstehen"	29.75	31.50	39.75	27.75	35.00	32.75
"Behalten"	36.75	36.75	40.25	25.75	40.00	35.90
Gesamt	29.41	28.50	37.25	22.83	32.75	

Tab.3: Arithmetische Zellmittelwerte für die Behaltensleistung in Punkten, differenziert nach drei Leseintentionen und fünf Textversionen

Die zweifache Varianzanalyse brachte folgende Ergebnisse: Der Haupteffekt des Zeilenfaktors (Instruktionen) ist sehr signifikant ($F_{2,45}$ = 36.86, $p < 0.01$). Der Haupteffekt des Spaltenfaktors (Textversionen) ist sehr signifikant ($F_{4,45}$ = 11.50, $p < 0.01$). Es existiert keine signifikante Interaktion zwischen diesen beiden Faktoren. Die Analyse der Einzelvergleiche für den Effekt der Instruktionen brachte die folgenden Ergebnisse: Alle drei Instruktionen unterscheiden sich signifikant in ihren Auswirkungen auf die Behaltensleistung. Die Höhe der Behaltensleistung nimmt über die Reihenfolge der Instruktionen zu (Orientieren < Verstehen < Behalten). Abbildung 4 veranschaulicht diese Resultate graphisch.

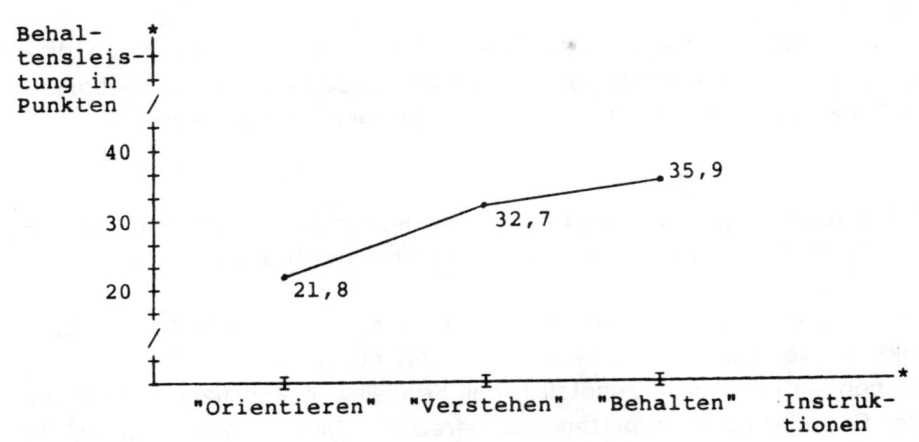

Abb. 4: Einfluß der Instruktionen auf die Behaltensleistung in Punkten

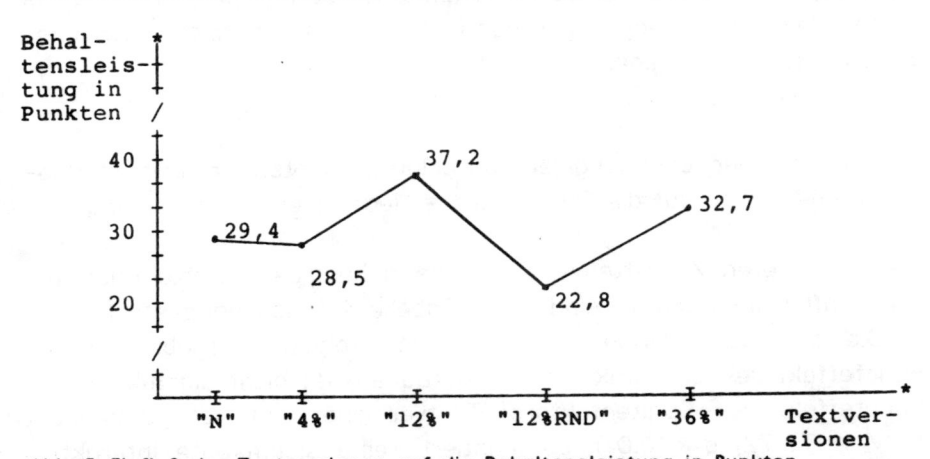

Abb. 5: Einfluß der Textversionen auf die Behaltensleistung in Punkten

Die Analyse der Einzelvergleiche für den Effekt der Textversionen brachte die folgenden Ergebnisse: Die Textversion 4% und die Neutralversion sowie die Neutralversion und die 36% Version unterscheiden sich jeweils nicht signifikant voneinander. Die Textversionen 12%, 36%,

4% und die Neutralversion unterscheiden sich signifikant von der 12%-RND Version. Die Textversionen 12%, 36% und 4% unterscheiden sich untereinander signifikant. Die höchste Behaltensleistung erzielte die 12% Version (12% > 36% > N > 4% > 12%-RND). Eine signifikant niedrigere Behaltensleistung gegenüber der Neutralversion erzielte die 12%- RND Version. Abbildung 5 veranschaulicht diese Resultate graphisch.

Hinsichtlich der Hypothesen, die sich auf die Überprüfung von Wirkungen im Verstehensaspekt bezogen, bedeuten diese Ergebnisse, daß die Hypothesen (H3) und (H5) angenommen werden können.

5.4 Bestimmung des Maßes der Übereinstimmung der abhängigen Variablen Verständlichkeitsbeurteilung und Behaltensleistung

Um festzustellen, inwieweit eine Parallelität der Ergebnisse von subjektiver Verständlichkeitsbeurteilung und objektiver Behaltensleistung vorhanden ist, wurde zusätzlich der Kendellsche Koeffizient (Tau) auf der Grundlage der Zellmittelwerte berechnet. Dieser Koeffizient für die Geordnetheit der Bezugsreihe (hier: Verständlichkeitsbeurteilung) mit der Vergleichsreihe (hier: Behaltensleistung) beträgt T = 0.8; d.h. es besteht ein relativ enger gleichgerichteter Zusammenhang zwischen diesen beiden abhängigen Variablen.

5.5 Effekte der unabhängigen Variablen Leseintention und Markierungsversion auf die Quantität des "learner generated cueing"

Die errechneten Zellmittelwerte für die abhängige Variable quantitativer Einfluß (in Wörtern) sind in der Tabelle 4 zusammengestellt.

Die zweifache Varianzanalyse brachte folgende Ergebnisse: Der Haupteffekt des Zeilenfaktors (Instruktionen) ist nicht signifikant. Der Haupteffekt des Spaltenfaktors (Textversionen) ist sehr signifikant ($F_{4,45}$ = 173.72, p < 0.01). Es existiert keine signifikante Interaktion zwischen diesen beiden Faktoren. Die Analyse der Einzelvergleiche für den Effekt der Textversionen brachte die folgenden Ergebnisse: Die Textversionen 4% und 12%-RND unterscheiden sich nicht signifikant voneinander. Die Textversionen 12%, 36% und die Neutralversion unterscheiden sich sowohl untereinander signifikant als auch signifi-

	Textversionen					
	Neutral	4%	12%	12%RND	36%	Gesamt
"Orientieren"	161.0	79.0	214.5	86.5	194.8	147.2
"Verstehen"	153.5	77.8	218.0	82.0	203.3	146.9
"Behalten"	157.5	86.8	217.0	78.0	197.3	147.3
Gesamt	157.3	81.1	216.5	82.1	198.4	

Tab.4: Arithmetische Zellmittelwerte für die Quantität des "learner generated cueing" differenziert nach drei Leseintentionen und fünf Textversionen

kant von der 12%-RND Version. Die höchste Quantität "learner generated cueing" entfiel auf die 12% Version (12% > 36% > N > 12%-RND > 4%). Auf die 4% und die 12%-RND Versionen entfielen signifikant geringere Markierungsmengen als auf die Neutralversion. Abbildung 6 veranschaulicht diese Resultate graphisch.

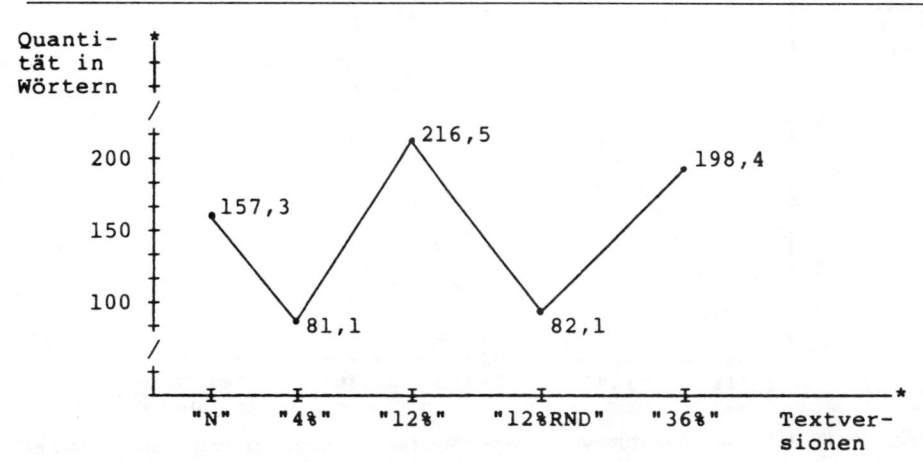

Abb. 6: Einfluß der Quantität von "experimenter provided cueing" auf "learner generated cueing" in Wörtern

Hinsichtlich der Hypothesen, die sich auf die Überprüfung von Wirkungen im Lenkungsaspekt bezogen, bedeuten diese Ergebnisse, daß die Hypothese (H7) angenommen werden kann und die Hypothese (H9) schon teilweise zurückgewiesen werden muß.

5.6 Effekte der unabhängigen Variablen Leseintention und Markierungsversion auf die Qualität des "learner generated cueing"

Die errechneten Zellmittelwerte für die abhängige Variable qualitativer Einfluß (in Wörtern) sind in Tabelle 5 zusammengestellt.

	Textversionen					
	Neutral	4%	12%	12%RND	36%	Gesamt
"Orientieren"	-----	9.25	41.00	4.75	62.75	29.44
"Verstehen"	-----	10.00	43.50	5.00	62.00	30.13
"Behalten"	-----	9.25	39.75	3.50	62.25	28.68
Gesamt	-----	9.50	41.42	4.42	62.33	

Tab.5: Arithmetische Zellmittelwerte für die Qualität des "learner generated cueing", differenziert nach drei Leseintentionen und fünf Textversionen

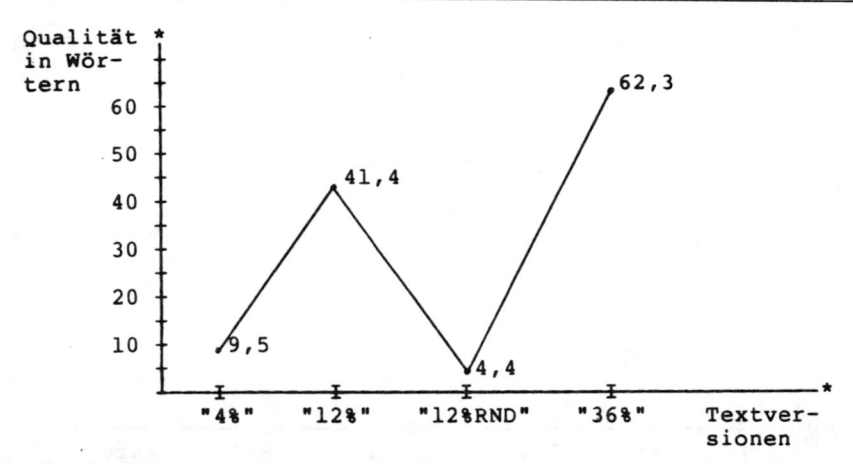

Abb. 7: Einfluß der Qualität von "experimenter provided cueing" auf "learner generated cueing" in Wörtern

Die zweifache Varianzanalyse brachte folgendes Ergebnis: Der Haupteffekt des Zeilenfaktors (Instruktionen) ist nicht signifikant. Der Haupteffekt des Spaltenfaktors (Textversionen) ist sehr signifikant ($F_{3,36}$ = 258.16, p < 0.01). Es existiert keine signifikante Interaktion zwischen diesen beiden Faktoren. Die Analyse der Einzelvergleiche für den Effekt der Textversionen brachte die folgenden Ergebnisse: Alle Textversionen unterscheiden sich signifikant voneinander. Die höchste

Qualität "learner generated cueing" entfiel auf die 36% Version (36% > 12% > 4% > 12%-RND). Abbildung 7 veranschaulicht diese Resultate graphisch.

Hinsichtlich der Hypothesen, die sich auf die Überprüfung von Wirkungen im Lenkungsaspekt bezogen, bedeuten diese Ergebnisse, daß die Hypothese (H8) angenommen werden kann und die Hypothese (H9) vollständig zurückgewiesen werden muß.

5.7 "Learner generated cueing" - ein "Idealtext"

Als abschließendes Ergebnis zum Lenkungsaspektes von makrotypographischen Markierungen sei nun eine Markierungstruktur vorgestellt, die sich aus denjenigen Wörtern zusammensetzt, die mehr als 30 mal markiert wurden, d.h. aus Wörtern, die von über 50% der Vpn markiert wurden. Die Quantität der Markierung in diesem Text liegt bei 11.11% (= 71 Wörter) vom Gesamtumfang. 29 übereinstimmende Markierungen mit unserer 12% Version konnten festgestellt werden, das sind 40.84% an identischen Markierungen zwischen diesen beiden Textversionen.

"Learner generated cueing" - Ein "Idealtext" (Ausschnitt)

Die Psycholinguistik verbindet das theoretische und empirische Werkzeug von **Psychologie** und **Linguistik**; ihr Ziel ist die **Erforschung** der **geistigen Prozesse**, die dem **Erwerb und Gebrauch der Sprache** zugrundeliegen. Es handelt sich hier also um einen wirklich interdisziplinären Wissenschaftsbereich. **Linguisten** bemühen sich um die Beschreibung eines wichtigen Teils menschlichen Wissens, nämlich der **Struktur der Sprache**. Diese Struktur umfaßt **Sprechlaute** und **Bedeutungen** sowie das komplexe **Grammatiksystem**, das Laute und Bedeutungen miteinander in Beziehung setzt. **Psychologen** dagegen wollen wissen, wie Kinder sich solche Systeme **aneignen** und wie solche Systeme **funktionieren**, wenn Individuen tatsächlich Sätze artikulieren und verstehen.

---

6. Diskussion

Die allgemeine Fragestellung des Experiments lautete: Haben makrotypographische Markierungen in Abhängigkeit von unterschiedlichen Leseintentionen einen Einfluß auf die Textverarbeitung? Und die allgemeine Antwort, die sich aus den Resultaten der Untersuchungen ergibt, lautet: Ja, makrotypographische Markierungen haben einen Einfluß auf die Verarbeitung von Textmaterial! Nur ist dieser Einfluß im einzelnen - wie aus den Resultaten zu ersehen ist - recht unterschiedlich. Aus diesem Grunde sollen diese Ergebnisse nun vor dem Hintergrund der in dieser Arbeit vorgenommenen Erörterungen detailliert interpretiert werden.

6.1. Effekte im Wirkungsaspekt der Perzeption

Einfluß der Leseintentionen auf die Lesezeit. Die drei variierten Leseintentionen "Orientieren", "Verstehen" und "Behalten" führten zu signifikant verschiedenen Lesezeiten, wobei die Leseintention "Orientieren" die kürzesten, und die Leseintention "Behalten" die längsten Lesezeiten evozierte. Dieses Ergebnis bedeutet, daß die situativ operationalisierten Leseinstruktionen entsprechende Lesezielsetzungen auslösten, daß diese Leseintentionen offenbar als typische Lese- "Schemata" in dieser Zielgruppe vorliegen und daher durch entsprechende Instruktionen aktiviert werden können. Auch in diesem Versuch erwiesen sich "Zielsetzungen / Leseintentionen" wiederum als äußerst einflußreiche Leservariablen, wie es bereits öfters in der Literatur dokumentiert wurde. Damit läßt sich dieses Ergebnis problemlos in eine Reihe mit den Resultaten der Experimente von Schwarz-Türler (1980) und Kegel et al. (1985) stellen. Beide konnten nachweisen, daß experimentell induzierte Leseintentionen Auswirkungen auf die Lesezeit haben. Schwarz-Türler (1980) variierte zwei Ausprägungen von Leseintentionen, nämlich Verständlichkeitsbeurteilung versus Erinnerungsprotokoll und erhielt für die letztere Instruktion signifikant längere Lesezeiten als für die erstere. Bei Kegel et al. (1985) zeigte sich ein signifikanter Unterschied zwischen den Leseinstruktionen "einmaliges Lesen des Textes" und "aufmerksames Lesen des Textes mit Hinweis auf einen Behaltenstest" in der Art, daß die letztere zu einer signifikant längeren Lesezeit führte.

Einfluß der Textversionen auf die Lesezeit. Die Textversionen 4%, 12% und 36% führen zu einer signifikant kürzeren Lesezeit gegenüber der Neutral- bzw. 12%-RND Version. Dabei unterscheiden sich die 4% und die 36% Version untereinander signifikant, während die 4% und die 12%, sowie die 12% und die 36% Version sich nicht signifikant voneinander unterscheiden. Dieses Ergebnis bedeutet einerseits, daß Markierungen, die nach den weiter oben genannten methodisch-systematischen Überlegungen angebracht werden, zu einer signifikant kürzeren Lesezeit führen und damit die These gestützt wird, daß Markierungen zur Optimierung der operativen Abläufe von Lesestrategien (i.e. Informationsselektion und -organisation) beitragen können. Andererseits bedeutet es, daß unsystematische Markierungen (12%-RND Version) diesen Effekt nicht hervorrufen, weil sie bezüglich der Optimierung von operativen Abläufen von Lesestrategien kontraproduktiv wirken. Zudem zeigte sich, daß die Effekte auf die Lesezeit von Faktoren abhängen, die ansatzweise von unserer methodischen Unterscheidung zwischen der Ebene der Mikro- und Makromarkierung bzw. der verschiedenen dominanten Funktionen von Markierungen erfaßt werden. Besonders bei der Leseintention "Orientieren" führte die Ebene der Makromarkierung zu einer massiven Verkürzung der Lesezeit und stärkt damit die These einer unterschiedlichen Funktionalität von Verteilungsebenen und Funktionsverwendungen (signifikanter Unterschied zwischen der 4% und der 36% Version), ebenso die These, daß quantitative Variation einen Markierungseffekt tendenziell beeinflussen kann. Von zehn in der Literaturübersicht erwähnten Experimenten konnte nur in einer Untersuchung, nämlich Williams (1963), eine signifikante Erhöhung der Lesegeschwindigkeit in der markierten Textversion beobachtet werden. Dieses Übergewicht an neutralen Ergebnissen kann meines Erachtens auf zwei Gründe zurückgeführt werden: Erstens kann durch eine unsystematische und uneinheitliche Auswahl der Markierungsitems der Effekt neutralisiert werden (siehe 12%-RND Version), und zweitens ist unsere Methode der rechnergesteuerten Textdarbietung in Verbindung mit einer programmierten Uhr wesentlich exakter in der Lesezeitbestimmung als die - teilweise sehr groben - in der Literatur angewandten Methoden der Lesezeitmessung. Und mit einem genaueren Meßinstrument können natürlich auch leichter Differenzen erfaßt werden, was dann einen leichteren Signifikanzerweis zur Folge haben kann.

6.2 Effekte im Wirkungsaspekt des Verstehens/Verständnisses

Einfluß der Textversionen auf die Verständlichkeitsbeurteilung. Die Versionen 12% und 36% werden signifikant als "verständlicher" eingeschätzt als die Neutral- bzw. 4% Version. Die 12%-RND Version wird signifikant als "unverständlicher" eingeschätzt als die Neutralversion. Dieses Ergebnis bedeutet, daß Markierungen, die nach den weiter oben genannten methodisch-systematischen Überlegungen angebracht werden, zu einer signifikant besseren Verständlichkeitseinschätzung führen und somit die These an Relevanz gewinnt, daß Markierungen durch ihre metasemantische Betonungsfunktion und ihre kognitive Strukturierungsfunktion es dem Rezipienten subjektiv erleichtern, die linguistische Struktur eines Textes zu entziffern. Durch den signifikanten Unterschied zwischen der 4% und der 12% Version gewinnt auch die These an Gewicht, daß quantitative Variation einen Markierungseffekt beeinflussen kann. Auch zeigt sich hier, daß unsystematische Markierungen (12%-RND Version) es dem Rezipienten eher erschweren, die linguistische Struktur eines Textes zu "entziffern", was sich in einer signifikant schlechteren Verständlichkeitsbeurteilung niederschlägt. Dieses positive Untersuchungsergebnis läßt sich in eine Reihe stellen mit den Resultaten von Dearborn, Johnston & Carmichael (1949, 1951), deren Vpn markierte Textversionen bezüglich ihrer Verständlichkeit signifikant bevorzugten. Auch Gerlach & Hofer (1973) und Doerfert (1980) berichten von tendenziell besseren Einschätzungen hinsichtlich der Verständlichkeit bei ihren markierten Versionen.

Einfluß der Leseintentionen auf die Verständlichkeitsbeurteilung. Hier zeigte sich entgegen der Hypothese kein signifikanter Effekt. Ein möglicher Grund für dieses Ergebnis könnte am verwendeten Textmaterial festgemacht werden. Denn ein Einleitungstext in einer Einführung wendet sich ja seiner Funktion nach an den "unwissenden" Leser und ist daher formal und inhaltlich einfach aufgebaut, so daß offenbar selbst beim kursorischen Lesen keine Verständnisprobleme auftreten. Bei anspruchsvolleren Texten müßte sich meiner Meinung nach hier ein Effekt der Instruktionen bemerkbar machen, da hier die Intensität, mit der sich ein Leser den Inhalt anzueignen versucht, darüber entscheidet, ob er ein Verständnis dessen aufbauen kann, was der Autor meint.

Einfluß der Leseintentionen auf die Behaltensleistung. Die drei variierten Leseintentionen "Orientieren", "Verstehen" und "Behalten" führten zu signifikant unterschiedlichen Behaltensleistungen dergestalt, daß die Leseintention "Orientieren" die niedrigste, und die Leseintention "Behalten" die höchste Behaltensleistung evozierte. Für dieses Ergebnis gelten in erster Linie dieselben Bemerkungen, die schon zum Einfluß der Intentionen auf die Lesezeit gemacht wurden. Dieses Resultat läßt sich wiederum in eine Reihe mit den Ergebnissen der Experimente von Schwarz-Türler (1980) und Kegel et al. (1985) stellen. Beide konnten nachweisen, daß experimentell induzierte Leseintentionen Auswirkungen auf die Behaltensleistung haben. Schwarz-Türler (1980) variierte zwei Ausprägungen von Leseintentionen, nämlich Verständlichkeitsbeurteilung versus Erinnerungsprotokoll, und erhielt für die letztere Instruktion eine signifikant höhere Behaltensleistung als für die erstere. Bei Kegel et al. (1985) zeigte sich ein signifikanter Unterschied zwischen den Leseinstruktionen "einmaliges Lesen des Textes" und "aufmerksames Lesen des Textes mit Hinweis auf einen Behaltenstest" in der Art, daß die letztere zu einer signifikant höheren Behaltensleistung führte.

Einfluß der Textversionen auf die Behaltensleistung. Die 12% Version führte zu einer signifikanten Steigerung der absoluten Behaltensleistung, die 12%-RND Version zu einem signifikanten absoluten Rückgang der Behaltensleistung. Die Versionen 4% und 36% unterschieden sich nicht signifikant von der Neutralversion. Durch den signifikanten Unterschied zwischen der 4% und der 12% Version wird die These weiter gestärkt, daß quantitative Variation einen Markierungseffekt beeinflussen kann; ferner wird die These einer unterschiedlichen Funktionalität der Verteilungsebenen und Funktionsverwendungen durch den signifikanten Unterschied zwischen der 12% und der 36% Version gestützt. Auch zeigte sich, daß unsystematische Markierungen (12%-RND) einen negativen Effekt auslösen, weil sie ihre Funktion der kognitiven Strukturierungshilfe nur kontraproduktiv "erfüllen". Im übrigen bewährten sich auch an dieser Stelle "offene Fragen" als sensible und valide Methode der Behaltensleistungsmessung.

Dieses Ergebnis nun repräsentiert in sich die Gesamtheit aller bisherigen Resultate zur Behaltensleistung: Sowohl trat in einer Markierungsversion ein signifikanter absoluter Anstieg der Behaltensleistung auf - wie in elf weiter oben erwähnten Experimenten - als auch traten in zwei Markierungsversionen Effekte bezüglich der relativen Veränderung der Behaltensleistung (= Item-bezogene Steigerung) auf - wie in sechs der erwähnten Untersuchungen. Und nicht zuletzt konnte bei einer Markierungsversion ein signifikanter Rückgang der Behaltensleistung beobachtet werden, wie ihn Rickhards & Denner (1979) von ihrem Versuch berichten. Dies zeigt überdeutlich, daß Markierungseffekte auf die Behaltensleistung ein äußerst sensibles Phänomen sind, das von einer Vielzahl von Faktoren bestimmt wird. Wie weiter oben bereits angeführt, kann hier erneut festgestellt werden, daß der Verweis auf den von-Restorff-Effekt keine ausreichende theoretische Grundlage für die Erklärung von Markierungseffekten auf die Behaltensleistung darstellt. Denn sowohl der Effekt des absoluten Anstiegs als auch der des absoluten Rückgangs der Behaltensleistung bei zwei der Markierungsversionen kann mit dem von-Restorff-Effekt nicht erklärt werden.

Als theoretischen Hintergrund für den absoluten Anstieg der Behaltensleistung in der 12% Version bietet sich unsere Funktionsbestimmung von Markierungen im Modell von Kintsch et al. an, nämlich daß Markierungen auf der Ebene der Mikromarkierung zur Auswahl von markierten Mikropropositionen für den Aufbau der Makrostruktur führen. Und diese solchermaßen kognitiv strukturierte Makrostruktur sollte eine Erhöhung der Behaltensleistung nach sich ziehen. Dieser These widerspricht jedoch - leider - das Resultat, daß auf der Ebene der Makromarkierung ein absoluter Behaltensleistungszuwachs nicht zu beobachten war, obwohl er hier ebenso deutlich hätte ausfallen müssen.

Was den Effekt des absoluten Rückgangs der Behaltensleistung in der 12%-RND Version angeht, so erscheint es plausibel, ihn darauf zurückzuführen, daß die Vpn eine sinnvolle kognitive Struktur zunächst aus der RND-Struktur heraus rekonstruieren mußten. Ein Vorgang, der zweifellos ein erhebliches Maß an kognitiver Kapazität besetzt, die dann für eventuelle Speicheraufgaben fehlt. Hier zeigt sich im übrigen auch wieder, daß eine der Voraussetzungen für eine positive Wirkungsentfaltung von makrotypographischen Markierungen die ist, daß die vorgenommenen Markierungen eine einheitliche und sinnvolle Betonungs- bzw. Strukturierungstendenz aufweisen. Positiv jedoch gilt es zu vermerken, daß der Verständlichkeitseindruck der Vpn mit ihren Behaltensleistungen gleichgerichtet konform geht, wie der Wert von 0.8 des Kendellschen Koeffizienten anzeigt: Die 12% Version erreichte sowohl die maximale Verständlichkeitsbeurteilung wie auch die maximale Behaltensleistung. Die 12%-RND Version wiederum evozierte die geringste Behaltensleistung und wurde als am wenigsten verständlich eingeschätzt.

6.3 Effekte im Wirkungsaspekt der Lenkung

Einfluß der Textversionen auf die Quantität des "learner generated cueing". Die 12% und die 36% Version evozierten eine signifikant höhere Quantität an Markierungen als die Neutralversion. Die 4% und die 12%-RND Version führten zu einer signifikant geringeren Quantität an Markierungen gegenüber der Neutralversion. Durch den signifikanten Unterschied zwischen der 4% und der 12% Version wird die These weiter gestärkt, daß quantitative Variation einen Markierungseffekt beeinflussen kann. Weiterhin zeigte sich auch hier, daß unsystematische Markierungen (12%-RND) wiederum einen negativen Effekt auslösen, weil sie ihre Funktion der kognitiven Strukturierungshilfe kontraproduktiv "erfüllten" und damit dem Rezipienten Markierungen als eher störend vor Augen führten, was sich in einer geringeren eigenen Markierungstätigkeit niederschlägt. Andererseits regen methodisch durchdachte Markierungen durch ihre metasemantische Betonungsfunktion und ihre kognitive Strukturierungsfunktion den Rezipienten dazu an, selbst in vermehrtem Maße mit Markierungen zu arbeiten, da sie ihm als hilfreich erschienen, die linguistische Struktur eines Textes zu entziffern. Auch zeigte sich, daß es offenbar eine Obergrenze (hier ca. 33.9% vom Gesamttext) und eine Untergrenze (hier ca. 12.6%) für die Quantität der Markierungen gibt, welche Rezipienten vornehmen und, daß diese Grenzen bestimmen, in welchem prozentualen Ausmaß Quantitätsveränderungen stattfinden (hier z.B. bei 4% = 3.1-fache, 12% = 2.7-fache, 12%-RND = 1.05-fache und 36% Version = 0.8-fache Quantitätssteigerung). Interessant hierbei ist auch, daß die quantitativen Effekte parallel zur Verständlichkeitseinschätzung auftreten, d.h. diejenigen Versionen, die als besonders verständlich eingeschätzt wurden, evozierten auch - absolut gesehen - die meisten Markierungen.

Effekte der Textversionen auf die Qualität des "learner generated cueing". Die 4%, 12% und 36% Versionen unterscheiden sich signifikant untereinander, wie auch signifikant von der 12%-RND Version, in der Art, daß auf die 36% Version absolut die meisten qualitativen Übereinstimmungen entfielen. Durch den signifikanten Unterschied zwischen der 4% und der 12% Version (36.5% bzw. 53.1% übereinstimmende Markierungen) gewinnt die These weiter an Plausibilität, daß quantitative Variation einen Markierungseffekt beeinflussen kann. Durch den signifikanten Unterschied zwischen der 12% und der 36% Version (53.1% bzw. 26.8% übereinstimmende Markierungen) wird wiederum die These einer unterschiedlichen Funktionalität der Verteilungsebenen und Funktionsverwendungen unterstützt. Auch zeigte sich hier, daß unsystematische Markierungen (12%-RND) einen negativen Effekt auslösen, weil sie ihre Funktion der kognitiven Strukturierungshilfe kontraproduktiv "erfüllen" (5.64% an übereinstimmenden Markierungen). Ebenfalls zeigte sich eine Parallele zwischen Verständlichkeitseinschätzung und qualitativem Effekt, d.h. diejenigen Versionen, die als besonders verständlich eingeschätzt wurden, evozierten auch absolut die höchste Menge an qualitativen Übereinstimmungen. Insgesamt zeigte sich, daß methodisch durchdachte Markierungen durch ihre metasemantische Betonungsfunktion und ihre kognitive Strukturierungsfunktion den Rezipienten dazu führen, diese Markierungstruktur zu übernehmen. Das heißt, daß subjektive Bedeutungsschwerpunkte, die der Autor markiert, auch in der kognitiven Struktur des Rezipienten eine herausragende Rolle spielen.

Einfluß der Leseintentionen auf die Quantität und Qualität des "learner generated cueing". Ebenso wie bei der Verständlichkeitsbeurteilung konnte hier kein Effekt der Instruktionen festgestellt werden. Die Frage zu klären, ob und wie Leseintentionen Markierungsverhalten beeinflussen können, ist Aufgabe eines Experiments, das die Erforschung von Variablen zum "learner generated cueing" in den Mittelpunkt stellt. Da unser Ansatz das "experimenter provided cueing" war, sei dieser Punkt hier nicht weiter ausgeführt.

7. Abschluß und Ausblick

Am Ende dieser Arbeit sei es erlaubt, ein Resümee über die Relevanz einiger grundsätzlicher Gedanken zu ziehen. Erstens hat sich auch in unserem Experiment bestätigt, daß der von-Restorff-Effekt nicht als theoretische Grundlage ausreicht, um die Wirkung von makrotypographischen Markierungen auf die Behaltensleistung vorauszusagen.

Zweitens hat sich gezeigt, daß die Kritik an der Fixierung der bisherigen Forschung auf den Wirkungsaspekt des Verstehens/Verständnisses mit der Dimension Behaltensleistung berechtigt war, denn eindeutigere Effekte von Markierungen als hinsichtlich der Behaltensleistung ergaben sich bezüglich des subjektiven Eindrucks von der Verständlichkeit von Texten und im Perzeptionsaspekt bezüglich der Wirkungsdimension Lesezeit. Das überraschendste Ergebnis zeigte sich in dem neuen Wirkungsaspekt der Lenkung. Hier traten sowohl quantitative als auch qualitative Effekte in einer Stärke auf, die so nicht zu erwarten waren.

Drittens zeigte sich, daß die im theoretischen Teil vorgenommenen methodischen Bestimmungsversuche nicht nur eine deskriptive, sondern auch eine funktionale Relevanz besitzen. Auch die Vermutung einer unterschiedlichen Funktionalität konnte sowohl für die Markierungsebenen als auch für die verschiedenen Markierungsfunktionen, die diesen Ebenen dominant zugeordnet wurden, erhärtet werden; ebenso die Vermutung, daß die quantitative Variation einen Einfluß darauf besitzt, wie stark sich Wirkungen von makrotypographischen Markierungen entwickeln. Unsere Funktionsdefinition von makrotypographischen Markierungen als einerseits metasemantische Betonungsfunktion und andererseits als kognitive Strukturierungsfunktion hat sich sichtlich bewährt. In diesem Zusammenhang sei nochmals darauf hingewiesen, daß Markierungen nicht primär von linguistischen Funktionen bestimmt werden, sondern von kommunikativen Zielen als der Entscheidungsinstanz, die relative Wahlmöglichkeiten der Markierung eröffnet. Die 12% Version erwies sich vor der 36% Version insgesamt als die erfolgreichste und positiv wirkungsvollste Markierungsversion, also eine Markierung auf der Ebene der Mikromarkierung mit der Dominanz von Akzentuierungs- und Differenzierungsfunktion in einer mittleren quantitativen Ausprägung.

Viertens ergab die Einbettung in den Rahmen der Text-Leser-Interaktion, daß makrotypographische Markierungen offenbar in hohem Maße Lesestrategien beeinflussen können. Ein klares Ergebnis hinsichtlich des Einflußes von Markierungen auf die Bildung von Makrostrukturen nach dem Modell von Kintsch et al. konnte im Experiment nicht erreicht werden: Markierungen auf der Ebene der Makromarkierung scheinen ihre Funktion, nämlich zur Bildung der Makrostruktur beizutragen, weniger gut zu erfüllen als die auf der Ebene der Mikromarkierung. Dieser Ansatz müßte also noch weiter überprüft werden. Die Bestimmung der Funktion von Markierungen im Rahmen der Text-Leser-Interaktion läßt sich trotzdem aufrechterhalten.

Fünftens seien dem typographischen Praktiker die Ergebnisse der 12%-RND Version ans Herz gelegt, damit er sich die möglichen negativen Konsequenzen von unüberlegt angebrachten makrotypographischen Markierungen vor Augen halten kann.

Sechstens zeigte sich, daß sämtliche Operationalisierungen (incl. der Operationalisierung der typographischen Klasse in der Markierungsform "Fettdruck/ bold") dem Untersuchungsgegenstand angemessen waren und sich als funktional erwiesen. Die Resultate verweisen in diesem Zusammenhang auf eine hohe Reliabilität der Meßmethoden und ihre sich gegenseitig stützenden Ergebnisse auf eine hohe Validität in der Erfassung der Wirkungen.

Eine der weiter oben erhobenen theoretischen Forderungen war, daß in Zukunft mit Hilfe einer Vielfalt von experimentellen Designs die möglichen Wirkungsaspekte von makrotypographischen Markierungen untersucht werden sollten, um designabhängige Ergebnistendenzen kontrollieren zu können. Nun, diese Forderung gilt natürlich auch für die Überprüfung der in diesem Experiment vorgefundenen Wirkungen.

Literatur

Alsleben, K. (1962): *Ästhetische Redundanz.* Quickborn.

Anderson, R.C., Reynolds, R.E., Schallert, D.L. & Goetz, E.T. (1977): Frameworks for comprehending discourse. *American Educational Research Journal,* 14, 367-381.

Andrews, R.B. (1949): Reading power unlimited. *The Texas Outlook,* 33, 20-21.

Ballstaedt, S.-P., Mandl, H., Schnotz, W. & Tergan, S.-O. (1981): *Texte verstehen, Texte gestalten.* München.

Becker, D. & Heinrich, J. (1971): *Studien zur Typographie, Entwicklung von Perspektiven zur effektiveren Nutzung der visuellen Eigenschaften typographischer Mittel und Anordnungen als Informationsträger im Massenkommunikationsprozeß.* Hamburg (Diplomarbeit).

Cashen, V.M. & Leicht, K.L. (1970): Role of the isolation effect in a formal educational setting. *Journal of Educational Psychology,* 61, 484-486.

Dearborn, W.F., Johnston, P.W. & Carmichael, L. (1949): Oral stress and meaning in printed material. *Science,* 110, 404.

Dearborn, W.F., Johnston, P.W. & Carmichael, L. (1951): Improving the readability of typewritten manuscripts. *Proceedings of the National Academy of Sciences,* 37, 670-672.

Doerfert, F. (1980): *Zur Wirksamkeit typographischer Elemente in gedruckten Fernstudienmaterialien.* Hagen.

Elbracht, D. (1967): Erkennbarkeit und Lesbarkeit von Zeitungsschriften. *Archiv für Drucktechnik,* 104, 24.28.

Gagel, J. (1965): *Untersuchungen zur Lesbarkeit und Erkennbarkeit von Druckschriften.* Hamburg.

Gallmann, P. (1985): *Graphische Elemente der geschriebenen Sprache. Grundlagen für eine Reform der Orthographie.* Tübingen.

Gerlach, A. & Hofer, M. (1973): Der Einfluß von Strukturierungshilfen auf das Erlernen eines Studientextes. *Zeitschrift für Entwicklungspsychologie und Pädagog.sche Psychologie,* 5, 91-105.

Gibson, E. J. (1980): *Die Psychologie des Lesens.* Stuttgart.

Groeben, N. (1982): *Leserpsychologie: Textverständnis - Textverständlichkeit.* Münster.

Günther, H. (1988): *Schriftliche Sprache. Strukturen geschriebener Wörter und ihre Verarbeitung beim Lesen.* Tübingen.

Hartley, J. & Burnhill, P. (1977): Understanding instructional text: typography, layout and design. In: Howe, M.J. (Hrsg.): *Adult learning. Psychological research and applications.* London.

Hartley, J. (1978): *Designing instructional text.* London.

Heller, D. & Krüger, H.-P. (1978): Die Sinnentnahme aus Texten in Abhängigkeit von der Schriftart. *Zeitschrift für Entwicklungspsychologie und Pädagogische Psychologie,* 10, 234-241.

Hershberger, W. & Terry, D.F. (1965): Typographical cueing in conventional and programmed texts. *Journal of Applied Psychology,* 49, 55-60.

Hofer, M. (1972): Die Verbesserung von Lehrbüchern als hochschuldidaktische Notwendigkeit. In: *Hochschuldidaktische Projekte,* Stuttgart, 38-53.

Kegel, G., Arnhold, T. & Dahlmeier, K. (1985): *Sprachwirkung.* Opladen.

Kintsch, W. (1974): *The representation of meaning in memory.* New York.

Kintsch, W. & van Dijk, T.A. (1978): Toward a model of text comprehension and production. *Psychological Review,* 85, 363-394.

Kintsch, W. & Vipond, D. (1979): Reading comprehension and readability in educational practice and psychological theory. In: Nilsson, L.G. (Hrsg.): *Perspectives on memory research.* New York.

Kintsch, W. & Miller, J.R. (1980): Readability and recall of short prose passages: A theoretical analysis. *Journal of Experimental Psychology: Human Learning and Memory,* 6, 335-354.

Kintsch, W. & van Dijk, T.A. (1983): *Strategies of discourse comprehension.* New York.

Kintsch, W. (1985): Text processing. A psychological model. In: van Dijk, T.A. (Hrsg.): *Handbook of discourse analysis. Vol.2.* London.

Kintsch, W. (1988): The role of knowledge in discourse comprehension: A construction-integration model. *Psychological Review,* 95, 163-182.

Klare, G.R., Nichols, W.H. & Shuford, E.H. (1957): The relationship of typographic arrangement to the learning of technical training material. *Journal of Applied Psychology,* 41, 41-45.

MacDonald-Ross, M. & Waller, R. (1975): Criticism, alternatives and tests: A conceptual framework for improving typography. *Programmed Learning and Educational Technology,* 12, 75-83.

Marks, M.B. (1966): Improve reading through better format. *The Journal of Educational Research,* 60, 147-151.

North, A.J. & Jenkins, L.B. (1951): Reading speed and comprehension as a function of typography. *Journal of Applied Psychology,* 35, 225-228.

Paterson, D.G. & Tinker, M.A. (1940): *How to make type readable.* New York.

Rickards, J.P. & Denner, P.R. (1979): Depressive effects of underlining and adjunct questions on children´s recall of text. *Instructional Science,* 8, 81-90.

Schwarz-Türler, M.N.K. (1980): *Struktur, Instruktion und Titel - Ihre Effekte auf das Erinnern, Erfragen und Verstehen eines Prosatextes.* Freiburg. (Dissertation).

Shebilske, W.L. & Reid, L.S. (1979): Reading eye movements: Macrostructure and comprehension process. In: Kolers, P.A., Wrolstad, M.E. & Bouma, H. (Hrsg.): *Processing of visible language, Vol. 1.* London.

Slobin, D.I. (1974): *Einführung in die Psycholinguistik.* Kronberg.

Sulin, R.A. & Dooling, D.J. (1974): Intrusion of a thematic idea in retention of prose. *Journal of Experimental Psychology,* 103, 255-262.

Teigeler, P. (1968): *Verständlichkeit und Wirksamkeit von Sprache und Text.* Karlsruhe.

Tinker, M.A. & Paterson, D.G. (1955): The effect of typographical variations upon eye movement in reading. *Journal of Educational Research,* 49, 171-184.

Tinker, M.A. (1963): *Legibility of print.* Ames.

Von Restorff, H (1933): Über die Wirkung von Bereichsbildung im Spurenfeld. *Psychologie Forschung,* 18, 299-342.

Wallace, W.P. (1965): Review of the historical, empirical, and theoretical status of the von Restorff phenomenon. *Psychological Bulletin,* 63, 410-424.

Waller, R.H.W. (1979): Typographic access structures for educational texts. In: Kolers, P.A., Wrolstad, M.E. & Bouma, H. (Hrsg.): *Processing of visible language, Vol. 1.* London.

Watts, L. & Nisbet, J. (1974): *Legibility in children´s books.* London.

Wendt, D. (1969): *Einflüsse von Schriftart (Bodoni vs. Futura), Schriftneigung und Fettigkeit auf die erzielbare Lesegeschwindigkeit mit einer Druckschrift.* Hamburg.

Wendt, D. (1970): Probleme und Ergebnisse psychologischer Lesbarkeitsforschung. In: *Druck-Print 1, Bd. 107.*

Williams, J.P. (1963): Comparison of several response modes in a review program. *Journal of Educational Psychology,* 54, 253-260.

Verständlichkeitsformeln im Vergleich

Werner E. H. Fey

In diesem Aufsatz werden vier bekannte Formeln zur Berechnung der Textverständlichkeit theoretisch und empirisch verglichen. Es wird erstmals überprüft, welche von ihnen sich zur Textevaluation am besten eignet. Für diesen Vergleich mußte zuerst die Regressionsgleichung von Dickes und Steiwer neu berechnet werden. Der empirische Vergleich bestätigt die Hypothese, daß die korrigierte Formel von Dickes und Steiwer die Textverständlichkeit bei Schülern am besten vorhersagt.

This article focuses on four known readability formulas. The formulas were theoretically and empirically compared. This research is a first attempt to show which formula is the best for the evaluation of texts. In a first step the regression analysis of Dickes and Steiwer had to be adjusted. The empirical comparison supported the hypothesis that the corrected form of the formula from Dickes and Steiwer is most predictive for the comprehensibility of texts in students.

1. Einleitung

Bereits zu Beginn dieses Jahrhunderts wurden in den USA verschiedene Methoden entwickelt, um die Verständlichkeit von Texten zu messen. Seit den 30er Jahren setzt man sogenannte Verständlichkeitsformeln zur Textevaluation ein. Diese Formeln sind - meistens anhand empirischer Untersuchungen gewonnene - Regressionsgleichungen, mit deren Hilfe anhand von geeigneten Textmerkmalen als Prädiktoren ein Verständlichkeitsindex errechnet und so die Schwierigkeit eines Textes geschätzt wird. Für den anglo-amerikanischen Bereich liegen mehr als 50 derartige Formeln vor. Von den bislang über 200 berücksichtigten Prädiktorvariablen kristallisierten sich wiederholt Wort- und Satzlänge als besonders relevant für das Textverständnis heraus (s. Klare 1963, 1974/75, 1984).

Im angelsächsischen Sprachraum sind die Verständlichkeitsformeln von Flesch (1948) sowie deren Modifikation von Farr, Jenkins & Paterson (1951) am bekanntesten und gebräuchlichsten. Auch im deutschsprachigen Raum finden sie Anwendung, obwohl sich die deutsche und die englische Sprache in den berücksichtigten Prädiktoren durchschnittliche Wort- und Satzlänge systematisch unterscheiden. Amstad (1978) hat die Flesch-Formel durch Korrektur der Gewichtung dieser

Variablen an die deutsche Sprache angepaßt. Dickes & Steiwer (1977) entwickelten speziell für deutschsprachige Texte drei Verständlichkeitsformeln, von denen hier die Handformel betrachtet werden soll, da sie nur leicht auszählbare Textmerkmale berücksichtigt. Diese vier Formeln sind in Tabelle 1 dargestellt (Anwendungsbeispiele: siehe Anhang).

Reading Ease (RE) von Flesch (1948):
  RE = 206.835-((Silben/Wörter*100)*0.846)-((Wörter/Sätze)*1.015)

New Reading Ease Index (NREI) von Farr, Jenkins & Paterson (1951):
  NREI = 1.599*(Einsilber/Wörter*100)-1.015*(Wörter/Sätze)-31.517

Verständlichkeits Index (VI) von Amstad (1978):
  VI = 180-((Wörter/Sätze)+(Silben*58.5/Wörter))

Geschätzter mittlerer Clozewert (GMWC), Handformel von Dickes & Steiwer (1977):
  GMCW = 235.95993-(ca*73.021)-(cb*12.56438)-(cc*50.03293)[1]

Tab. 1: Die Verständlichkeitsformeln von Flesch, Farr, Jenkins & Paterson, Amstad und Dickes & Steiwer

Zieht ein Anwender die genannten Verständlichkeitsformeln in die engere Auswahl, muß er sich zwangsläufig mit folgender Frage beschäftigen: Wenn mit diesen Formeln die Verständlichkeit eines Textes bestimmt werden kann, welche von ihnen eignet sich dafür am besten? Eine Antwort fällt schwer, da bislang keine vergleichenden Untersuchungen zu diesem Problem vorliegen. Die naheliegende Lösung ist ein theoretischer und empirischer Vergleich.

2. Theoretischer Vergleich

Die Suche nach empirisch fundierten Empfehlungen zum Schreiben verständlicher Texte führte zu verschiedenen Verständlichkeitskonzeptionen. Die Verständlichkeitsformeln zählen zu dem primär anwendungsorientierten empirisch-induktiven Ansatz. Dieser sieht Verständlichkeit als textimmanentes Merkmal an, wobei sich Verständlichkeits-

---

[1] ca = Logarithmus ((Buchstaben/Wörter)+1)
  cb = Logarithmus ((Wörter/Sätze)+1)
  cc = Unterschiedliche Wörter/Wörter.

formeln auf einfach auszählbare lexikalische und syntaktische Eigenschaften von Texten beschränken (s. z.B. Ballstaedt, Mandl, Schnotz & Tergan, 1981).

Ein Vergleich von Verständlichkeitsformeln sollte sich nicht nur auf die Prädiktorvariablen beziehen, sondern ebenso ihr Zustandekommen unter Berücksichtigung des Versuchsmaterials, des Verständlichkeitskriteriums und der Versuchspersonen beachten.

Die hier relevanten Formeln verwenden alle, wenn auch auf verschiedene Weise und mit unterschiedlicher Gewichtung, die Wortlänge als eine der Prädiktorvariablen. Flesch und Amstad verwenden die durchschnittliche Anzahl der Silben pro Wort. Farr, Jenkins und Paterson vereinfachen aus ökonomischen Gründen die Formel von Flesch, indem sie die Anzahl der Einsilber im Text berücksichtigen: "This simpler method would obviously be much faster and would require no knowledge of syllabification on the part of the analyst" (Farr, Jenkins & Paterson, 1951, S. 333). Die wohl präziseste Operationalisierung der Wortlänge nehmen Dickes und Steiwer vor, indem sie die durchschnittliche Zahl der Buchstaben pro Wort auszählen.

Zusätzlich geht die durchschnittliche Anzahl der Wörter pro Satz, jedoch mit verschiedenem Gewicht, in die Verständlichkeitsmaße RE, NREI, VI und GMCW ein. Darüber hinaus beachten Dickes und Steiwer den type-token-ratio (TTR), die Anzahl unterschiedlicher Wörter dividiert durch die Anzahl der Wörter insgesamt, und erfassen damit ein Maß der Redundanz des Textes. Andererseits ist die Variable TTR von der Textlänge abhängig, während die Wort- und Satzlänge nicht systematisch davon beeinflußt wird, ob ein Text mit 100, 200 oder mehr Wörtern analysiert wird.

Bei der Entwicklung der vier Formeln bestehen erhebliche methodische Unterschiede. Flesch verwendete als Versuchsmaterial 363 Passagen aus der Lesetestsammlung für Schüler von McCall & Crabbs (1926). Als Verständlichkeitskriterium bei der Berechnung der Regressionsgleichung diente die Schulstufe, für die die Texte empfohlen waren. Diese Empfehlung basiert auf einer Studie, in der untersucht wurde, welche Altersgruppen 75 Prozent von Testfragen jeweils richtig beantworten konnten. Flesch wählte also ein bereits vorgegebenes und empirisch ermitteltes Verständlichkeitsmaß als Kriteriumsvariable und umging somit den Aufwand, diesbezüglich eine eigene Untersuchung durchzuführen.

Farr, Jenkins und Paterson entwickelten ihre Formel anhand von 360 Textpassagen aus 22 verschiedenen Handbüchern von General

Motors. Durch die Korrelation zwischen der bei RE berücksichtigten durchschnittlichen Anzahl der Silben pro Wort und der Anzahl der Einsilber in den Texten (r = -.91) sahen sich die Autoren in der Annahme bestätigt, daß die Flesch-Formel dadurch vereinfacht werden könne, indem man diese Variablen austauscht. Entsprechend berechneten sie eine neue Regressionsgleichung, bei der RE als Kriteriumsvariable diente. Aus der Korrelation zwischen RE und NREI von r = .93 ziehen sie die Schlußfolgerung, daß die vereinfachte Formel eine sichere Alternative darstellt.

Das methodische Vorgehen von Amstad wird von Tränkle und Bailer (1984) als inadäquat angesehen. Er hat die Flesch-Formel intuitiv durch neue Variablengewichtung an die deutsche Sprache angepaßt, ohne daß die Regressionskoeffizienten neu bestimmt wurden.

Am aufwendigsten ist die Vorgehensweise von Dickes und Steiwer. Das Versuchsmaterial bildeten 60 Textabschnitte aus Erzählungen, Romanen und Novellen für Kinder, Jugendliche und Erwachsene. Für die Texte wurden jeweils fünf verschiedene Lückentestversionen erstellt. An der Untersuchung waren insgesamt 715 Schüler verschiedener Schultypen im Durchschnittsalter von 13 Jahren beteiligt. Je ca. 60 Versuchspersonen erhielten fünf zufällig ausgewählte Texte zur Bearbeitung. Die Kriteriumsvariable der Regressionsanalyse stellte die Anzahl der richtig beantworteten Lücken umgewandelt in den Prozentsatz der richtigen Antworten an der Gesamtheit der möglichen Antworten dar.

Nach diesem kurzen Überblick ist aus theoretischer Sicht auf der Grundlage heute geltender wissenschaftlicher methodischer Standards davon auszugehen, daß GMCW und dann RE am ehesten eine Prognose der Textverständlichkeit erlauben. Beiden Formeln liegt ein im Schwierigkeitsgrad breit gestreutes Versuchsmaterial zugrunde und das jeweils für die Regressionsgleichung eingesetzte Verständlichkeitskriterium wurde empirisch ermittelt (zur Validität dieser Indikatoren siehe z.B. Tauber & Gygax, 1980). Zusätzlich geht in GMCW noch ein Redundanzmaß der Texte ein. Obwohl die Flesch-Formel für den englischen Sprachraum entwickelt wurde, deuten bisherige Untersuchungen darauf hin, daß sie durchaus auch für deutsche Texte eingesetzt werden kann (s. z.B. Langer, Schulz von Thun & Tausch, 1974; Teigeler 1968). Jedoch erlauben beide Formeln nur eine Aussage über die Textverständlichkeit für Schüler. GMCW sollte, bedingt durch die Variable TTR, nur für Textstichproben von 200 Wörtern berechnet werden.

Maße:	RE	NREI	VI	GMCW
Versuchsmaterial	363 Passagen einer Lesetestsammlung für Schüler	360 Passagen aus 22 Handbüchern von General Motors	-	60 Passagen aus Erzählungen, Novellen und Romanen für Kinder, Jugendliche und Erwachsene
Prädiktoren	Silben/Wörter Wörter/Sätze	Einsilber/Wörter Wörter/Sätze	Silben/Wörter Wörter/Sätze	Buchstaben/Wörter Wörter/Sätze Unter. Wörter/Wörter
Verständlichkeitskritekriterium	Schulstufe, für die die Texte empfohlen waren	RE	-	Durch Lückentest ermittelter empirischer Clozewert
Stichprobe der Vpn	-	-	-	715 Luxemburger Schüler aus verschiedenen Schultypen im Durchschnittsalter von 13 Jahren
Empfohlene Textstichprobe	100 Wörter	100 Wörter	100 Wörter	200 Wörter

Tab. 2: Vergleich des methodischen Vorgehens

Der Einsatz von NREI und VI ist eher problematisch. Farr, Jenkins und Paterson verwendeten Handbücher als Versuchsmaterial. Zum einen kann keine Aussage über die Variation der Textschwierigkeit getroffen werden. Andererseits sind Erwachsene die Zielgruppe des Versuchsmaterials. Jedoch wurde für die Regressionsgleichung ein auf Schüler ausgerichtetes Verständlichkeitskriterium eingesetzt. Inwieweit dies die Validität beeinflußt, ist ungewiß. NREI ist trotz der hohen Korrelation mit RE ungenauer, da die Verständlichkeit eines Textes weniger durch die Anzahl der Einsilber in einem Text beeinflußt wird als durch die durchschnittlich Anzahl der Silben. Dennoch belegen Untersuchungen, daß auch NREI für deutschsprachige Texte tauglich ist (s. z.B. Teigeler, 1968). Bezüglich der Validität der Amstad-Formel können keine Aussagen getroffen werden. Letztlich kann aber nur ein empirischer Vergleich gesicherten Aufschluß über die Tauglichkeit der Formeln geben.

3. Empirischer Vergleich

Ein empirischer Vergleich der Formeln setzt voraus, daß eine mit großem Aufwand verbundene Studie, wie z.B. die von Steiwer (1976)[2] durchgeführt wird, um dann die theoretischen Verständlichkeitsindizes den Ergebnissen eines Verständlichkeitstests gegenüberzustellen. Eine so umfangreiche Untersuchung war überflüssig, da in der Dissertation von Steiwer die notwendigen Daten, Versuchstexte und empirische Clozewerte, dokumentiert sind. Darauf basiert die weitere Analyse.

Bevor nun für jeden der 60 Versuchstexte die erforderlichen Textoberflächenmerkmale mit Hand, Bleistift und Taschenrechner ausgezählt werden, erscheint es ökonomischer und reliabler, ein Text-Verständlichkeitsformel-Computer-Programm (T-V-C-Programm)[3] zu entwickeln. Dies ermöglicht die automatische Analyse der im ASCII-Format vorliegenden Texte und die anschließende Ausgabe der Kennwerte sowie Verständlichkeitsindizes.

Bei einem Vergleich der mit dem T-V-C-Programm ermittelten Textoberflächenmerkmale mit den von Steiwer vorgegebenen fielen dann überraschend einige Unstimmigkeiten auf. Dies führte zu einer mehrfachen Überprüfung der Software und der abgeschriebenen Texte, jedoch änderte sich das Resultat nicht. Nach Rückfrage stellte sich heraus, daß diese Feststellung richtig ist und daß die Differenzen daraus resultieren, daß Steiwer die Auszählungen per Hand durchgeführt hat. Die daraus zu ziehende Konsequenz lautet, daß die bisherige Handformel von Dickes und Steiwer korrigiert werden muß. Eine Neuberechnung mittels einer multiplen Regression führt zu der im folgenden GMCW2 genannten Formel:

GMCW2 = 240.49629−(ca∗73.77752)−(cb∗11.89371)−(cc∗57.59622)

Da die durchschnittliche Differenz zwischen der GMCW- und GMCW2-Formel bei dem Versuchsmaterial von Steiwer nur .061 (s = .511) beträgt, soll hier auf eine erneute Kreuzvalidierung, wie sie Tränkle & Bailer (1984) für die GMCW-Formel vornahmen, verzichtet werden.

Wenn sich mit den hier relevanten Formeln dasselbe Konstrukt Verständlichkeit bestimmen lassen kann, ist zu erwarten, daß sie auch hoch miteinander korrelieren (s. Mandl, Tergan & Ballstaedt, 1982).

---

[2] Die Dissertation von Steiwer ist die Grundlage für den Aufsatz von Dickes & Steiwer (1977).

[3] Die Erstellung des T-V-C-Programms erfolgte zusammen mit Till Schwalm.

Diese Vermutung wird durch folgende Resultate der Pearson-Produkt-Moment-Korrelation bestätigt.

	RE	NREI	VI	GMCW2
RE	-	.9465	.9885	.9342
NREI		-	.9575	.8846
VI			-	.9043

Tab. 3: Interkorrelationen zwischen RE, NREI, VI und GMCW2 (alle Korrelationen sind für p < .001 signifikant).

Letztlich gilt es nun der eingangs gestellten Frage nachzugehen, welche der vier Formeln sich am besten zur Verständlichkeitsbestimmung eines Textes eignet. Darüber soll eine Pearson-Produkt-Moment-Korrelation zwischen den theoretischen Verständlichkeitsindizes und den empirischen Clozewerten (ECW) von Steiwer Aufschluß geben.

	RE	NREI	VI	GMCW2
ECW	.8101	.7567	.7796	.8590

Tab. 4: Korrelationen zwischen ECW und RE, NREI, VI sowie GMCW2 (alle Korrelationen sind für p <. 001 signifikant).

Die Resultate entsprechen der im theoretischen Vergleich indirekt formulierten Hypothese, daß GMCW bzw. GMCW2 und dann RE am geeignetsten zur Prognose der Textverständlichkeit sind. Andererseits wäre es erstaunlich gewesen, wenn GMCW z.B. hinter VI zurückgelegen hätte, da Dickes und Steiwer ihre Formel an dem hier verwendeten Versuchsmaterial entwickelten. Die Einwände gegen den Einsatz von NREI haben sich trotz der immer noch hochsignifikanten Korrelation bestätigt. Bezüglich Amstad bleibt lediglich anzumerken, daß die Original-Formel von Flesch einen höheren Korrelationskoeffizienten aufweist als der an die deutsche Sprache angepaßte VI.

Aufgrund dieser Untersuchungsergebnisse muß empfohlen werden, daß bei deutschsprachigen Texten mit einer durchschnittlichen Länge von 200 Wörtern die Verständlichkeit für Schüler am besten mit GMCW bzw. GMCW2 vorausgeschätzt werden kann.

4. Resümee

Nach dem theoretischen und empirisch abgesicherten Vergleich wird dem Anwender die Auswahl aus den hier berücksichtigen Verständlichkeitsformeln leichter fallen.

Der Sachverhalt, daß bei der Entwicklung solcher Formeln beispielsweise der Wortlänge eine zentrale Bedeutung zukommt, bestätigt das Ökonomieprinzip der Sprache von Zipf (1949): Kommunikatoren versuchen mit wenig Aufwand einen möglichst großen Kommunikationseffekt zu erzielen. Darum besteht die Tendenz, bei gleicher Brauchbarkeit kurze Wörter langen vorzuziehen und häufig benutzte lange Wörter abzukürzen. Dies wird durch den Nachweis bestätigt, daß die häufigsten Wörter gleichzeitig auch die kürzesten sind. Auch die Annahme von Thorndike (1913) wird gestützt: Geläufige Wörter werden rascher und leichter erkannt als seltene. Daraus läßt sich ableiten, daß Texte um so verständlicher sind, je mehr vertraute bzw. je kürzere Wörter sie beinhalten. Ebenso kann auch der Einfluß der Satzlänge theoretisch begründet werden (s. Ballstaedt, Mandl, Schnotz & Tergan, 1981).

Dennoch darf nicht übersehen werden, daß der hier zugrundeliegende Ansatz Verständlichkeit als textimmanentes Merkmal ansieht, auch wenn je nach Wahl des Verständlichkeitskriteriums der Rezipient indirekt in den Formeln berücksichtigt wird. Nach der heutigen cognitive science resultiert Textverständlichkeit aus der Interaktion von Text- und Rezipientenmerkmalen (s. z.B. Früh, 1980; Mandl, 1981). Eine entsprechende Theorie der Textverarbeitung liegt den Verständlichkeitsformeln jedoch nicht zugrunde. Daher wird den Formeln nur eine bedingte prädiktive Validität zugesprochen.

Anhang

Inwieweit die Verständlichkeitsformeln in der Lage sind, zwischen verschiedenen Texten zu differenzieren, soll anhand der von Teigeler (1968) zu diesem Zweck ausgewählten Texte gezeigt werden. Dabei handelt es sich um einen Abschnitt aus I. Kant: "Kritik der reinen Vernunft", A. Christie: "Letztes Weekend" und aus der Rundfunk- und Fernseh-Illustrierten Radio Revue TV: "Versuchung am Montmartre".

I. Kant:

Die Logik kann nun wiederum in zweifacher Absicht unternommen werden, entweder als Logik des allgemeinen, oder des besonderen Verstandesgebrauchs. Die erste enthält die schlechthin notwendigen Regeln des Denkens, ohne welche gar kein Gebrauch des Verstandes stattfindet, und geht also auf diesen, unangesehen der Verschiedenheit der Gegenstände, auf welche er gerichtet sein mag. Die Logik des besonderen Verstandesgebrauchs enthält die Regeln, über eine gewisse Art von Gegenständen richtig zu denken. Jene kann man die Elementarlogik nennen, diese aber das Organon dieser oder jener Wissenschaft. Die letztere wird mehrenteils in den Schulen als Propädeutik der Wissenschaften vorangeschickt, ob sie zwar nach dem Gange der menschlichen Vernunft, das späteste ist, wozu sie allererst gelangt, wenn die Wissenschaft schon lange fertig ist, und nur die letzte Hand zu ihrer Berichtigung und Vollkommenheit bedarf.

A. Christie:

Das Haus war leicht zu durchsuchen. Zuerst umschritten sie es von außen, dann wandten sie ihre Aufmerksamkeit dem Gebäude selbst zu. Mit Hilfe von Mrs. Roger´s Metermaß, das sie in der Küche entdeckt hatten, stellten sie fest, daß es keine versteckten Hohlräume, keine verdächtigen Mauernischen und -vorsprünge gab. Alles war einfach und gradlinig, ein moderner Bau, dessen schlichte Klarheit kein Geheimnis barg. Sie durchforschten zunächst das Erdgeschoß. Als sie zum ersten Stock, in dem sich die Schlafzimmer befanden, emporstiegen, sahen sie durch das Treppenfenster, wie Rogers ein Tablett mit Cocktails auf die Terrasse hinaustrug. "So ein guter Diener ist doch ein braves Tier", bemerkte Lombard nebenbei.

Radio Revue TV:

"Was ist mit Elke?" fragte er. "Elke habe ich bei mir in der Klinik untergebracht. Sie wird von den Schwestern versorgt, bis Beate zurück ist." "Und Dieter?" "Dieter hat gestern mittag das Haus verlassen. Auch er will anscheinend nicht länger mit dir unter einem Dach leben." "Er ist fort? Aber wohin denn?" "Das weiß bis jetzt niemand. Er hat nichts hinterlassen." "Um Gotteswillen!" entfuhr es Steinberg. "Hast du noch nichts unternommen? Man muß ihn suchen lassen, die Polizei verständigen! Hörst du, Jochen? Man muß ihm helfen ..." "Von dir", sagte Barkow kühl, "wird er sich wohl am wenigsten helfen lassen."

Text	RE	NREI	VI	GMWC
I. Kant	13.42	12.45	38.56	16.27
A. Christie	44.61	38.01	63.31	25.05
Radio Revue TV	69.81	58.33	83.40	44.19

Tab. 5: Verständlichkeitsindizes der drei Beispieltexte. Jeder Index kann einen Wert zwischen 0 und 100 annehmen. Für alle Indizes gilt: Je höher der Wert, desto leichter der Text.

Literatur

Amstad, T. (1978): *Wie verständlich sind unsere Zeitungen?* Zürich (Dissertation).

Ballstaedt, S.-P., Mandl, H., Schnotz, W. & Tergan, S.O. (1981): *Texte verstehen, Texte gestalten.* München.

Dickes, P. & Steiwer, L. (1977): Ausarbeitung von Lesbarkeitsformeln für die deutsche Sprache. *Zeitschrift für Entwicklungspsychologie und Pädagogische Psychologie, 9,* 20-28.

Farr, J.N., Jenkins, J.J. & Paterson, D.G. (1951): Simplification of Flesch reading ease formula. *Journal of Applied Psychology, 35,* 333-337.

Flesch, R.F. (1948): A New Readability Yardstick. *Journal of Applied Psychology, 32,* 221-233.

Früh, W. (1980): *Lesen, Verstehen, Urteilen.* Freiburg.

Klare, G.R. (1963): *The measurement of readability.* Ames, Iowa.

Klare, G.R. (1974/75): Assessing readability. *Reading Research Quarterly, 10,* 62-102.

Klare, G.R. (1984): Readability. In: Pearson, P.D. (ed.): *Handbook of reading research.* New York.

Langer, I., Schulz von Thun, F. & Tausch, R. (1974): *Verständlichkeit in Schule, Verwaltung, Politik und Wissenschaft mit einem Selbsttrainingsprogramm zur verständlichen Gestaltung von Lehr- und Informationstexten.* München.

Mandl, H. (1981): *Zur Psychologie der Textverarbeitung.* München.

Mandl, H., Tergan, S.O. & Ballstaedt, S.-P. (1982): Textverständlichkeit - Textverstehen. In: Treiber, B. & Weinert, F.E. (Hrsg.): *Lehr-Lern-Forschung.* München.

McCall, W.A. & Crabbs, L.M. (1926): *Standard test lessons in reading.* New York.

Steiwer, L. (1976): *Ausarbeitung von Lesbarkeitsformeln für die deutsche Sprache.* Luxembourg (Dissertation).

Tauber, M. & Gygax, M. (1980): *Psychologie der schriftlichen Kommunikation: Standortbestimmung und Ausblick.* Bericht Nr. 12. Psychologisches Institut der Universität Zürich.

Teigeler, P. (1968): *Verständlichkeit und Wirksamkeit von Sprache und Text.* Stuttgart.

Thorndike, E.L. (1913): *The psychology of learning.* Educational psychology. Vol. 2. New York.

Tränkle, U. & Bailer, H. (1984): Kreuzvalidierung und Neuberechnung von Lesbarkeitsformeln für die deutsche Sprache. *Zeitschrift für Entwicklungspsychologie und Pädagogische Psychologie, 16,* 231-244.

Zipf, G.K. (1949): *Human behavior and the principle of least effort.* Cambridge.

Fernsehnachrichten für Kinder
– eine psycholinguistische Untersuchung

Susanne Motamedi

Am Beispiel der Kindernachrichtensendung Logo des Zweiten Deutschen Fernsehens wird überprüft, ob die in den einschlägigen, aktuellen Arbeiten aufgezeigten verständnisförderlichen Textmerkmale die Verstehens- und Behaltensleistung nachhaltig beeinflussen. Dafür wurden die Erklärstücke der Kindernachrichtensendung neun Münchner Schulklassen (3.-7. Klasse) dargeboten. Mittels Fragebögen wurde die Behaltensleistung überprüft. Es ergaben sich im wesentlichen drei Merkmale, die entscheidenden Einfluß auf das kindliche Verstehen haben: Vorwissen (Weltwissen), Interesse (Neugier), Redundanz. Werden diese drei Merkmale berücksichtigt, steigt die Wiedergabeleistung der 9-13 jährigen Schüler auf etwa 80 Prozent.

Using the example of "Logo", a children´s news show on German TV, the author examines the question whether the shown text-features designed to further understanding, lastingly influence understanding and memorization as stated in recent studies on the subject. Three "explanation-pieces" presented in the programme were given to nine classes of Munich schoolchildren (3rd to 7th grade) and the pupils´ memorization-results were examined by using questionnaires. Basically, three text-features came to light, which have a distinctive influence on a child´s understanding: cognitive set (world knowledge), interest (curiosity) and redundancy. By using these features the memorization-results of the 9-13 year-olds increased to approximately 80%.

1. Logo – die Kindernachrichtensendung des ZDF

"Logo – Neues von hier und anderswo" ist die Kindernachrichtensendung des Zweiten Deutschen Fernsehens. In einer Pilotphase vom 25.01.88 bis 31.03.88 wurde sie 39 mal, Montags bis Donnerstags in der Zeit von ca. 16.20 Uhr bis 16.30 Uhr ausgestrahlt. Jede Sendung dauerte etwa vier bis acht Minuten. Ab dem 09.01.89 wurde Logo fest in das Kinderprogramm übernommen.

Die Redaktion von Logo hat sich zum Ziel gesetzt, Kindern zwischen 9 und 13 Jahren die Welt der Nachrichten in verständlicher Art und Weise näherzubringen. Die Themen reichen, analog zu den Nachrichten für Erwachsene, von Politik und Wirtschaft über Umwelt und Natur bis hin zu Sport, Unterhaltung und Kultur. Die Sendung orientiert sich zwar formal und inhaltlich am Genre Nachrichten, soll aber gleichzeitig so locker aufgebaut sein, daß sie Kinder als Zielgruppe anspricht und von dieser nicht sofort als langweilig abgelehnt wird. Deswegen nimmt Logo in jeder Sendung nur ein Thema aus den aktuellen Nachrichten auf (Gegenstand der vorliegenden Untersuchung). Dabei kommt es, neben der Vermittlung von Fakten, verstärkt auf die Erklärung von Ursachen und Wirkungen an. Diese komplexen Sachverhalte werden zur Veranschaulichung mit Trickzeichnungen unterlegt oder, wenn möglich, mit "lebenden" Bildern gestaltet. Darüber hinaus bietet Logo den Kindern spezielle Kinder- und Jugendthemen an. Es geht hierbei um Kinder in der Welt, Aktionen und Aktivitäten von Kindern und für Kinder.

Die Redaktion ist darum bemüht, möglichst viele Kinder und Jugendliche am Entstehen dieser Sendung zu beteiligen, um die Interessen und das Wissen der Kinder besser einzuschätzen. Logo hat nicht den Anspruch, umfassend und vollständig zu berichten, sondern möchte in erster Linie der Neugier der Kinder an den Geschehnissen dieser Welt entgegenkommen, ohne sie jedoch zu über- oder zu unterfordern. Mit Sachinformationen ("Erklärstücken") will Logo ein politisches Grund- und Orientierungswissen vermitteln, um die Kinder in die Lage zu versetzen, andere Nachrichtenquellen ebenfalls adäquat zu nutzen und mit der gegebenen Information zu verknüpfen. Die Erziehung der Kinder zu mündigen Bürgern -"ein Grundpfeiler unserer Demokratie" (vgl. Müller, 1988, S. 4)- ist der Grundgedanke von Logo.

2. Fragestellung

In der vorliegenden Untersuchung sollen die Merkmale der Textgestaltung ermittelt werden, die einen üblichen Nachrichtentext kindgerecht werden lassen. Vermutet wurde, daß die - zunächst plausiblen - Textmerkmale der "Oberfläche", d.h. Satzlänge, Anzahl der Fremdwörter etc. nicht ausschlaggebend sind. Andere Kriterien wie zum Beispiel das Vorwissen oder die Neigungen der Rezipienten scheinen das Textverständnis entscheidend beeinflussen. Der theoretische Teil der Untersuchung führt zu Empfehlungen an den Praktiker. Im experimentellen Teil wird das Rezeptionsverhalten der durch die Sendung angesprochenen Altersgruppe untersucht (für eine detaillierte Darstellung vgl. Motamedi, 1989).

3. Die Propositionsanalyse

Verstehenstheorien bieten mehrere Möglichkeiten der Textstrukturierung an. Im weiteren wird die propositionale Darstellung bevorzugt (Kintsch & van Dijk, 1978), da sie die Informationssequenz eines Textes beibehält und so den sukzessiven Lese- bzw. Hörprozeß besser simuliert. Propositionen sind in der Lage, die Essenz einer Aussage herauszukristallisieren und über hierarchische Propositionsanordnungen die Textstruktur zu verdeutlichen. Trotzdem bleibt der atomare Charakter der Begriffe erhalten, was einen beliebigen Zugriff auf die grundlegenden Einheiten ermöglicht. So bietet die Propositionsanalyse eine nicht zu unterschätzende Flexibilität für die praktische Anwendung. Abgesehen davon muß - nach dem linguistischen Einfachheitskriterium (vgl. Chomsky, 1973) - die Propositionsanalyse als die praktikabelste theoretische Überlegung anerkannt werden. Über die Einfachheit und gute Handhabungsmöglichkeit hinaus konnten mehrere Autoren (z.B. Engelkamp, 1976; Kintsch & Keenan, 1973; Kintsch & Monk, 1972) die psychologische Realität der propositionalen Einheiten in zahlreichen Untersuchungen bestätigen.

Als Hauptvertreter der Propositionsanalyse gelten der Psychologe Kintsch und der Textwissenschaftler van Dijk. 1974 entwarf Kintsch das erste einschlägige Modell in seiner Monographie "The Representation of Meaning in Memory". Mit diesem Modell wollte Kintsch eine Grundlage für die Entwicklung von Spracherwerbs-, Sprachverstehens- oder Sprachbehaltensmodellen schaffen. Es sollte sich um einen formalen Mechanismus handeln, der allen Sprech- und Verstehenssituationen angeglichen werden kann.

Die Formalisierungen entsprechen verschiedenen linguistischen und logischen Überlegungen (Kintsch, 1974, S. 9). Grundlage dieser Theorie ist eine propositionale Textstruktur, die aus einem Input abgeleitet wird. Propositionen sind formale Konstrukte aus der propositionalen Logik und Prädikatenlogik. Im prädikatenlogischen Kalkül gibt es Teilsätze, die über Junktoren miteinander verbunden werden. Anhand dieser Verbindungen kann die Wahrheit oder Falschheit des Ausdrucks ermittelt werden. Diese Teilsätze heißen Propositionen (vgl. Hodges, 1985, S. 86ff.).

Auch in der Psychologie befaßte man sich mit Propositionen. Zunächst wurden sie hier als "Idee", "Gedanke", oder "Gedankeninhalt" bezeichnet. Propositionen können auch Kombinationen von Subjekt und

Prädikat (vgl. van Dijk & Kintsch, 1983, S. 124) sein. Vereinfacht dargestellt sind es Einheiten, die Bedeutungen tragen. Bei Kintsch (1974) sind Propositionen n-Tupeln, d.h. eine Gruppe von n Elementen. Unter diesen n Elementen gibt es ein Prädikat (Relationsterminus) und n-1 Argumente. Das Prädikat definiert die Relation zu seinen einzelnen Argumenten, es beschränkt diese. In der Regel treten Verben, Adjektive, Adverbien oder Satzverbindungen als Prädikate auf. Die Argumente erfüllen zu dem jeweiligen Prädikat verschiedene Funktionen, wie zum Beispiel Agent, Objekt oder Ziel.

Bei dieser formalen Darstellung der Bedeutungsstruktur handelt es sich um einen quasi-logischen Formalismus. Es hat sich gezeigt, daß die natürliche Logik der Sprache nicht ohne Abweichungen den Gesetzen der formalen Logik folgt (vgl. Engelkamp, 1976). Notiert werden Propositionen in runden Klammern. Jeder Begriff in einer Proposition wird, um ihn von normalen Wörtern zu unterscheiden, in großen Lettern geschrieben. Das Prädikat steht an erster Stelle, gefolgt von seinen Argumenten, die in der gleichen Reihenfolge stehen, in der sie im Satz auftreten. Alle Einheiten werden durch Klammern getrennt. Zwischen den Einheiten können logische Operatoren stehen, die die Konzepte auf verschiedene Weise miteinander verbinden. Sie nehmen im Verhältnis zu den einzelnen Propositionen die Stellung des Prädikats ein. Die Propositionen werden in einer Liste durchnumeriert. Auf eingebettete Propositionen wird im Laufe der Liste nach einer einmaligen Einführung durch Nummern Bezug genommen. Hier ein Beispiel (vgl. Kintsch, 1974, S. 18):

"Subjects read each sentence separately and recalled it immediately in writing."

Formalisierung:
1 (READ, SUBJECT, SENTENCE)
2 (EACH, SENTENCE)
3 (SEPERATE, 1)
4 (RECALL, SUBJECT, SENTENCE)
5 (IMMEDIATE, 4)
6 (MANNER: IN, 4, WRITE)

Ganz eindeutige Regeln für die Formalisierung von Propositionen gibt es nicht. Die hier geschilderten Richtlinien sind als Näherungen zu verstehen (vgl. Lachmann, Lachmann & Butterfield, 1979).

Propositionen können die Bedeutung von Texten nur in begrenzter Weise wiedergeben. Diese abstrakten Konstrukte sind nicht in der Lage, die Vagheit, Ambiguität oder Metaphorik einer Äußerung auszudrücken. Deswegen sollte diese Propositionsanalyse noch über mehrere Modelle weiterentwickelt und verfeinert werden. 1978 entwarfen Kintsch und van Dijk zusammen ein weiteres Propositionsmodell, das mehrere semantische Ebenen in einer Textstruktur konstruiert, die sogenannten Mikro- und Makroebenen. Die Mikroebene beschreibt die lokale Kohärenz, d.h. die Struktur der individuellen Propositionen und ihrer Relationen (z.B. in der Textbasis); die Makrostruktur zeigt die übergeordneten Ideen eines Textes auf verschiedenen Abstraktionsebenen auf (vgl. Meyer & McConkie, 1973, S. 115). Sie wird ebenfalls als Propositionssequenz notiert. Es gibt Propositionen, die gleichzeitig Mikro- und Makropropositionen sind. Propositionen also, die auf der Mikroebene so relevant sind, daß sie auf die höhere Ebene übernommen werden können. Irrelevante Propositionen hingegen bleiben immer auf der Mikroebene (vgl. Kintsch, 1974, S. 374). Die allgemeinste und globalste Makrostruktur eines Gesamttextes nennt man "DIE Makrostruktur" (vgl. van Dijk, 1980b, S. 42).

Die psychologische Realität von Makrostrukturen wurde vor allem in der Leseforschung nachgewiesen. Guindon und Kintsch (1984) konnten zum Beispiel zeigen, daß ein Leser während des Lesevorgangs spontan Makropropositionen bildet, sie also nicht erst als aufgabenspezifischen Effekt bildet, wie man vermuten könnte.

Die Top-Ebene der Mikro- und Makrostrukturen ist die Superstruktur. Die Superstruktur kennzeichnet die Textsorte. Öffnet man zum Beispiel einen Brief, so hat man ganz spezifische Erwartungen: Der Leser will wissen, wer der Absender ist, wann der Brief geschrieben wurde, an wen er gerichtet ist u.v.m.

Nach einer weiteren Überarbeitung entwarfen van Dijk und Kintsch 1983 ihr "Situationsmodell", das als Auswertungsgrundlage für die vorliegende Untersuchung ausgewählt wurde. Die neue grundlegende Idee liegt in der Trennung zwischen drei Repräsentationsebenen im Gedächtnis. Die Autoren unterscheiden zwischen der verbalen Oberflächenrepräsentation, der propositionalen Textbasis und dem Situationsmodell. Dieses neu eingefügte Situationsmodell (oder Situationsbeschreibung) repräsentiert den Text und integriert ihn in ein Vor- und Weltwissen. Es handelt sich hier um den für den individuellen Sprachbenutzer relevanten Inhalt einer neuen Information, bezogen auf das schon erworbene Weltwissen. Die Autoren waren der Ansicht, nun ein umfassendes und flexibles Modell geschaffen zu haben, das den menschlichen Verstehensprozeß ausreichend erklärt (vgl. van Dijk & Kintsch, 1983). Durch diese Überlegungen wurde der Sprachbenutzer der wichtigste Faktor des Verstehensprozesses. Hier wird dem Individuum die ihm angemessene, aktive Rolle zugewiesen.

Oberflächenrepräsentation, propositionale Textbasis und Situationsmodell bilden das Gerüst für die vorliegende Untersuchung. Geprüft werden sollten folgende Merkmale:

Oberflächenmerkmale:
i) Satzlänge und Satzkomplexität
ii) Passiv und Nominalisierungen
iii) Art und Häufigkeit der Begriffe
iv) Redundanz

Propositionale Textbasis:
i) Anzahl von Propositionen und Propositionendichte
ii) Makrostruktur und Hierarchie
iii) Superstruktur

Situationskomponente:
i) Vorwissen
ii) Interesse und Neugier

1988 überarbeitete Kintsch das Modell. Er gestaltete es sehr mathematisch, wodurch es leicht implementierbar wurde. Für eine Textanalyse ohne Computer erscheint es aber denkbar ungeeignet.

4. Diskussion der Textmerkmale

4.1 Oberflächenmerkmale

4.1.1 Satzlänge und Satzkomplexität

Jedem Sprachbenutzer erscheint es einleuchtend, daß ein langer und komplexer Satz schwerer zu verstehen ist als ein kurzer, weniger komplexer. Vor allem bei geprochener Sprache ist diese Annahme plausibel. Die Frage ist nun aber, was eigentlich "lang" und "komplex" bedeutet. Gibt es allgemeingültige Grenzen, ab wann ein Satz als lang oder komplex zu gelten hat? Oder ist es eher so, daß jeder Hörer abhängig von Alter und Geübtheit unterschiedliche Sätze als lang oder komplex empfindet?

Die Länge eines geeigneten Satzes wird sehr unterschiedlich festgelegt. Seibicke (1969, S. 64) empfiehlt eine durchschnittliche Satzlänge von 10-15 Wörtern. Reiners (1977, S. 221) bezeichnet Sätze bis zu 13 Wörtern als "sehr leicht verständlich". "Leicht verständlich" sind Sätze zwischen 14 und 18 Wörtern. In dem Bereich von 19-25 Wörtern bezeichnet er sie noch als "verständlich", alle längeren Sätze sind "schwer" bis "sehr schwer verständlich".

Der Grund dafür, daß längere Sätze schwerer zu verstehen sind als kürzere Sätze, liegt in der begrenzten Aufnahmekapazität des menschlichen Gedächtnisses. Das zuständige Verarbeitungssystem für ankommende sprachliche Informationen ist das Kurzzeitgedächtnis. Während der Wahrnehmung umfaßt das Kurzzeitgedächtnis eine Spanne von etwa sechs Sekunden; d.h. ein Mensch kann für diese Dauer eine Information aufnehmen und abrufen. Diese Zeitspanne wird in der Informationspsychologie Gegenwartsdauer genannt (vgl. Geißner, 1975; Riedel, 1967 und 1969; Straßner, 1982; Wosnitza, 1982). Nach diesen Untersuchungen beträgt die Gegenwartsdauer bei siebenjährigen Kindern oder Greisen nur etwa drei Sekunden. Im zehnten Lebensjahr umfaßt sie 4-4.5 Sekunden, bis sie schließlich im zwanzigsten Lebensjahr das Optimum von sechs Sekunden erreicht hat. Ab da nimmt die Gegenwartsdauer beständig ab. Ein Satz sollte deswegen die Länge von sechs Sekunden nicht überschreiten, damit der Rezipient den Informationsanfang mit dem Informationsende in Zusammenhang bringen kann.

Darüber hinaus hängt die Satzlänge eng mit der Anzahl der Propositionen zusammen. Je länger ein Satz ist, desto mehr Propositionen kann er enthalten. Je mehr Propositionen er enthält, desto schwerer verständlich ist er (vgl. Geißner, 1975). Andererseits wirken zu kurze Sätze stereotyp und banalisieren die Sprache unnötig (vgl. Abend, 1975, S. 192). Die Gegenwartsdauer scheint also ein vernünftiges Maß für die mittlere Satzlänge anzugeben.

Auch die Komplexität der Sätze korreliert mit deren Länge und unterliegt ebenfalls dem Kriterium der Gegenwartsdauer. Komplexe Sätze bestehen nach Lyons (1984, S. 181) aus mehreren einfachen Sätzen, wobei grundlegend zu unterscheiden ist zwischen grammatisch koordinierten Sätzen, die gleichwertig nebeneinander stehen

(Parataxen), und grammatisch subordinierten Sätzen, die voneinander abhängig sind (Hypotaxen). Hypotaktische Konstruktionen sind eindeutig schwieriger als parataktische Konstruktionen. Parataxen können von einem Sprecher mit deutlich langen Sprechpausen verbalisiert werden, so daß für den Zuhörer der Eindruck entsteht, es handle sich um einzelne, selbständige Sätze. Den komplexen, parataktischen Satz gibt es in diesem Fall nur auf dem Papier. Er beeinträchtigt das auditive Textverständnis nicht.

Empirisch wurde dieser Frage in vielfältiger Weise nachgegangen. Kintsch und Monk (1972) konnten zum Beispiel zeigen, daß ein komplexer Satz die Dekodierzeit eines Lesers entscheidend vergrößert. Je genauer eine Satzoberfläche anhand ihrer Struktur die logisch semantischen Zusammenhänge des Inhalts widerspiegelt, desto leichter kann ein Satz von einem Rezipienten dekodiert werden. Es ist die Explizitheit der logischen Relationen zwischen den Sätzen und den Textteilen, die das Verstehen vereinfachen (op. cit., S. 30; Eberspächter & Esche, 1978, S. 185).

Empfehlung: Die Länge und Komplexität der Sätze sollte primär an die Gegenwartsdauer der Rezipienten angeglichen werden. Komplexe Satzkonstruktionen müssen langsam gesprochen werden. Die grammatische Struktur sollte der logisch-semantischen Struktur entsprechen.

4.1.2 Passiv und Nominalisierungen

Passiv und Nominalisierungen sind nach Chomskys traditioneller Auffassung Satzkonstruktionen, die eine größere Verarbeitungsleistung erfordern. Chomsky nimmt an, daß eine zugrundeliegende Struktur durch Transformationen in verschiedene syntaktische Komplexitätsebenen überführt wird. Jede Transformation, die der Verstehende im Verstehensprozeß nachvollziehen muß, um zu der zugrundeliegenden Struktur (Tiefenstruktur) zu kommen, erhöht die Verarbeitungszeit. Diese Annahme konnte bestätigt (z.B. Coleman, 1964 und 1965), aber auch widerlegt werden (Cuttler, 1983; Slobin, 1966; Pearson, 1975). Die Untersuchungen, die das Passiv als generell verständniserschwerend einstufen, testeten zumeist isolierte Satzfragmente. Es konnte eine Korrelation zwischen Satzkomplexität und Verarbeitungszeit festgestellt werden. Fraglich ist, ob solche Untersuchungen für den spontanen Umgang mit Sprache zu verallgemeinern sind.

Aufgrund dieser traditionellen Auffassung wurde für das Erstellen von Lehrtexten die Regel abgeleitet, Konstruktionen mit mehreren Transformationen (wie zum Beispiel Passiv und Nominalisierungen) zu vermeiden (vgl. Groeben, 1976). In manchen Untersuchungen wurde betont, daß nicht nur die aktiven Verbformen einfacher zu verstehen seien als ihre nominalisierten Gegenstücke (z.B. Coleman, 1965), sondern daß sogar viele Nominalisierungen schwerer seien als ihre entsprechenden Nebensatz- oder Passivkonstruktionen (vgl. Coleman, 1964). Nominalisierungen wurden so ein Merkmal syntaktischer Komplexität (vgl. hierzu Eberspächter & Esche, 1978, S. 189).

Diese Sichtweise ist einseitig und läßt viele Details unberücksichtigt. Nominalisierungen können zum Beispiel auch zu sinnvollen Verkürzungen führen (vgl. Groeben, 1978, S. 21), die nicht zwingend das Verständnis erschweren. Dennoch plädieren die meisten Autoren für die Vermeidung von Nominalisierungen.

Gerade wegen dieser Verkürzungen findet Straßner (1975, S. 53) den Nominalstil schlecht, da dieser das Sprechtempo steigert. "Am schlimmsten" im schon "schlimmen" Nominalstil stuft er die Wörter mit der Endung -ung ein. In jedem dieser Substantive, so Straßner, steckt ein Verbum, das für den Rezipienten nur mit Mühe wiederzuerkennen ist. Im verdichteten und damit informationsüberladenen Nominalstil läßt sich zwar mehr Sendeinhalt pro Sendeminute unterbringen als in einem redundanteren Text; die Ballung von Substantiven führt aber auch zu einer Überakzentuierung, so daß die Prosodie für den Hörer nicht mehr den Kerninhalt des Satzes definiert. Dieser Effekt stellt sich erst bei einer Häufung von Nominalisierungen ein. Die eigentlichen "Hauptwörter" im Satz seien nicht die Substantive, sondern die Verben, meint Straßner.

Hierzu merkt Felix (1979) an, daß allein mit der Abschaffung des Nominalstils auch keine Einfachheit erzwungen werden kann. In einem rundherum interessanten und gut strukturierten Text wird eine Nominalisierung das Verständnis nicht verhindern können.

Das Verbum als zentraler Aspekt des Satzes bleibt auch bei Passivkonstruktionen erhalten. Ballstaedt, Mandl, Schnotz und Tergan (1981, S. 207) führten zur Unterstützung dieser Sichtweise an, daß das Passiv in vielen Fällen einfacher zu verstehen ist als die entsprechende aktive Form. Für Kinder erschweren passive Konstruktionen erst dann das Textverstehen, wenn Subjekt und Objekt austauschbar sind ("reversible Sätze", vgl. Slobin, 1966), das heißt, wenn der Satz in beiden Formen (Subjekt-Verb-Objekt und Objekt-Verb-Subjekt) einen sinnvollen Gehalt darstellt. Irreversible Passivsätze sind genauso leicht zu erfassen wie aktive Sätze. Deshalb halten die Autoren eine allgemeine Regel zur Vermeidung des Passivs nicht für sinnvoll. Abgesehen davon braucht "der Journalist (...) das Passiv nicht nur aus stilistischen Gründen der Abwechselung, sondern oft auch zur Verdeutlichung von Bezügen" (vgl. Abend, 1975, S. 192).

Empfehlung: Grundsätzlich sind Erklärtexte für Kinder verbzentriert zu gestalten. Passiv, Nominalisierungen und auch alle anderen Transformationen sollten jedoch nicht um jeden Preis vermieden werden.

4.1.3 Art und Häufigkeit der Begriffe

Das Fernsehen bietet die Möglichkeit, abstrakte Begriffe durch Visualisierungen zu konkretisieren. Die vorher unkonkreten Begriffe erhalten dadurch eine "semantic power" (vgl. Jörg, 1983, S. 237). Durch prototypische Darstellungen können die meisten Begriffe konkretisiert werden.

Nach Kintsch (1982) trägt die Auftretenshäufigkeit ebenfalls entscheidend zu dem Verstehensprozeß bei. Häufige Wörter werden nicht nur signifikant schneller verstanden (vgl. Marks, Doctorov & Wittrock, 1974), sondern es entstehen auch keine Textlücken durch Passagen, die der Rezipient verpaßt, weil er gerade damit beschäftigt ist, einen ungewohnten Begriff zu entschlüsseln.

Einer der größten Verfechter von Wortwiederholungen ist LaRoche: "Zentrale Begriffe wiederholen und zwar so oft wie erträglich" (LaRoche, 1986, S. 153).

Empfehlung: Es gibt im alltäglichen Gebrauch keine Begriffe, die nicht verwendet werden könnten. Fremdwörter müssen erklärt werden, möglichst mehrfach (z.B. in einem kurzen nachgestellten Relativsatz), vor allem aber durch prototypische Visualisierungen. Die eingeführten Begriffe sollten unvariiert "so oft wie erträglich" beibehalten werden.

4.1.4 Redundanz

Redundanz ist für LaRoche das entscheidende Merkmal, das einen Hörtext von einem Lesetext unterscheidet (1986, S. 155). Vor allem bei der Einführung neuer Sachverhalte spielt die Redundanz eine entscheidende Rolle. Durch die Wiederholung einzelner Aspekte ermöglicht sie dem Hörer, sein bisheriges Verständnis zu überprüfen und gegebenenfalls zu modifizieren.

Nach Groeben (1978, S. 120) sind es vor allem die wörtlichen Wiederholungen, die das Textverständnis verbessern. Redundanz muß aber nicht bedeuten, daß ein und derselbe Sachverhalt zweimal hintereinander geschildert wird. Vielmehr kommt es auf eine kognitive Redundanz (vgl. Groeben, 1978, S. 129) an. Mit kognitiver Redundanz bezeichnet Groeben die wiederholte Formulierung von Gedanken- bzw. Konzeptteilstücken. Zur kognitiven Redundanz gehört vor allem aber auch das Herausstellen von Ursachen und Folgen. Findahl und Höijer (1979, S. 12) konnten zeigen, daß diese Zusammenhänge wesentlich schwerer im Gedächtnis haften bleiben als konkrete Objekte wie Personen oder Orte. Vor allem Kinder im Alter von fünf Jahren konzentrieren sich verstärkt auf die Einzelheiten statt auf den großen Zusammenhang in einem Text (vgl. Rydin, 1976, S. 3f. u. S. 26-30). Auch Siebenjährige lassen sich nach Meinung der Autorin noch stark von irrelevanten Einzelheiten ablenken. Erst im Alter von elf Jahren sind Kinder in der Lage, die wichtigen Informationen auf Kosten von Einzelheiten und Teilaspekten aus dem Text zu extrahieren. Kinder stellen sich auf kurze, erreichbare Ziele ein, sie bleiben somit sehr leicht am Einzelfall haften (vgl. Sturm, 1968, S. 136).

Auch Ausubel (1963) räumt dem stilistischen Mittel der Redundanz in seiner Verstehenstheorie zentralen Raum ein. Ausgehend von seiner Theorie des sinnorientierten Rezeptionslernens propagiert Ausubel die "advance organizers". Diese Technik führt am Anfang eines Textes höher inklusive, generelle kognitive Konzepte und Strukturen ein, unter die der Rezipient die neuen Inhalte subsummieren kann. Im Unterschied zu einer vorangestellten Zusammenfassung werden hier die Inhalte vordergründig auf die Wissensstruktur des Lesers bezogen. Der lernerleichternde Effekt resultiert aus der Vorgabe übergeordneter kognitiver Konzepte (Ankerbegriffe), die der Sprachbenutzer nicht mehr selbständig suchen muß. Die neuen Lerninhalte sind dadurch gewissermaßen "vorsortiert". Der Rezipient hat trotz der Neuheit der

Information das Gefühl des Wiedererkennens. Durch mehrere Experimente (1977) konnte Ausubel nachweisen, daß diese Technik eine schwache, aber dennoch stabile lernerleichternde Wirkung aufweist. Die Verlängerung des Textes durch die Hinzufügung der advance organizers zeigte keinen negativen Effekt auf die Behaltensleistung. Im Gegenteil, die ausgedehnte Behandlung eines Gegenstands läßt dem Sprachrezipienten mehr Zeit, sich auf den neuen Sachverhalt einzustellen und sein möglicherweise vorhandenes Vorwissen zu aktivieren (vgl. Mandler & Mandler, 1964).

Empfehlung: Grundsätzlich sollte in Texten redundant formuliert werden. Vor allem aber ist Wert auf die kognitive Redundanz zu legen, die die grundlegenden logischen Strukturen (Zusammenhänge, Ursache/Wirkung) wiederholt herausstellt.

4.2 Propositionale Textbasis

4.2.1 Anzahl von Propositionen und Propositionendichte

Anzahl von Propositionen und Propositionendichte sind psychologische Variablen, die die Dekodierzeit eines Textes beeinflussen (vgl. Kintsch & Keenan, 1973; Miller & Kintsch, 1980). Sie stehen in einem direkten Zusammenhang. Bei gehörten Texten verlängern diese Variablen nicht nur die Dekodierzeit, sondern sie entscheiden darüber, ob der Hörer überhaupt versteht. Enthält ein Text zu viele Informationen, oder ist er zu dicht, so schaltet der Rezipient ab. Der gewünschte Inhalt kann nicht vermittelt werden. Die Propositionendichte steht in einem engen Zusammenhang zur Redundanz. LaRoche formuliert treffend: "Möglichst nur eine Information pro Satz" (LaRoche, 1986, S. 156).

Empfehlung: "Eine Information pro Satz" gilt als Faustregel. Dem Hörer muß unbedingt genügend Zeit gegeben werden, um eine Proposition zu verstehen.

4.2.2 Makrostruktur und Hierarchie

Makropropositionen höherer Ebene beeinflussen das nachfolgende Textverständnis entscheidend. Sie programmieren sozusagen das selektive Verstehen (vgl. Bransford & Johnson, 1972). Kintsch und Keenan (1973) konnten sogar nachweisen, daß die Behaltensleistung mit der Hierarchiehöhe der Propositionen positiv korreliert. Dabei spielt nicht nur die absolute Höhe der Proposition eine Rolle. Vielmehr ist es die relative Höhe, die das Verstehen beeinflußt. Die relative Höhe einer Proposition ergibt sich im spontanen Dekodierprozeß des Hörers aus der Tatsache, daß der Hörer aufgrund seines Vorwissens provisorische Makropropositionen bildet. Diese werden im fortlaufenden Wahrnehmungsprozeß ständig angeglichen.

Die Wahl von provisorischen Makropropositionen ist in hohem Maße situations- und personenspezifisch. Kintsch und Vipond (1979, S. 354) zeigten, daß Versuchspersonen je nach Aufgabenstellung unterschiedliche Makropropositionen auswählten. Zur Auswahl der geeigneten Makropropositionen braucht der Rezipient Vorerfahrungen und Texterwartungen. Wie schon erwähnt, sind Kinder erst im Alter von elf Jahren in der Lage, hierarchiehohe Propositionen aus einem Text zu extrahieren (vgl. Rydin, 1976).

Empfehlung: Die Makrostruktur sollte offengelegt werden und nachvollziehbar sein. Eine einmal angeführte Makroproposition sollte beibehalten werden, um den Perzeptionsvorgang nicht unnötig zu erschweren.

4.2.3 Superstruktur

Die Superstruktur ist die höchste Ebene der Textstruktur. Superstrukturen identifizieren die Textsorte (vgl. van Dijk, 1980a und 1980b, S. 128) und rufen dadurch beim Rezipienten eine gewisse Erwartungsstruktur hervor, die das Erstellen der Makrostruktur wesentlich vereinfacht. Es ist nicht allein wichtig, diese Erwartungen des Hörers/Lesers zu provozieren, sondern sie auch zu erfüllen. Denn diese "Vorstrukturierung" wird nicht nur aktiviert, sondern der Rezipient bleibt auch mit ihr verhaftet und weigert sich, sie aufzugeben (vgl. Ballstaedt et al., 1981, S. 244). Der Zuhörer gerät sonst in Konflikt und kann den Inhalt nicht mehr konzentriert verfolgen.

Empfehlung: Superstrukturen offenlegen und benennen. Die durch Superstrukturen hervorgerufenen Erwartungen erfüllen.

4.3 Situationskomponente

4.3.1 Vorwissen

Das Vor- bzw. Weltwissen des Sprachbenutzers ist die Voraussetzung eines jeden Verstehensprozesses. Dieses Wissen befähigt den Menschen, Informationen in einer bestimmten Weise zu verstehen und zu interpretieren (vgl. Ballstaedt et al., 1981, S. 245). Aufgrund seines Vor- und Weltwissens entscheidet der Rezipient über die kognitive Relevanz (vgl. van Dijk, 1980c, S. 251) einer Information. Er befindet darüber, ob er eine gegebene Information als "wichtig" einstuft und in sein Gedächtnis aufnimmt. Van Dijk (1980c, S. 242) stellte entscheidende Faktoren des Vor- bzw. Weltwissens als "cognitive set" eines Menschens zusammen. Hierzu zählt er aktuelle Wünsche, Präferenzen, Aufgaben, Interessen, Ansichten, Glauben, Normen, Werte und Einstellungen (vgl. van Dijk & Kintsch, 1983, S. 286). Diesen Faktoren unterliegt ein großer Teil des gesamten Verstehensprozesses:

"The factors determine initial interpretation of sentences, establish connections and coherence, influence the application of macrorules, and finally determine the representation of the discourse in memory. Again this representation is at the same time an (indirect) representation of the world, as conveyed by and inferred from discourse." (van Dijk, 1980c, S. 246)

Das cognitive set ermöglicht dem Sprachbenutzer, seine Aufmerksamkeit selektiv zu steuern. Eine Wissensstruktur unterliegt aber einem langjährigen Erwerbsprozeß, sie muß erst langsam aufgebaut werden. Den Kindern fehlt die Übung, ihre Wissensstruktur zu aktualisieren. Kognitive Prozesse laufen bei Kindern sehr viel schwerfälliger ab als bei Erwachsenen. Wosnitza (1982, S. 69) weist in diesem Zusammenhang darauf hin, daß bei Kindern nicht in jedem Fall von einer Einarbeitung neuer Information in vorhandene Wissensstrukturen ausgegangen werden kann.

Empfehlung: Möglichst beim Erstellen eines Lehrtextes an das cognitive set der Kinder anknüpfen.

4.3.2 Interesse und Neugier

Berlyne (1954) suchte nach den Strukturen und Merkmalen, die Menschen interessiert und neugierig machen. Er kam zu dem Ergebnis, daß es unmöglich ist, beim Menschen Interesse und Neugier mit ihm völlig fremden Dingen zu wecken. Es ist vielmehr ein "mittlerer Grad an Vertrautheit", der dies bewirkt:

"Our theory of curiosity implies that patterns will be most curiosity-arousing at an intermediate stage of familiarity. If they are too unlike anything with which the subject is acquainted, the symbolic response-tendencies will be too few and too feeble to provide much conflict, while too much familiarity will have removed conflict by making the particular combination an expected one." (Berlyne, 1954, S. 189)

Es geht um etwas Vertrautes, das sich aber gerade so viel von dem Gewohnten unterscheidet, daß es interessant wird. Etwas "einmalig Pikantes" (Berlyne, 1974, S. 42), das einen inneren Konflikt auslöst – also innere Aktivität erzeugt.

Alle Neugier provozierenden Merkmale haben ein Phänomen gemeinsam: In zu hoher oder zu geringer Konzentration wecken sie weder Interesse noch Neugier. Einzig ein "mittlerer Grad" an Aktivierung wirkt sich positiv auf die Leistung aus. Je fremder eine Sache ist, desto höher ist die Irritierbarkeit des Menschen. Analog dazu führt eine sehr vertraute Sache zu einer oberflächlichen Verarbeitung. Groeben (1978, S. 131) wie auch Hitzler (1989, S. 200) postulieren aus diesen Gründen eine umgekehrt U-förmige Beziehung zwischen dem Schwierigkeitsgrad eines Textes und der Textverständlichkeit. Das bedeutet, daß man auch Kinder mit einem "mittleren Grad" an Kompliziertheit konfrontieren sollte. Pearson (1975, S. 90) konnte sogar zeigen, daß Kinder komplexere Texte gegenüber einfachen Texten bevorzugen.

Empfehlung: Texte müssen einerseits mit Vertrautem arbeiten, andererseits dieses Vertraute so gestalten, daß Neues und Interessantes eingebettet wird. Es ist darauf zu achten, daß dem Hörer "mittlere Grade" angeboten werden.

5. Eine experimentelle Untersuchung

5.1 Beschreibung der Stichprobe

Logo wendet sich an Kinder und Jugendliche im Alter von neun bis dreizehn Jahren. Zur Erfassung dieses Altersbereichs wurden in München aus vier Schultypen insgesamt neun Schulklassen ausgewählt.

An der Untersuchung nahmen 207 Kinder aus folgenden Schulklassen teil:
- Klasse 3 Grundschule
- Klasse 4 Grundschule
- Klasse 5 Hauptschule
- Klasse 5 Gymnasium
- Klasse 6 Hauptschule
- Klasse 6 Gymnasium
- Klasse 7 Hauptschule
- Klasse 7 Realschule
- Klasse 7 Gymnasium

5.2 Sendematerial

Für die Zusammenstellung des Testmaterials standen alle Logo-Sendungen der Pilotphase (25.01.88 - 31.03.88) zur Verfügung. Ausgewählt wurden Erklärstücke, die mit einem vergleichbaren Bildmaterial (Graphiken, Zeichentrick) versehen waren und Themen aus den Bereichen Politik, Wirtschaft und Soziales behandelten. Das Bild sollte den Text nicht dominieren, sondern ihn unterstreichen bzw. verdeutlichen. Die gewählten Bedingungen sollten eine möglichst bildunabhängige Sprachanalyse ermöglichen.

Die Untersuchung erfaßt Logo-Sendungen, die erstens mit Zeichentrick unterlegt sind und zweitens einen "wissenschaftlichen Begriff" im Sinne Wygotskis einführen (vgl. Wygotski, 1969, S. 167ff.). Sie sollten möglichst einen Begriff erklären, den die Kinder nicht kennen, oder unter dem sie sich bisher nichts Konkretes vorstellen konnten. Mit diesen Einschränkungen konnten von den insgesamt zwölf verschiedenen, mit Zeichentrick unterlegten Erklärstücken nur drei in die Untersuchung aufgenommen werden:

1. Thema: Krankenkasse   01. 03. 88   Länge: 2 min. 36 s.
2. Thema: NATO   03. 03. 88   Länge: 2 min. 09 s.
                                          (vgl. Anhang A)
3. Thema: EG (2. Teil)   11. 02. 88   Länge: 2 min. 00 s.

Moderiert wurden die Sendungen zur "Krankenkasse" und "Nato" von einer Sprecherin, die Sendung zur "Europäischen Gemeinschaft" von einem Sprecher.

5.3 Fragebögen

Es handelt sich bei dieser Untersuchung um ein nichtstandardisiertes Fragebogenverfahren. Die Fragebögen enthielten keine vorgegebenen Antwortmöglichkeiten. Offene, direkte Fragen sollten die Behaltensleistungen der Schüler überprüfen (vgl. Tränkle, 1983, S. 223ff). Die Antworten konnten völlig frei in eigenen Formulierungen aufgeschrieben werden. Mehrfach-Wahl-Antworten wurden für diese Untersuchung nicht ausgewählt, da sie sich nach Groeben (1976, S. 133) als "methodisch fragwürdig" erwiesen haben. Auch Anderson (1972) stellte fest, daß die Reliabilität und die Validität des Erhebungsverfahrens der Mehrfach-Wahl-Antworten nicht als befriedigend gilt. Der Grund liegt nach Groeben darin, daß man die Multiple-choice-Fragen zum Teil auch ohne Verständnis, sogar ohne Kenntnis des zugrundeliegenden Textes richtig beantworten kann. Das ergibt sich aus der Tatsache, daß die gestellten Alternativen nicht immer gleich wahrscheinlich sind, so daß allein durch Kombinieren die richtige Antwort auch erraten werden könnte (vgl. Pyrczak, 1972, S. 64f.).

Es wurde insgesamt mit sechs verschiedenen Fragebögen gearbeitet. Pro Sendung (Krankenkasse, Nato, EG) gab es je einen Vorfragebogen (A) und einen Hauptfragebogen (B).

5.4 Experimentelles Design

Das Feldexperiment der vorliegenden Untersuchung bestand zu jedem der drei Themen aus drei Phasen. Die erste Phase überprüfte das Vorwissen der Kinder und bereitete sie auf das Thema des Beitrags vor. In der zweiten Phase wurde das Sendematerial der einzelnen Beiträge über Video gezeigt. Die dritte Phase schließlich überprüfte anhand der Hauptfragebögen die Behaltensleistung.

5.5 Geplante Auswertungskriterien

Zunächst wurden analog zu der in Kapitel 3 geschilderten Propositionsanalyse nach Kintsch und van Dijk (1978) die Bewertungskriterien für die Antworten erstellt. Eine Antwort wurde mit 0, 1 oder 2 Punkten bewertet. 2 Punkte bedeutet, daß die Antwort alle relevanten

Propositionen beinhaltet. 1 Punkt sagt aus, daß der Schüler die relevanten Propositionen nur teilweise erfaßt hat (beispielsweise von zwei richtigen Propositionen nur eine) und 0 Punkte besagt, daß nichts oder nur ungenügend viel behalten wurde. Die genauen Bewertungskriterien exemplarisch für das Erklärstück NATO können Anhang D entnommen werden.

6. Ergebnisse

6.1 Versuchspersonenspezifische Ergebnisse

Zur Überprüfung, ob sich die Stichprobenergebnisse der verschiedenen Alters- und Sozialgruppen unterscheiden, wurde eine Ein-Weg-Rangvarianzanalyse nach Kruskal und Wallis (H-Test) gerechnet. Es ergab sich ein sehr signifikanter Unterschied der Behaltensleistung zwischen diesen Gruppen ($p < 0.01$). Im einzelnen ergab sich:
- Jüngere Kinder behalten weniger als ältere Kinder.
- Hauptschüler zeigen eine schlechtere Behaltensleistung als Gymnasiasten und Realschüler gleichen Alters und zum Teil auch als Gymnasiasten jüngeren Alters.
- Im Gegensatz zu Gymnasiasten unterscheiden sich Hauptschüler unterschiedlicher Altersgruppen nicht in ihrer Behaltensleistung.

6.2 Sendematerialspezifische Ergebnisse

Die Merkmale der Situationskomponente (Vorwissen und Interesse) hatten den stärksten Einfluß auf die Behaltensleistung. Als drittes beeinflussendes Kriterium ergab sich ein Oberflächenmerkmal: Redundanz. Vorwissen, Interesse und Redundanz bestimmen und steuern also den menschlichen Verstehensprozeß.

Ein Informationstext wie die Logo-Erklärstücke, der an das Vorwissen seiner Zielgruppe anschließt, Interesse und Neugier seiner Rezipienten weckt und redundant formuliert ist, kann als "leicht verständlich" gelten – unabhängig davon, ob die Sätze dieses Textes nun durchschnittlich zehn oder zwanzig Wörter haben, ob sie eine oder zwei Propositionen enthalten oder ob sie Nominalisierungen beinhalten.

Die Passagen der Logo-Erklärstücke, die zumindest zwei der drei genannten Kriterien erfüllen, erreichten bei dieser heterogenen Versuchsgruppe eine Behaltensleistung von durchschnittlich knapp 80%. Das zentrale Beispiel hierfür stammt aus dem Erklärstück zur Nato: "Auch Freunde können einmal Streit haben. Darum haben die Nato-Länder in ihrem Vertrag aufgeschrieben, daß sie jeden Streit miteinander friedlich lösen müssen."

Auf die Frage: "Was machen die Nato-Länder, wenn sie einmal Streit haben?", konnten 79.71% der Kinder die richtige Antwort geben. Hier die Ergebnisse pro Schulklasse:
- Klasse 3 Grundschule   90.48%
- Klasse 4 Grundschule   71.43%
- Klasse 5 Hauptschule   58.62%
- Klasse 5 Gymnasium   96.43%
- Klasse 6 Hauptschule   85.00%
- Klasse 6 Gymnasium   88.89%
- Klasse 7 Hauptschule   64.00%
- Klasse 7 Realschule   94.74%
- Klasse 7 Gymnasium   100.00%

Durch den Einstieg "Auch Freunde können einmal Streit haben" schließt der Text direkt an das Vorwissen der Kinder an. Einen Streit mit Freunden kann sich jedes Kind anhand seiner Erinnerung gut vorstellen. Die Redundanz zeigt sich vor allem im zweiten Satz: Der schon einmal aufgeworfene Aspekt des Streits und die bekannten Nato-Länder werden wiederholt (vgl. Anhang A). Der einzig neue Aspekt in diesem Textausschnitt ist der Vertrag, der in den Antworten der Kinder von mehr als 2/3 unterschlagen wurde. Das geschieht wahrscheinlich deswegen, weil die Kinder über kein "Script" (vgl. Schank & Abelson, 1977) von "Vertrag abschließen" verfügen. Sie können diese Information nicht mit eigenen Erfahrungen verknüpfen, sortieren sie also einfach aus.

Darüber hinaus ist diese Textpassage außerordentlich interessant für Kinder. Daß Politiker ähnliche Probleme wie sie haben, finden sie mehrheitlich ungewöhnlich. Das ergab auch die Diskussion mit den Schülern im Anschluß an die Untersuchung. Vorwissen, Interesse und Redundanz sind vor allem auch deswegen die entscheidenden Kriterien im Verstehensprozeß, da sie viele andere, ebenfalls wichtige Merkmale subsummieren. Ein Text kann zum Beispiel nicht gleichzeitig redundant sein und eine hohe Propositionendichte beinhalten. Er kann auch nicht am Vorwissen der Kinder anschließen und gleichzeitig mit vielen abstrakten oder seltenen Begriffen arbeiten. Ebenso darf er keine unklaren Makropropositionen aufweisen. Daß obiger Textausschnitt drei

Propositionen (siehe Anhang B) enthält und nicht, wie für sinnvoll erklärt, nur eine Proposition pro Satz, also insgesamt zwei, mindert die Verstehensleistung nur unwesentlich.

7. Nachrichten für Kinder - unmöglich?

Vorwissen, Interesse und Redundanz führen trotz nachweislicher Gültigkeit für Felix (1979, S. 38) zur Auflösung des Genre Nachrichten. Die Kürze und die Sachlichkeit, die eine Information kennzeichnen, überfordert Kinder zwangsläufig.

Da dies nicht das einzige Problem ist, da zudem aufgrund der kindlichen Wissensstruktur Nachrichten stark vereinfacht werden müssen, drängt sich die Frage auf, ob es denn überhaupt möglich, geschweige denn sinnvoll ist, Nachrichten für Kinder zu produzieren. "Vereinfachung kann eine gefährliche Sache sein" (vgl. Barnes, 1979, S. 45) argumentieren die Gegner mit Recht. Und dennoch, es gibt auch andere Stimmen, wie zum Beispiel Storkebaum (1979, S. 82): "Ich glaube, daß Nachrichten für Kinder wichtiger sind als je zuvor (...) Ich halte es für eine große Aufgabe gerade der öffentlich rechtlichen Anstalten, zumindest für eine Grundorientierung der jungen Menschen und Staatsbürger zu sorgen".

Die Lösung dieses Problems scheint schwierig. Die Notwendigkeit für Kindernachrichten besteht in dieser vielschichtigen Welt auf jeden Fall. Wenn die Textsorte, die Kinder benötigen, um mit neuen Informationen sinnvoll umgehen zu können, nicht das Genre Nachrichten ist, sondern eine andere, stärker erklärende Textform, warum dann nicht auf diese zurückgreifen, bevor man es völlig läßt?

Anhang A

Text und Bildbeschreibungen des Logo-Erklärstücks zur Nato: Die getesteten Logo-Erklärstücke wurden mit Zeichentrick, teilweise statisch, teilweise bewegt, unterlegt. In diesem Anhang wird der Text vollständig und eine möglichst genaue Beschreibung der Zeichentrickeinheiten wiedergegeben.

1. Bild: Ein gelbes Viereck, dessen rechte, obere Ecke abgeflacht ist. Innen der Logo-Luftballon, bedruckt mit der Weltkarte. Darunter wird mit Telex-Geräusch "Nato" eingetippt.

2. Bild: Rechts im Bild sitzt die Moderatorin B. Biermann. Links im Bild ist groß der Nato-Stern eingeblendet. Unter dem Stern befindet sich gelb unterlegt der Schriftzug: "Nato-Treffen".

Text: "Heute ist der zweite und letzte Tag des Nato-Treffens in Brüssel. Dies war ein besonderes Treffen, denn zum ersten Mal seit sechs Jahren kamen die Staats- und Regierungschefs der Nato-Länder zusammen. Sie wollten sozusagen auf oberster Ebene mal miteinander reden. Der Stern hier neben mir ist das Wahrzeichen der Nato. Die Nato aber, was ist das überhaupt?"

3. Bild: In der oberen Hälfte des Bildschirms ist groß "NATO" eingeblendet. Darunter steht "= Atlantisches Bündnis".

Text: "Nato ist die Abkürzung für einen englischen Namen. Er heißt "North Atlantic Treaty Organisation". Auf deutsch: Atlantisches Bündnis."

4. Bild: Graue Weltkarte. Die Nato-Länder sind blau hervorgehoben. Links oben im Bild sieht man klein den Nato-Stern. Dieser bleibt bis zur Abmoderation an dieser Stelle.

Text: "Sechzehn Länder gehören zu diesem Bündnis. Kanada, die USA, Island, Dänemark, Norwegen, Großbritannien, Frankreich, Belgien, die Niederlande, Luxemburg, Portugal, Spanien, Italien, Griechenland, die Türkei und die Bundesrepublik Deutschland."

5. Bild: Wie Bild 4. Über den blauen Nato-Ländern ist groß der Nato-Stern eingeblendet.

Text: "Diese Länder haben sich zusammengeschlossen, weil sie gemeinsam stärker sind. Und sie können sich besser wehren, wenn ein anderes Land angreifen will. Gegründet wurde die Nato nach dem Krieg, aus Angst vor der Sowjetunion."

6. Bild: Gleiche Weltkarte, wie in Bild 4 und 5. Die Länder des Warschauer Pakts sind nun rot gekennzeichnet. Über den blauen Ländern ließt man die Einblendung "Nato", über den roten Ländern "Warschauer Pakt".

Text: "Die hat sich wenig später auch mit Verbündeten zusammengeschlossen, zum Warschauer Pakt."

7. Bild: Gleiche Weltkarte wie in Bild 4. Über die blauen Länder wurden nun schwarze, schematisierte Schiffe und Panzer gelegt.

Text: "Zurück zur Nato: Sie will vermeiden, daß es überhaupt zu einem Krieg kommt. Darum sind ihre Länder mit Waffen und Kampffahrzeugen ausgerüstet, die einen Feind abschrecken sollen."

8. Bild: Schematische Darstellung einer Küste: Land, Wasser, Luft. Auf dem Land steht ein schwarzer Panzer, auf dem Wasser schwimmt ein schwarzes Kriegsschiff und in der Luft befindet sich ein schwarzes Kampfflugzeug.

Text: Es gibt diese Waffen und Fahrzeuge auf dem Land, im Wasser und in der Luft.

9. Bild: Weltkarte, wie in Bild 4. Darüber schräg ein weißes Blatt mit der großen Aufschrift "Nato-Vertrag". Darunter sieht man schematisierte Zeilen. Unten rechts und links eine fiktive Unterschrift.

Text: "Auch Freunde können einmal Streit haben. Darum haben die Nato-Länder in ihrem Vertrag aufgeschrieben, daß sie jeden Streit miteinander friedlich lösen müssen."

10. Bild: Schematisierte Darstellung der belgischen Küste. Erkennbar und beschriftet ist die Bundesrepublik und Belgien, wobei aber Belgien blau abgehoben ist auf der sonst grauen Karte. Brüssel ist durch einen weißen Punkt und den Schriftzug "Brüssel" gekennzeichnet.

Text: "Jedes Land des Atlantischen Bündnisses schickt einen ständigen Vertreter nach Brüssel, der Hauptstadt Belgiens."

11. Bild: Bild 10 mit großer farbiger Einblendung des Schriftzugs: "Nato".

Text: "Dort nämlich hat die Nato ihren Sitz, also ihre ..."

12. Bild: Foto aus dem Nato-Konferenzsaal.

Text: "... Büros und Konferenzsäle. Die Vertreter treffen sich regelmäßig in Brüssel, um miteinander zu reden."

13. Bild (= 2. Bild):

Text: "Diesmal waren es nicht die ständigen Vertreter, sondern die Staats- und Regierungschefs, die in Brüssel miteinander gesprochen haben. Es ist nicht viel Neues dabei herausgekommen. Zum Schluß sagten die Politiker, was sie sich wünschen: Ein Gleichgewicht von Waffen und Soldaten zwischen Warschauer Pakt und Nato. Bis jedoch aus diesem Wunsch Wirklichkeit wird, sind noch viel Verhandlungen nötig."

Anhang B

Makropropositionen aus dem Erklärstück zur Nato:

Die folgenden Makropropositionen wurden ohne Beachtung des Vor- bzw. Weltwissens erstellt. Sie sind anhand der Makroregeln aus Kintsch und van Dijk (1978) abgeleitet. Dargestellt wird die Ableitung der Makropropositionen zweiter Ebene. Diese Makropropositionen simulieren nicht das Verstehen der Versuchspersonen. Es handelt sich lediglich um eine Grundlage zum Erstellen der Bewertungskriterien in

Anhang D. Die dafür relevanten Makropropositionen sind durch ein "*" gekennzeichnet.

0. (TREFFEN, NATO)
1. (IN BRÜSSEL, 0)
2. (STAATS- UND REGIERUNGSCHEFS, 0)
3.* (HEISST, NATO, ATLANTISCHES BÜNDNIS)
4. (GEHÖREN ZU, NATO, SECHZEHN LÄNDER)
5.* (HABEN ZUSAMMENGESCHLOSSEN, 4, SICH)
6.* (SIND, GEMEINSAM, STÄRKER)
7.* (WEIL, 5, 6)
8.* (ANGST VOR, SOWJETUNION)
9.* (WEIL, 5, 8)
10.* (UND, 6, 8)
11. (HABEN ZUSAMMENGESCHLOSSEN, SOWJETUNION)
12. (11, ZUM WARSCHAUER PAKT)
13.* (WILL VERMEIDEN, 3, KRIEG)
14.* (HAT, NATO, WAFFEN)
15.* (ABSCHRECKEN, NATO, FEIND)
16.* (UM ZU, 14, 15)
17.* (AUFGESCHRIEBEN, NATO, VERTRAG)
18.* (FRIEDLICH LÖSEN, NATO, STREIT)
19.* (DASS, 17, 18)
20. (SCHICKEN, NATO-LÄNDER, VERTRETER, BRÜSSEL)
21. (NORMALERWEISE, 20)
22. (IST, NATO-SITZ, BRÜSSEL)
23. (REGELMÄSSIG, TREFFEN)
24. (WÜNSCHEN, 2, GLEICHGEWICHT)

Als Text formuliert:

Nato-Treffen in Brüssel

In Brüssel findet ein Treffen der Staats- und Regierungschefs statt. Nato heißt "Atlantisches Bündnis". Zur Nato gehören sechzehn Länder. Diese haben sich zusammengeschlossen, weil sie gemeinsam stärker sind und aus Angst vor der Sowjetunion. Die Sowjetunion hat sich auch mit Verbündeten zusammengeschlossen, zum Warschauer Pakt. Die Nato will einen Krieg vermeiden. Um einen Feind abzuschrecken, hat die Nato Waffen. Die Nato-Länder haben in einem Vertrag aufgeschrieben, daß sie einen Streit friedlich lösen müssen. Die Nato-Länder schicken einen Vertreter nach Brüssel. In Brüssel ist der Nato-Sitz. Sie treffen sich dort regelmäßig. Die Staats- und Regierungschefs in Brüssel wünschen sich ein Gleichgewicht.

Anhang C

Fragebögen der Untersuchung am Beispiel Nato

1. Vorfragebogen:

Was heißt NATO?
Welche Aufgabe hat die NATO?

2. Hauptfragebogen:

Was heißt NATO?
Warum haben sich die Länder zur NATO zusammengeschlossen?
Warum hat die NATO so viele Waffen?
Was machen die NATO-Länder, wenn sie einmal Streit haben?
Was hast du noch behalten?

Anhang D

Bewertungskriterien für das Erklärstück zur Nato

1. Was heißt NATO?

2 Punkte: North Atlantic Treaty Organisation, incl. leichte Fehler, und Abweichungen, da dieser Begriff akustisch schlecht zu verstehen war
oder
Atlantisches Bündnis/Atlantischer Verbund/ Atlantischer Bund/Nordatlantik Pakt/Atlantik Bündnis/Atlantisches Verbündnis/Nordatlantik Bündnis

1 Punkt: Amerikanisches Bündnis/Atlantisches .../englischer Name mit groben Fehlern

0 Punkte: Alle restlichen Variationen

2. Warum haben sich die Länder zur NATO zusammengeschlossen?

2 Punkte: A gemeinsam stärker/besser wehren/um gegen Feinde zusammenzuhalten/daß sie mehr Leute haben um den Feind fern zu halten/ge-

            gen den Krieg stärker/sich helfen im Kriegsfall/alle Paraphrasen, die den gemeinschaftlichen Gedanken beinhalten
    und
       B -aus Angst vor der Sowjetunion/Feind
          -Schutz vor der Sowjetunion/Feind
          -Schutz/Angst vor anderen Ländern

1 Punkt: A oder B

0 Punkte: Krieg vermeiden, Abschreckung und alle Paraphrasen

3. Warum hat die NATO so viele Waffen?

2 Punkte: A Krieg vermeiden/keinen Krieg wollen
        und
        B Abschreckung/andere Länder abhalten Krieg zu machen/um Eindruck zu machen/den Gegner ängstigen/ andere Länder erschrecken/Angreifer sollen Angst kriegen/Krieg abschrecken

1 Punkt   A oder B

0 Punkte: Schutz/Abwehr/Angst

4. Was machen die NATO-Länder, wenn sie einmal Streit haben?

2 Punkte: friedlich lösen, da Vertrag/friedlich lösen/reden in Brüssel/treffen in Brüssel/diskutieren in Brüssel/ vertragen sich/kein Streit/im Guten miteinander reden/Nato-Vertrag lesen/ohne Waffen verhandeln/in Freundschaft einigen/alle Paraphrasen, die auf eine friedliche Einigung hinweisen

1 Punkt: bei Umkehr der Reihenfolge: Wenn sie Streit haben, machen sie einen Vertrag/nach Brüssel fahren, ohne jegliche Andeutung, was sie da vorhaben/ein Bündnis eingehen

0 Punkte: Krieg/sich bekämpfen, etc.

Literatur

Abend, M. (1975): Verständliche Fernseh-Nachrichten. In: Straßner, E. (Hrsg.): *Nachrichten. Entwicklungen-Analysen-Erfahrungen.* München.

Anderson, R.C. (1972): How to construct achievement tests to assess comprehension. *Review of Educational Research, 42*, 145-170.

Ausubel D.P. (1963): *The psychology of meaningful verbal learning.* New York.

Ausubel, D.P. (1977): The faciliation of meaningful verbal learning in classroom. *Educational Psychologist, 12*, 162-178.

Ballstaedt, S.-P., Mandl, H., Schnotz, W. & Tergan, S. O. (1981): *Texte verstehen, Texte gestalten.* München.

Barnes, E. (1979): John Craven's Newsround. Ein aktuelles politisches Kinderprogramm der BBC. *Fernsehen und Bildung, 13*, 41-47.

Berlyne, D.E. (1954): A theory of human curiosity. *British Journal of Psychology, 45*, 180-191.

Berlyne, D.E. (1974): *Konflikt, Erregung, Neugier.* Stuttgart.

Bransford, J.D. & Johnson, M.K. (1972): Contextual prerequisites for understanding: some investigations of comprehension and recall. *Journal of Verbal Learning and Verbal Behavior, 11*, 717-726.

Chomsky, N. (1973): *Aspekte der Syntax Theorie.* Frankfurt.

Coleman, E.B. (1964): The Comprehensibility of several grammatical transformations. *Journal of Applied Psychology, 48*, 186-190.

Coleman, E.B. (1965): Learning of prose written in four grammatical transformations. *Journal of Applied Psychology, 49*, 332-341.

Cuttler, A. (1983): Lexical complexity and sentence processing. In: Flores d'Arcais, G.B. & Jarvella, J. (Hrsg.): *The process of language understanding.* New York.

Eberspächter, V. & Esche, A. (1978): Der Einfluß syntaktischer und semantischer Merkmale auf die Verarbeitung von Fernsehnachrichten. *Communications, 4*, 182-200.

Engelkamp, J. (1976): *Satz und Bedeutung.* Stuttgart.

Felix, S. (1979): Psycholinguistische Überlegungen zur Verarbeitung von Nachrichtentexten durch Kinder. *Fernsehen und Bildung, 13*, 32-41.

Findahl, O. & Höijer, B. (1979): Nachrichtensendungen - wie werden sie verstanden? *Fernsehen und Bildung,* 13, 7-21.

Geißner, H. (1975): Das Verhältnis von Sprach- und Sprechstil bei Rundfunknachrichten. In: Straßner, E. (Hrsg.): *Nachrichten. Entwicklungen, Analysen, Erfahrungen.* München.

Groeben, N. (1976): Verstehen, Behalten, Interesse. *Unterrichtswissenschaft, 2,* 128-142.

Groeben, N. (1978): *Die Verständlichkeit von Unterrichtstexten.* Münster.

Guindon, R. & Kintsch, W. (1984): Priming macropropositions: evidence for the primacy of macropropositions in the memory for text. *Journal of Verbal Learning and Verbal Behavior, 23,* 508-518.

Hitzler, U. (1989): Der Einfluß der Medien auf die Übermittlung von Emotionen. Eine psychophysiologische Untersuchung. In: Kegel, G., Arnhold, T., Dahlmeier, K., Schmid, G. & Tischer, B. (Hrsg.): *Sprechwissenschaft und Psycholinguistik 3.* Opladen.

Hodges, W. (1985): *Logic.* Harmondworth.

Hörmann, H. (1978): *Meinen und Verstehen.* Frankfurt.

Jörg, S. (1983): The semantic power of verbal and pictoral parts of situations. In: Rickheit, G. & Bock, M. (Hrsg.): *Psycholinguistic studies in language processing.* New York.

Kintsch, W. (1974): *The representation of meaning in memory.* Hillsdale, N.J.

Kintsch, W. (1982): *Gedächtnis und Kognition.* Berlin.

Kintsch, W. & Keenan, J. (1973): Reading rate and retention as a function of the number of propositions in a base structure of sentences. *Cognitive Psychology,* 5, 257-274.

Kintsch, W. & Monk, D. (1972): Storage of complex information in memory. Some implications of the speed with which inferences can be made. *Journal of Experimental Psychology,* 94, 25-32.

Kintsch, W. & van Dijk, T.A. (1978): Toward a model of text comprehension. *Psychological Review,* 55, 363-394.

Kintsch W. & Vipond, D. (1979): Reading comprehension and readability in educational practice and psychological theory. In: Nilsson, L.-G. (Hrsg.): *Perspectives on memory research: Essays in honor of Uppsala University´s 50th anniversary.* Hillsdale, N.J.

Lachmann, R., Lachmann, J.L. & Butterfield, E.C. (1979): *Cognitive psychology and information processing: An introduction.* Hillsdale, N.J.

LaRoche, W. von (1986): Fürs Hören schreiben. In: LaRoche, W. von & Buchholz, A. (Hrsg.): *Radiojournalismus.* München.

Lyons, J. (1984): *Einführung in die moderne Linguistik.* München.

Marks C.B., Doctorow, M.J. & Wittrock, M.C. (1974): Word frequency and reading comprehension. *Journal of Educational Research,* 67, 259-262.

Mandler, G. & Mandler, J. (1964): Serial position effect in sentences. *Journal of Verbal Learning and Verbal Behavior,* 5, 195-202.

Meyer, B.J. F. & McConkie, G.W. (1973): What is recalled after hearing a passage. *Journal of Educational Psychology,* 65, 109-117.

Miller, J.R. & Kintsch, W. (1980): Readability and recall of short prose passages: A theoretical analysis. *Journal of Experimental Psychology: Human Learning and Memory,* 6, 335-354.

Motamedi, S. (1989): *Fernsehnachrichten für Kinder - Eine psycholinguistische Untersuchung.* Magisterarbeit. München.

Müller, S. (1988): Beitrag in: *ZDF Presse Special Kinder und Jugend, LOGO- Neues von hier und anderswo.*

Pearson, P.D. (1975): The effects of grammatical complexity on childrens comprehension, recall and conception of certain semantic relations. *Reading Research Quarterly,* 2, 155-192.

Pyrczak, F. (1972): Objective evaluation of the quality of multiple-choice testitems designed to measure comprehension of reading passages. *Reading Research Quarterly, 8,* 62-71.

Reiners, L. (1977): *Stilfibel. Der sichere Weg zum guten Deutsch.* München.

Riedel, H. (1967): *Psychostruktur.* Quickborn.

Riedel, H. (1969): Informationspsychologische Grundlagen. In: Geißner, H,. Welthabe, I. & Winkler, C. (Hrsg.): *Sprechen und Sprache.* Wuppertal.

Rydin, I. (1976): *Informations process in pre-school children II.* Sveriges Radio, 1976-03-30, Proj nr 727114, S. 3f. u. S. 26-33.

Schank, R.C. & Abelson, R.P. (1977): *Scripts, goals, plans and understanding.* Hillsdale, N. Y.

Seibicke, W. (1969): *Wie schreibt man gutes Deutsch? Eine Stilfibel.* Mannheim.

Slobin, D.J. (1966): Grammatical transformations and sentence comprehension in childhood and adulthood. *Journal of Verbal Learning and Verbal Behavior, 5,* 219-227.

Storkebaum, S. (1979): Das Experiment "Durchblick". *Fernsehen und Bildung, 13,* 77-82.

Straßner, E. (1975): *Nachrichten: Entwicklungen - Analysen - Erfahrungen.* München.

Straßner, E. (1982): *Fernsehnachrichten: "Eine Produktions-, Produkt-, und Rezeptionsanalyse".* Tübingen.

Sturm, H. (1968): *Masse-Bildung-Kommunikation.* Stuttgart.

Tränkle, U. (1983): Fragebogenkonstruktion. In: Feger, H. & Biedenkamp, J. (Hrsg.): *Enzyklopädie der Psychologie. Band 2.* Göttingen.

van Dijk, T A. (1980a): Story comprehension: An introduction. *Poetics, 8,* 7-29.

van Dijk, T.A. (1980b): *Textwissenschaft.* München.

van Dijk, T.A. (1980c): *Macrostructures.* Hillsdale, N.J.

van Dijk, T.A. (1981): *Studies in the pragmatics of discourse.* New York.

van Dijk, T.A./Kintsch, W. (1983): *Strategies of discourse comprehension.* Orlando.

Wosnitza, A.-R. (1982): *Fernsehnachrichten für Kinder - Eine kritische Bestandsaufnahme.* Frankfurt.

Wygotski, L.S. (1969): *Denken und Sprechen.* Stuttgart.

Gedächtnis und Orientierungsverhalten
Ein psychophysiologisches Experiment zum verbalen Lernen im Kurzzeitgedächtnis

Beate Obermeier

Zur Untersuchung sprachlicher Konzeptionen im Gedächtnis wurde unter Anwendung einer psychophysiologischen Meßmethode (Messung der Elektrodermalen Aktivität) ein Lernexperiment entwickelt. Von Interesse war in erster Linie der Zusammenhang zwischen physiologischen Orientierungsreaktionen (OR) und dem Lernverhalten bei der Darbietung verbaler Stimuli. In einem Habituationsexperiment wurden den Vpn Wörter dargeboten, die alle einer semantischen Kategorie angehören. Die Vp war aufgefordert, sich diese Stimuli zu merken, mußte jedoch anschließend eine Interferenzaufgabe (Rückwärtszählen) bewältigen, bevor die Wörter abgefragt wurden. Aufgrund der kategorialen Ähnlichkeit wurde festgestellt, daß die dargebotenen Stimuli eine Habituation der OR auslösen und gleichzeitig eine Verschlechterung der Behaltensleistung hervorrufen. In einem zweiten Experiment wurde – für die Vp unerwartet – während der Darbietung der Stimuli ein Kategorienwechsel vorgenommen. Die Wahrnehmung, des veränderten Reizmaterials bewirkte eine Verbesserung des Erinnerungsvermögens und parallel dazu eine Dishabituation der OR.

A psychophysiological learning experiment was constructed for the investigation of verbal conception in memory by employing the electrodermal activity (EDA). First of all we were interested in the relations between physiological orienting-reactions (OR) and learning behaviour, when verbal stimuli were presented. In a first habituation experiment, subjects were given words to learn, which all belonged to the same semantic category. Subjects were asked to recall the stimuli, but before they were asked to repeat the words, they first had to complete an interference-task (counting backwards). We found that due to categorial similarity the presented stimuli lead to habituation and also to deterioration of recall. In a second experiment the semantic category was changed, which the subject did not expect. The perception of the changed stimuli produced an increase of correct recall and, similarly, a dishabituation of OR.

1. Einleitung

Ein zentrales Thema der experimentellen Lern- und Gedächtnispsychologie ist seit einigen Jahren die kognitive Informationsverarbeitung. Vor allem in den leistungsorientierten Industrieländern gilt dem Lernverhalten des Menschen vermehrtes Interesse. Experimente zum verbalen Lernen sollen Aufschluß über Lernstrategien, Speicherkapazität,

Behaltensverbesserungen, Mnemotechniken usw. geben. Bei der Überprüfung von Gedächtnisleistungen können auch psychophysiologische Verhaltensmuster des Organismus, wie z. B. der Grad der Aufmerksamkeit oder das Orientierungsverhalten, besonders aufschlußreich sein. Fragen nach Struktur und Aufbau unseres Wissensspeichers, nach der Organsiation der Gedächtnisinhalte oder funktionale Aspekte des Erinnerns sind jedoch immer noch nicht vollständig geklärt.

Die experimentelle Lern- und Gedächtnispsychologie läßt sich im wesentlichen in drei große Bereiche unterteilen: die Informationswahrnehmung und -aufnahme, das Speichern bzw. Behalten der Information und das Abrufen bzw. Erinnern gelernter Gedächtnisinhalte. Zur Unterstützung der Experimentalpsychologie gelten psychophysiologische Messungen als probates und zuverlässiges Mittel. In der vorliegenden Untersuchung galt es zu überprüfen, ob es kausale Zusammenhänge gibt zwischen kognitiver Sprachverarbeitung und den dabei auftretenden physiologisch meßbaren Reaktionen. Grundgedanke dabei ist, daß allein durch das Stellen einer Lernaufgabe generell Aufmerksamkeit erzeugt wird und dadurch Orientierungsreaktionen ausgelöst werden. Es gilt daher festzustellen, ob durch gezielt ausgewähltes Stimulusmaterial dieses Orientierungsverhalten beeinflußt werden kann.

1.1 Der Prozeß des verbalen Lernens

Lernprozesse involvieren das Behalten von Gedächtnisinhalten über längere Zeit hinweg. Besonderes Interesse bezüglich des Lernens gilt daher der Frage, wie Informationen im Kurzzeitgedächtnis verloren gehen. Grundsätzlich lassen sich dabei mehrere Erklärungsansätze unterscheiden (vgl. Zimbardo & Ruch, 1978, S. 178); am umfassendsten erscheint jedoch die *Interferenz-Theorie*, die von der Hypothese ausgeht, daß Aktivitäten zwischen der Lernphase und dem Abruf die Erinnerung beeinträchtigen. Gedächtnisverluste kommen dadurch zustande, daß entweder ein zu erinnernder Gedächtnisinhalt von unmittelbar zuvor gelernten Items blockiert wird (= proaktive Hemmung) oder nachfolgende Reizeinflüsse rückwirkend das vorher Gelernte verdrängen (= retroaktive Hemmung).

Das Phänomen der Interferenz avancierte zum Kernpunkt der Ursachenforschung von Theorien des Vergessens. Ende der fünfziger

Jahre wurde eine experimentelle Methode zur Analyse des Kurzzeitgedächtnisses entwickelt, die gleichzeitig eine Interpretation des Phänomens ´Vergessen´ ermöglichte. In den Experimenten von Brown (1958) und Peterson & Peterson (1959) wurden den Vpn drei Konsonanten präsentiert, die sie behalten sollten; anschließend hörten die Vpn eine dreistellige Zahl, von der sie in Dreiereinheiten so lange rückwärts zählen mußten, bis der Vl einen Abrufreiz zur Reproduktion der Konsonanten gab. Dabei variierte das Zeitintervall zwischen Stimuluspräsentation und Abrufreiz von 3 bis 18 Sekunden. Das Rückwärtszählen während dieses Zeitintervalls diente als Interferenz-Aufgabe, die die Vp davon abhalten sollte, die Konsonanten ständig zu wiederholen (Brown, 1958). Der beschriebene Vorgang wurde mehrmals (bis zu 20 Mal) durchlaufen.

Als wichtigstes Ergebnis dieser Studien ist festzuhalten, daß mit zunehmender Länge des Zeitintervalls die Anzahl der vergessenen Konsonanten ansteigt. Als Erklärung hierfür wird die Einwirkung *proaktiver Hemmung* angenommen: Z. B. kann das Vergessen der Items im zehnten Versuchsdurchgang auf die hemmende Wirkung der Stimuli der vorangegangenen Durchgänge zurückzuführen sein.

Wenn also proaktive Hemmung den Abruf von Information stört, dann müßte die Vergessensrate beim ersten Versuchsdurchgang sehr gering ausfallen, da keine störenden Stimuli vorausgehen. Keppel & Underwood (1962) bestätigten diese Hypothese in ihrer Untersuchung, die nach dem Brown-Peterson-Paradigma konzipiert war. Wichtig in dem Zusammenhang sind die Ergebnisse von Wickens, Born & Allen (1963), die die Effizienz der proaktiven Hemmung auf den Grad der Ähnlichkeit der Teststimuli zurückführten: Sie stellten ebenfalls ein Absinken der Erinnerungsleistung über mehrere Versuchsdurchgänge hinweg fest, während die Veränderung des Reizmaterials (z. B. eine Ziffernfolge anstelle einer Konsonatenfolge) die Effizienz der proaktiven Hemmung aufhob (vgl. hierzu auch Wickens, 1970, 1972).

Im Gegensatz zur proaktiven ist die *retroaktive Hemmung* nicht auf die Wirkung der Ähnlichkeit vorausgegangener Reize zurückzuführen, sondern auf den Einfluß beliebiger nachfolgender Ereignisse - beispielsweise eine gezielte Gedächtnisaufgabe -, die die Aufmerksamkeit auf sich lenken und eine Neuorientierung des Individuums auslösen. Das Ausmaß der retroaktiven Inhibition steigt entsprechend der Komplexität der interferierenden Ereignisse (vgl. Crowder, 1967). Das bedeutet, je mehr Aufmerksamkeits- und Verarbeitungsressourcen für die neue Aufgabe herangezogen werden müssen, desto weniger Ressourcen verbleiben für die Wiederholung und das Abrufen der ursprünglichen Information (vgl. Waugh & Norman, 1968).

1.2 Orientierungsverhalten und Gedächtnisprozesse

Die Erforschung von Lernprozessen, vor allem im Bereich der klassischen Konditionierung, zeigte, daß unmittelbar vor dem Lernen bestimmte Verhaltensweisen auftreten, die Pawlow (1953, S. 91) als *Orientierungsreflexe* bezeichnete. Die Orientierungsreaktion ist als eine unspezifische Reaktion des Organismus auf die Wahrnehmung von Umweltreizen definiert, die bestimmte informationshaltige Reizqualitäten aufweisen müssen (Sokolov, 1971). Eine dieser Eigenschaften, die Neuartigkeit eines Reizes, impliziert, daß wir in der Lage sein müssen, frühere Reizeinwirkungen sowie Erfahrungen mit bestimmten situativen Kontexten zu speichern, um sie entsprechend mit neuen Ereignissen hinsichtlich ihrer Eigenschaften zu vergleichen. Erst durch den Vergleich mit gespeicherten Informationen kann entschieden werden, ob ein Reiz bekannt oder neu ist. Der Organismus wird demnach als *informationsverarbeitendes* System betrachtet, das mit kognitiven Fähigkeiten ausgestattet und durch seine Erfahrungswerte determiniert ist (vgl. Sokolov, 1963, 1969).

Zur Erfassung psychophysiologischer Reaktionen wurde die Messung der *Elektrodermalen Aktivität* (EDA) verwendet. Aus der Fülle der Experimentalstudien, die sich mit sprachspezifischen Problemen unter Einbeziehung psychophysiologischer Meßmethoden auseinandersetzen, wird nun exemplarisch eine Studie zum verbalen Lernen herausgegriffen, die die EDA als Meßmethode einsetzte.

Yuille & Hare (1980) führten in Anlehnung an das Brown-Peterson-Paradigma eine psychophysiologische Untersuchung zum verbalen Lernen im Kurzzeitgedächtnis durch, wobei sie folgende Lernaufgabe konstruierten: Den Versuchsteilnehmern werden Dreier- und Vierergruppen von Wörtern, die alle derselben semantischen Kategorie (= Wortfeld) angehören, kurzfristig visuell dargeboten; die Aufgabe der Vp besteht darin, sich diese Wörter einzuprägen. Unmittelbar danach wird eine Interferenz-Aufgabe in Form von Rückwärtszählen gestellt, bis ein bestimmter Abrufreiz den Probanden dazu veranlaßt, die zuvor gesehenen Stimuli zu wiederholen.

Jede Stimulus-Triade wurde mit einem Warnton (1000 Hz, 80 db) angekündigt. Die Interferenz-Aufgabe dauerte 15 Sekunden und wurde durch das Wort "recall" limitiert, das die Vp auf die Reproduktionsphase, die 30 Sekunden dauerte, hinwies. Die Intervalle zwischen den Versuchsdurchgängen varriierten zwischen 25 und 40 Sekunden. Neben der Erfassung der Biosignale ´Herzfrequenz´, ´Lidschlag´ und ´vasomotorische Aktivität´ wurden EDA-Messungen während der Prüfung der Behaltensleistung vorgenommen.

Die Ergebnisse, die Yuille & Hare erzielten, waren nicht durchwegs befriedigend. Zwar wurde einerseits der zu erwartende Leistungsabfall der Kontrollgruppe über die Versuchsdurchgänge hinweg festgestellt, andererseits erzielte die Experimentalgruppe im Vergleich zur Kontrollgruppe eine verbesserte Gedächtnisleistung in den kritischen Trials fünf und neun. Jedoch erbrachte eine Varianzanalyse über alle neun Trials keine signifikanten Unterschiede. Erst der Vergleich der kritischen Stimuluspositionen eins, fünf und neun zeigte über eine Varianzanalyse die Unterschiede der beiden Testgruppen. Die Auswertung der physiologischen Reaktionen führte nicht zu den erwarteten Signifikanzen zwischen Experimental- und Kontrollgruppe.

Die wenig beeindruckenden Resultate, die nur die Vermutung zulassen, daß eine Beziehung zwischen Erinnerungsleistung und Orientierungsverhalten besteht, könnten, wie die Autoren selbst andeuten, auf methodische Mängel zurückzuführen sein. Gerade in bezug auf physiologische Messungen sind zum Beispiel Warntöne, die eine neue Stimulus-Triade ankündigen, problematisch, da sie selbst Reaktionen auslösen, die von den unmittelbar folgenden Orientierungsreaktionen auf die Wörter nicht getrennt werden können (vgl. Wilson, 1984). Auch das Stimulusmaterial sollte dahingehend überprüft werden, ob die selektierten Items tatsächlich ein konformes Wortfeld ergeben. Nicht zuletzt soll darauf hingewiesen werden, daß die Ergebnisse von lediglich 20 Probanden, die sich auf je zwei Kontrollgruppen und zwei Experimentalgruppen verteilen, nicht unbedingt als repräsentativ betrachtet werden können.

1.3 Experimentelle Zielsetzung und Fragestellung

Das für diese Arbeit durchgeführte Experiment hat zum Ziel, mögliche Zusammenhänge zwischen Konzeptionen des verbalen Lernens und dem physiologisch meßbaren Orientierungsverhalten aufzuzeigen. In Anlehnung an das sogenannte Brown-Peterson-Paradigma (Peterson & Peterson, 1959) wurde folgende Lernaufgabe konstruiert: Den Vpn wurden Dreiergruppen von Wörtern, die alle derselben Wortklasse angehörten, kurz visuell dargeboten. Die Aufgabe der Vp bestand darin, sich diese Wörter einzuprägen. Unmittelbar danach sah die Vp eine zweistellige Zahl, von der sie fortlaufend die Zahl "3" subtrahieren sollte. Ein bestimmter Abrufreiz veranlaßte den Probanden, die zuvor dargebotenen Wörter zu reproduzieren. Insgesamt präsentierte man den Versuchsteilnehmern neun dieser Durchgänge.

Ein wichtiger Befund aus dem oben genannten Paradigma ergab, daß die Behaltensleistung im Verlauf der Darbietung mehrerer Versuchsdurchgänge absinkt, wenn die Wörter derselben Wortklasse angehören (vgl. Wickens, 1970, 1972). Während nun eine Versuchsgruppe nach dem oben beschriebenen Design getestet wurde, war für die zweite Gruppe von Probanden nach vier Versuchsdurchgängen ein Wortfeldwechsel vorgesehen, der zu einer erheblich verbesserten Erinnerungsleistung führen sollte (vgl. Peterson & Peterson, 1959).

Neben der Erfassung der Gedächtnisleistung sollen auch physiologische Messungen dazu dienen, Prozesse und Konzeptionen des verbalen Lernens und somit einen Teil der kognitiven Sprachverarbeitung aufzudecken. Die Aktiviertheit der Vp, ihre Aufmerksamkeit und ihr Orientierungsverhalten – Komponenten, mit denen sich alle Lerntheorien auseinandersetzen – werden durch psychophysiologische Maße operationalisiert. Eine der validesten und daher oft bevorzugten Meßmethoden ist die Erfassung der elektrodermalen Aktivität (EDA). In psychophysiologischen Untersuchungen fand man heraus, daß die wiederholte Wahrnehmung semantisch ähnlicher Wörter eine Habituierung der EDA auslöst, während ein Kategorienwechsel zur Dishabituation, also erneut zu Orientierungsreaktionen führt (Siddle, Kyriacou, Heron & Mattheus, 1979). Es galt nun zu überprüfen, ob ähnliche Habituationsverläufe auch dann eintreten, wenn die Vp anstelle der reinen Wahrnehmung von Stimuli eine Lernaufgabe zu erfüllen hat, d.h. wenn sie ständig aktiviert ist.

Basierend auf diesen Kenntnissen wurden folgende Arbeitshypothesen erstellt:

(I) Präsentiert man als Lernmaterial Wörter, die alle derselben semantischen Kategorie angehören, so verschlechtert sich die Behaltensleistung kontinuierlich.

(II) Die Ähnlichkeit des Lernmaterials führt zu einer Verringerung der physiologischen Reaktivität (= Habituation).
(III) Ein Wortfeldwechsel führt zu einer signifikant verbesserten Behaltensleistung.
(IV) Parallel zur verbalen Leistungssteigerung bewirkt ein Wortfeldwechsel eine elektrodermale Neuorientierung (Dishabituation).

2. Versuchsplanung und experimentelles Vorgehen

2.1 Versuchspersonen

An der Untersuchung nahmen insgesamt 48 Vpn im Alter zwischen 18 und 48 Jahren ($\bar{x}$ = 23.4) teil, die sich auf die Experimental- und die Kontrollgruppe zu je 12 weiblichen und 12 männlichen zufällig ausgewählten Probanden verteilten. Sämtliche Teilnehmer hatten Deutsch als Muttersprache.

2.2 Das Testmaterial

Für Untersuchungen zum verbalen Lernen verlangt das Testmaterial besondere Aufmerksamkeit. Wie auch in anderen Bereichen der experimentellen Psycholinguistik (zum Beispiel der Sprachwirkungsforschung) kommt der Selektion des Stimulusmaterials unter methodischen Gesichtspunkten eine wichtige Bedeutung zu, insbesondere dann, wenn neben Fragebogentechniken oder Ratingverfahren physiologische Messungen durchgeführt werden.

Die für dieses Experiment ausgesuchten Stimuli bestehen aus Substantiven, die zwei verschiedenen Wortfeldern angehören, wobei unter dem Begriff "Wortfeld" (und den synonym verwendeten Begriffen "Bedeutungsfeld" oder "semantische Kategorie") nach Trier (1931) "eine Menge sinnverwandter Wörter, deren Bedeutungen sich gegenseitig begrenzen und die lückenlos (mosaikartig) einen bestimmten begrifflichen oder sachlichen Bereich abdecken" verstanden wird (zitiert nach Bußmann, 1983, S. 589). Zunächst differenziert man "objektive" kategoriale Wortfelder, die gut von anderen abgrenzbar sind - z.B. HAUSTIERE, MUSIKINSTRUMENTE etc. - von solchen, die durch "subjektive" freie Assoziationen auf einen bestimmten Begriff gebildet werden (vgl. hierzu Deese, 1962).

In dieser Untersuchung wurden jeweils 27 Items aus den Wortfeldern BERUFE und VÖGEL verwendet. Da diese Items den kategorialen Wortfeldern zuzuordnen sind, wurden zum einen abstrakte Wörter und Gefühlsbegriffe vermieden, zum anderen assoziative Verbindungen zwischen den Wortfeldern im wesentlichen ausgeschlossen. Die aus jedem der zwei Bedeutungsfelder selektierten Items entsprechen einem hohen Maß an Bildhaftigkeit ("imagery") bzw. Konkretheit ("concreteness") und können nach Paivios dualer Gedächtnistheorie zweifach – nämlich verbal und imaginär – enkodiert, und im Vergleich mit abstrakten Wörtern bevorzugt erinnert werden (vgl. Paivio, 1971; Wippich, 1984). Es sollten also hinsichtlich der qualitativen Eigenschaften der Items keine wesentlichen Unterschiede vorliegen. Eine weitere Überlegung betraf formal-linguistische Aspekte der Testwörter. Es wurden – soweit es möglich war – nur zweisilbige Substantive im Singular verwendet, um Worteffekte aufgrund linguistischer Auffälligkeiten zu umgehen.

Durch die genannten Anforderungen wurde die Homogenität des Testmaterials gewährleistet. Schließlich wurden die Wortfelder auf handwerkliche Berufe und einheimische Vögel limitiert.

Darbietung des Testmaterials. Die 27 Items pro Bedeutungsfeld wurden in neun Triaden á drei Wörter aufgeteilt. Die drei simultan dargebotenen Wörter jeder Triade erschienen jeweils untereinander geschrieben in der Mitte des Monitors. Durch die computergesteuerte Randomisierung der Wörter wurde zur Vermeidung von Wort- und Reihenfolgeeffekten jeder Stimulus nur einmal präsentiert. Somit waren die neun Wort-Triaden stets verschieden.

Die beiden Vpn-Gruppen unterschieden sich hinsichtlich der Anordnung des Testmaterials: Die Kontrollgruppe sah nur Substantive aus jeweils *einem* Wortfeld, für die Experimentalgruppe wurde während des Gesamttests ein *Kategorienwechsel* bei der fünften und neunten Triade vorgenommen. Aus Gründen der Überprüfbarkeit möglicher Wortfeldeffekte war die Kontrollgruppe geteilt: Die eine Hälfte der Probanden sah neun Triaden aus dem Wortfeld BERUFE (=BKON), der zweiten Hälfte wurde ausschließlich VÖGEL (=VKON) präsentiert.

Die Experimentalgruppe war ebenfalls zweigeteilt: Für eine Hälfte der Vpn wurden die Triadenpositionen eins bis vier mit BERUFE besetzt, anschließend erfolgte ein Shift zum Wortfeld VÖGEL (= fünfte bis achte Triadenposition) und ein erneuter Wortfeldwechsel zurück zu BERUFE bei der letzten Triade (=BEXP). Die zweite Hälfte der Probanden erhielt die umgekehrte Abfolge der Wortfelder (=VEXP). Tabelle 1 zeigt das Schema der Stimuluspräsentationen in den Experimental- und Kontrollgruppen.

STIMULUS-POSITIONEN	KONTROLLGRUPPE		EXPERIMENTALGRUPPE	
	BKON	VKON	BEXP	VEXP
1-4	3 B	3 V	3 B	3 V
5	3 B	3 V	3 V	3 B
6-8	3 B	3 V	3 V	3 B
9	3 B	3 V	3 B	3 V

Tab. 1: Lernmaterial der Testgruppen (B = Berufe; V = Vögel)

Um die Vp mit dem Testverfahren vertraut zu machen, wurden zu Beginn des Experiments zwei Probedurchgänge mit den Triaden "Rom - Paris - Moskau" und "England - Schweden - Polen" durchgeführt.

Neben den verbalen Stimuli wurden auch zweistellige Zahlen für die Interferenz-Aufgabe benötigt. Nach jeder Stimulus-Triade erschien eine zufällig ausgewählte Zahl zwischen 50 und 99, von der die Vp fortlaufend die Zahl "3" subtrahieren mußte.

2.3 Versuchsaufbau

Das Experiment wurde in einem schallisolierten Versuchsraum durchgeführt, in dem die äußeren Bedingungen möglichst konstant gehalten wurden (Raumtemperatur ca. 21 Grad Celsius; relative Luftfeuchtigkeit ca. 60%; Beleuchtung: künstliches Licht).

Die Vp saß in einem bequemen Armlehnensessel in ca. 50-80 cm Entfernung vor einem monochromen Monitor (Atari 1040), über den die Präsentation der Stimuli computergesteuert erfolgte. Oberhalb des Bildschirms war ein Mikrophon installiert, über das die Zähl- und Reproduktionsphase in den angrenzenden Meßraum übertragen und auf Tonband aufgezeichnet wurde; außerdem war dem Versuchsleiter dadurch die Möglichkeit der auditiven Kontrolle gegeben.

Ebenfalls im Meßraum befand sich ein ZAK-Psychophysiograph (PPG) mit dem die Messung und Aufzeichnung der physiologischen Signale durchgeführt wurden. Die Elektrodermale Aktivität wurde bipolar anhand der Veränderung der Hautleitfähigkeit (= SCR) nach der Konstant-Spannungs-Methode (Uk-Methode, wobei Uk = 0.5V; vgl. Venables & Christie, 1980) gemessen. Dazu wurden Ag/AgCl- Elektroden (0.6 cm^2) der Firma Hellige am Daumenballen (thenar) und am proximalen Drittel des Kleinfingerballens (hypothenar) der nicht-dominanten Hand angebracht. Als Elektrolyt wurde eine hypotonische Elektrodencreme (Fa. Hellige) benutzt. Die Messung der Respiration erfolgte über einen ZAK-Atemgürtel, der unterhalb des Brustbeins angelegt war und der Kontrolle elektrodermaler Artefakte diente.

2.4 Versuchsdurchführung

Jede Vp wurde individuell getestet. Nachdem Atemgürtel und Elektroden appliziert waren, erhielt die Vp die schriftliche und mündliche Instruktion, in der sie über den Verlauf des Experiments unterrichtet wurde. Die Vp wurde besonders darauf aufmerksam gemacht, daß die Stimuluspräsentation *ohne Vorankündigung* bzw. ohne Signal erfolgte (solche aufmerksamkeitserzeugenden Mittel führen zu Orientierungsreaktionen führen, die mit darauffolgenden physiologischen Ausschlägen auf die verbalen Test-Triaden überlappen; vgl. Yuille & Hare, 1980; Wilson, 1984). Die Versuchsteilnehmer waren somit angehalten, ständig auf den Bildschirm zu sehen. Außerdem wurde darauf hingewiesen, Körperbewegungen zu vermeiden - insbesondere Bewegungen der Hand, an der die Elektroden befestigt waren. Während des Probedurchgangs mit zwei Stimulus-Triaden konnten die Meßverstärker am PPG justiert werden. Anschließend hatte die Vp noch einmal Gelegenheit, Fragen zu stellen, bevor der Vl den Versuchsraum verließ.

Nach einer kurzen Entspannungspahse von ca. einer Minute wurde ohne Vorankündigung die erste Wort-Triade präsentiert. Die Phase der Reizdarbietung (3 sec.) konnte mit Hilfe eines elektrischen Impulsgebers, der vom Computer zum Psychophysiographen zwischengeschaltet war, exakt auf dem Papierstreifen über den physiologischen Signalen markiert werden.

Es folgte eine Pause von zwei Sekunden, bevor auf dem Monitor eine über das Computerprogramm zufällig ausgewählte zweistellige

Zahl zwischen "50 und 99" für 15 Sekunden (= Interferenz-Aufgabe) erschien. Die Zählphase war dann beendet, wenn die Zahl durch ein Fragezeichen ("?") ersetzt wurde. Die Vp hatte nun 10 Sekunden Zeit, um die Wörter der vorangegangen Wort-Triade laut zu wiederholen (vgl. Abbildung 1). Nach Beendigung des Exeriments wurde die Vp u. a. über etwaige Lernstrategien befragt.

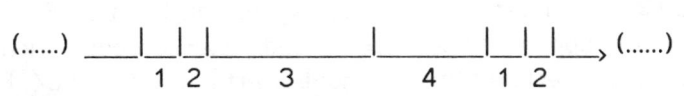

```
(......)  ___|_|_|_____|_____|_|_|__, (......)
          1 2   3           4    1 2
```

Abb. 1: Darstellung des experimentellen Ablaufs. 1 = Präsentation der Stimulus-Triade (3 sec.). 2 = Pause (2 sec.). 3 = zweistellige Zahl - Interferenz-Phase (15 sec.). 4 = "?" - Reproduktionsphase (10 sec.).

3. Datenauswertung und Ergebnisse

3.1 Gedächtnisleistung

Zur Erfassung der Gedächtnisleistung wurde für jedes richtig produzierte Wort ein Punkt vergeben, d.h. die Vp konnte maximal pro Triade drei Punkte und insgesamt 27 Punkte erreichen. Zur Analyse der Behaltensleistung wurde eine 2x2x9 faktorielle MANOVA für wiederholte Messungen an Faktor C gerechnet (Faktor A: Experimental- versus Kontrollgruppen; Faktor B: Wortfelder BEXP vs. VEXP bzw. BKON vs. VKON; Faktor C: Triadenpositionen 1-9).

Bezüglich der Haupteffekte der drei Faktoren führte die Varianzanalyse zu folgenden Ergebnissen:
- Experimental- und Kontrollgruppe unterscheiden sich hinsichtlich der Behaltensleistung hochsignifikant ($F_{1,44}$ = 10.33, p< .001).
- Ein Unterschied zwischen den Wortfeldern wurde wie erwartet nicht festgestellt ($F_{1,44}$ = 0.08, n.s.).
- Einfache Haupteffekte wurden an den Stimuluspositionen festgestellt ($F_{8,352}$ = 8.79, p < .001).
- Darüberhinaus zeigte sich eine signifikante Interaktion von Stimulusposition x Gruppe ($F_{8,352}$ = 4.92, p < .001).

Die durchschnittliche Behaltensleistung von allen Versuchsteilnehmern pro Gruppe und Stimulusposition ist in Abbildung 2 dargestellt.

Zunächst ist festzuhalten, daß die durchschnittliche Behaltensleistung zu Beginn (Position 1 = erste Triade) bei allen Gruppen mit Werten zwischen 2.59 und 2.92 Punkten (86.2 % - 97.3%) wie erwartet sehr gut ausfällt, und eine nahezu kontinuierliche Verschlechterung der Gedächtnisleistung bis zu Position 4, an der nur noch halb so viele Items erinnert werden, zu verzeichnen ist (die Werte liegen zwischen 1.51 und 1.67 Punkten = 50.4% - 55.7%).

Deutliche Gruppenunterschiede treten jedoch an Position 5 auf: Für die Experimentalgruppen EXPges, BEXP und VEXP ergeben sich aufgrund des Wortfeldwechsels ähnlich hohe Werte (2.67 - 2.84 Punkte = 89% - 94.5%) wie zu Beginn des Experiments (vgl. Position 1). Die Kontrollgruppen KONges, BKON und VKON weisen dagegen an Position 5 die durchschnittlich schlechtesten Ergebnisse zwischen 0.93 und 1.33 Punkten (= 31% - 44.4%) auf.

Betrachtet man die Positionen 5 bis 8, so kann für die Experimentalgruppen ein vergleichbarer Leistungsabfall beobachtet werden wie über die Positionen 1 bis 4.

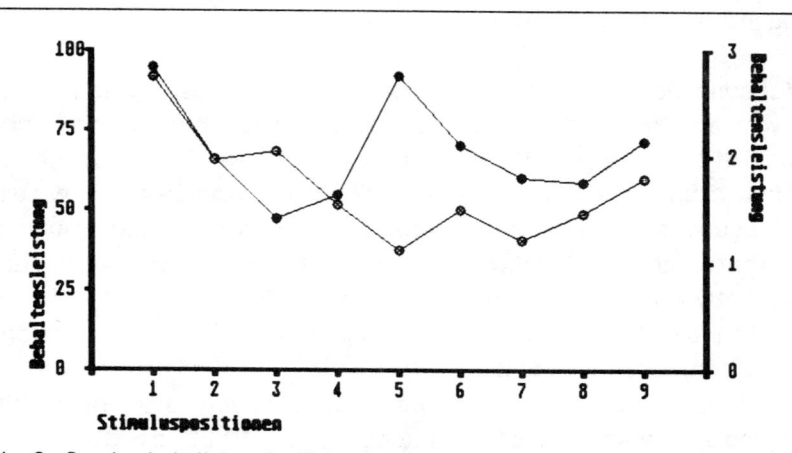

Abb. 2: Durchschnittliche Gedächtnisleistung der Experimentalgruppe (schwarzer Kreis) und der Kontrollgruppe (heller Kreis) pro Stimulusposition in % der maximalen Punktzahl 3.

Eine Annäherung der Werte von Experimental- und Kontrollgruppen ist zwischen den Positionen 6 bis 8 zu erkennen, da die Erinnerungsleistung der Experimentalgruppen erwartungsgemäß wieder sinkt, das Behalten der Kontrollgruppen jedoch wider Erwarten erneut ansteigt. Aus diesem Grund ist der Unterschied zwischen Experimental- und Kontrollgruppen an Position 9 geringer als angenommen.

Obwohl nach der Varianzanalyse kein signifikanter Unterschied zwischen den Wortfeldern besteht, wurde darüberhinaus zum Vergleich eine getrennte Analyse für BERUFE und VÖGEL durchgeführt (wobei der Nachteil in Kauf genommen werden muß, daß nur noch über 12 Vpn gemittelt wird). In beiden Vpn-Gruppen zeigte sich für die beiden Wortfelder über die neun Stimuluspositionen hinweg ein paralleler Verlauf der Behaltensleistung.

Um die Auswirkungen des Testmaterials näher zu bestimmen, wurden an den Stimuluspositionen Paarvergleiche durchgeführt (Tabelle 2). Dabei interessierten vor allem die Vergleiche an den kritischen Positionen eins, fünf und neun. Zum einen wurden die kritischen Werte selbst miteinander verglichen, zum andern sollte der Experimentalverlauf vom ersten bis zum vierten Versuchsdurchgang, der für Experimental- und Kontrollgruppen identisch ist, betrachtet werden (Pos. 1 : Pos 4). Schließlich interessierten die Paarvergleiche, an denen aufgrund des divergierenden Testmaterials Unterschiede zu erwarten waren. Es gilt folgende Erwartungen zu überprüfen:

(1) Bei der *Experimentalgruppe* sollten die Paarvergleiche Pos.1 : Pos.5, Pos.1 : Pos.9 und Pos.5 : Pos.9 keine signifikanten Unterschiede zeigen.

(2) Gleichzeitig soll ein Vergleich von Pos.1 : Pos.4, Pos.4. : Pos.5 und Pos.8 : Pos.9 signifikante Unterschiede ergeben.

Wenn diese beiden Hypothesen zutreffen, müßte die kurvilineare Darstellung von Position 1 bis 5 einen adäquaten Verlauf zu Position 5 bis 9 nehmen (vgl. hierzu Abbildung 5).

(3) Für die *Kontrollgruppe* sollten sich vice versa Unterschiede für die Vergleiche Pos.1 : Pos.5, Pos.1 : Pos.9 und Pos.5 : Pos.9 ergeben (vgl. Punkt 1). Da die Versuchsdurchgänge von Position 1 bis 4 für beide Testgruppen gleich waren, wird für die Kontrollgruppe ebenfalls eine signifikante Differenz zwischen Pos.1 : Pos.4 vorausgesagt (vgl. Punkt 2).

(4) Dagegen werden keine signifikanten Unterschiede für die Paarvergleiche Pos.4 : Pos.5 und Pos.8 : Pos.9 erwartet.

Wie aus Tabelle 2 hervorgeht, werden die Erwartungen im großen und ganzen bestätigt. Lediglich für den Paarvergleich Pos.8 : Pos.9 der Experimentalgruppe wurde die Signifikanz knapp verfehlt. Dies mag mit der Bekanntheit der semantischen Kategorie zusammenhängen, so daß der Wortfeldwechsel keine gravierende Leistungssteigerung auslöst.

Die nicht erwartete Signifikanz zwischen Pos.4 : Pos.5 der Kontrollgruppe ist im Gegensatz zur Experimentalgruppe positiv zu werten, da der Leistungsabfall zwischen den beiden Versuchsdurchgängen stärker ist als angenommen.

EXPERIMENTALGRUPPE		KONTROLLGRUPPE	
POS 1 : POS 5	n.s.	POS 1 : POS 5	$p<0.001$
POS 1 : POS 9	n.s.	POS 1 : POS 9	$p<0.001$
POS 5 : POS 9	n.s.	POS 5 : POS 9	$p<0.01$
POS 1 : POS 4	$p<0.001$	POS 1 : POS 4	$p<0.001$
POS 4 : POS 5	$p<0.001$	POS 4 : POS 5	$p<0.01$
POS 8 : POS 9	n.s.	POS 8 : POS 9	n.s.

Tab. 2: Paarvergleiche an den kritischen Positionen für Experimental- und Kontrollgruppe

Zur Unterstützung der Ergebnisse aus den Paarvergleichen sind in Abbildung 3 die Kurvenverläufe für die Experimentalgruppe von Position 1 bis 5 und von Position 5 bis 9 zusammen dagestellt, d.h. es werden die Werte 1 und 5, 2 und 6, 3 und 7, 4 und 8 und schließlich 5 und 9 gleichgesetzt.

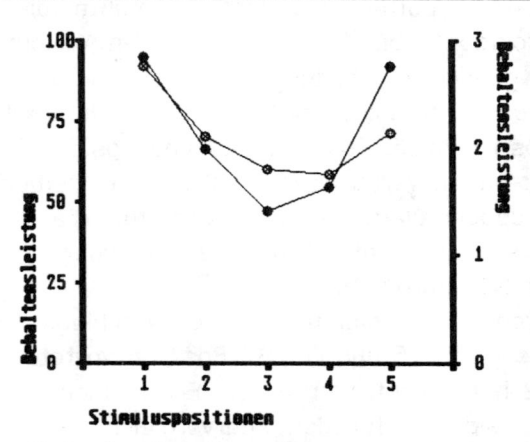

Abb.3: Kurvenverläufe der Experimentalgruppe von Position 1 bis 5 (schwarzer Kreis) im Vergleich zu 5 bis 9 (heller Kreis).

3.2 Physiologische Reaktionen

Als Orientierungsreaktion (OR) auf die Reizdarbietung wurde die erste artefaktfreie SCR-Amplitude gewertet, die innerhalb eines 5-Sekunden-Fensters zwischen der ersten und sechsten Sekunde nach Stimulusonset auftrat. Als individuelles Maß für die Reaktivität der Vp wurde die OR auf die erste Teststimulus-Triade als Maximalreaktion festgesetzt und nach dem Lykkenschen Korrekturverfahren als SCRmax verwendet, d.h. jede gültige SCR-Amplitude auf einen Stimulus wird durch die Maximalamplitude dividiert (Lykken & Venables, 1971). Die so erzielten relativen Meßwerte liegen also im Normalfall zwischen 0 und 1.

In seltenen Fällen traten im Verlauf der neun Versuchsdurchgänge höhere Amplituden als an Position 1 auf; höhere SCR wurden allenfalls als eine Folge des nicht-erwarteten Kategorienwechsels bei den Experimentalgruppen registriert. Um die interindividuelle Vergleichbarkeit zu gewährleisten, wurde trotzdem die Reaktion auf die erste Stimulustriade als SCRmax eingesetzt, mit der Folge, daß an den besagten Positionen Werte über 100% errechnet wurden. Mit diesem Verfahren ist zum einen die intraindividuelle Reaktivität der Versuchsteilnehmer berücksichtigt, zum andern erlaubt die Normierung die interindividuelle Vergleichbarkeit.

Ebenso wie für die Behaltensleistung wurden für die physiologischen Reaktionen eine MANOVA errechnet (vgl. hierzu auch Abbildung 2). In Abbildung 4 sind die durchschnittlichen Meßwerte der physiologischen Reaktionen an den neun Triadenpositionen für Experimental- und Kontrollgruppen (EXPges und KONges) dargestellt. Folgende Erwartungen hinsichtlich der psychophysiologischen Reaktivität der Probanden sollten überprüft werden:
(1) Die Kontrollgruppe KONges, sowie auch die nach Wortfeld getrennten Gruppen VKON und BKON sollten einen *kontinuierlichen Habituationsverlauf* aufweisen.
(2) Die an den Positionen 5 und 9 vorgenommenen Kategorienwechsel der Experimentalgruppen EXPges, VEXP und BEXP sollten eine *Neuorientierung*, die sich in einer erhöhten SCR-Amplitude zeigt, aufweisen, wobei für den ersten Shift an Position 5 eine stärkere Reaktion erwartet wird als beim zweiten Wortfeldwechsel an Position 9.

Ähnlich wie beim Verlauf der Behaltensleistung ist in Abbildung 4 ein Absinken der Werte über die ersten vier Versuchsdurchgänge bei allen

Gruppen zu erkennen. Auffällig sind die erneut ansteigenden SCR-Werte der Experimentalgruppen EXPges, VEXP und BEXP bei der fünften Triadenpräsentation (die Werte liegen zwischen 74.1% und 83.7%), während die Werte der Kontrollgruppe KONges, VKON und BKON weiterhin absinken (bis zu 26.3% - 27%), und somit einen Habituationsverlauf andeuten. Wie angenommen nehmen die physiologischen Reaktionen der Experimentalgruppen von der 6. bis 8. Triadenposition wieder ab, um beim zweiten Shift an Position 9 noch einmal bis auf 63.5 % - 72.3 % anzusteigen. Ähnlich den Ergebnissen der Behaltensleistung zeigen die elektrodermalen Reaktionen der Experimentalgruppe relativ parallele Kurvenverläufe von Position 1 - 5 und 5 - 9. Im Gegensatz dazu werden die Reaktionen der Kontrollgruppen KONges, VKON und BKON von Position 6 - 9 wieder etwas stärker (31.6 % - 46.7 %).

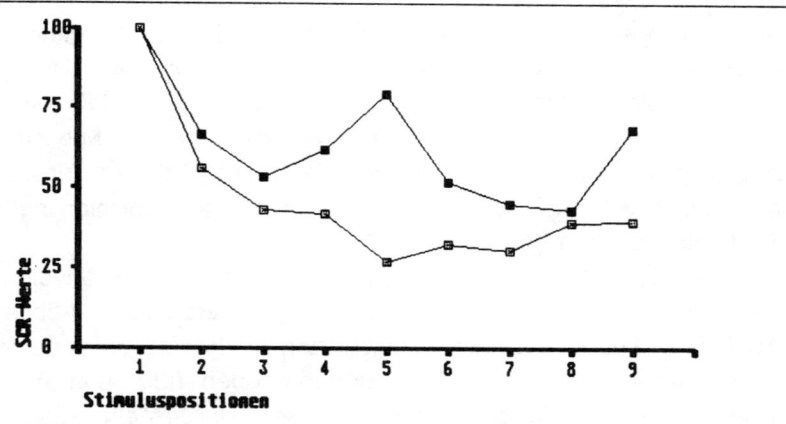

Abb. 4: Durchschnittliche SCR-Werte der Experimental- und der Kontrollgruppe: Schwarzes Viereck: Experimentalgruppe; helles Viereck: Kontrollgruppe.

Auch für die physiologischen Reaktionen wurde eine nach Wortfeldern getrennte Analyse zur Überprüfung möglicher Wortfeldeffekte durchgeführt. Die Werte verlaufen über die neun Stimuluspositionen hinweg bei den Wortfeldern BERUFE und VÖGEL weitgehend parallel, bis auf die Reaktionen an Position 6, an der nur in der Kontrollgruppe die Werte für BERUFE (BKON = 48.2 %) und VÖGEL (VKON = 18 %) stark divergieren. Dies ist aber kein typischer Effekt, der aufgrund der unterschiedlichen Wortfelder ausgelöst wird, sondern hat möglicherweise in einer Neuorientierung der Versuchspersonen seine Ursache (nähere Ausführungen hierzu in Kapitel 4).

Adäquat zur Analyse der Gedächtnisleistung wurden unter Annahme derselben Hypothesen ebenfalls SCR-Paarvergleiche an den gleichen Stellen durchgeführt (Tabelle 3).

EXPERIMENTALGRUPPE		KONTROLLGRUPPE	
POS 1 : POS 5	n.s.	POS 1 : POS 5	p<0.001
POS 1 : POS 9	n.s.	POS 1 : POS 9	p<0.001
POS 5 : POS 9	n.s.	POS 5 : POS 9	n.s.
POS 1 : POS 4	p<0.001	POS 1 : POS 4	p<0.001
POS 4 : POS 5	p<0.001	POS 4 : POS 5	p<0.001
POS 8 : POS 9	p<0.001	POS 8 : POS 9	n.s.

Tab. 3: Paarvergleich an den kritischen Positionen für Experimental- und Kontrollgruppe

Folgende Ergebnisse sind festzuhalten:
(1) Bei der *Experimentalgruppe* ergaben sich keine signifikanten Unterschiede beim Vergleich der Positionen Pos.1 : Pos.5, Pos.5 : Pos.9 und Pos.1 : Pos.9.
(2) Signifikanzen waren jedoch bei den Vergleichen Pos.1 : Pos.4, Pos.4 : Pos.5 und Pos.8 : Pos.9 zu verzeichnen.
(3) Für die *Kontrollgruppe* ergaben die Paarvergleiche Pos.1 : Pos.5, Pos.1 : Pos.9 und Pos.5 : Pos.9 signifikante Unterschiede ebenso für Pos.1 : Pos.4 und Pos.4 : Pos.5.
(4) Der Vergleich Pos.8 : Pos.9 zeigte keine singifikanten Unterschiede.

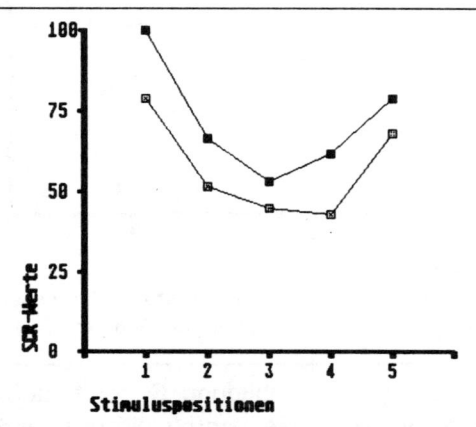

Abb. 5: Kurvenverläufe der Experimentalgruppe über die Positionen 1 bis 5 (schwarzes Viereck) zum Vergleich der Positionen 5 bis 9 (helles Viereck).

In Abbildung 5 sind ebenfalls die parallelen Kurvenverläufe von Triadenpositionen 1 - 5 und 5 - 9 der Experimentalgruppe dargestellt.

3.3 Zusammenhang zwischen verbalem Lernen und physiologischen Reaktionen

Ziel der vorliegenden Untersuchung war der Nachweis, daß es Zusammenhänge zwischen Lernleistungen und dem Orientierungsverhalten gibt, das sich in physiologischen Reaktionen widerspiegelt. Die Resultate weisen auf eine Bestätigung dieser Annahme hin und verifizieren generell die formulierten Arbeitshypothesen. Danach zeigen sich hohe SCR-Amplituden, wenn auch die Behaltensleistung hoch ist. Der durch das gleichbleibende Testmaterial hervorgerufene stetige Abfall des Erinnerungsvermögens spiegelt sich im Habituationsverlauf des Orientierungsverhaltens wider, während durch eine anschließend aufgrund modifizierten Stimulusmaterials hervorgerufene Neuorientierung sowohl die Behaltensleistung als auch die physiologische Reaktivität wieder ansteigt. Die Abbildungen 6 und 7 zeigen die Polygonzüge der Behaltensleistung und der SCR-Amplituden für die Experimental- und für die Kontrollgruppe.

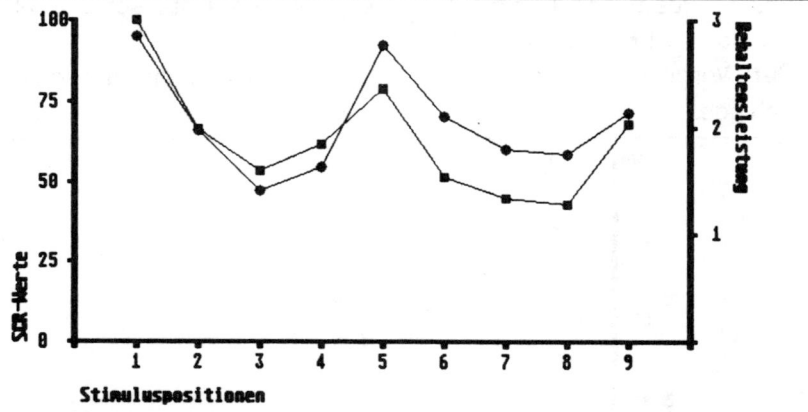

Abb. 6: Elektrodermale Reaktionen und Behaltensleistung der Experimentalgruppe. Schwarzes Viereck: SCR-Amplituden; schwarzer Kreis: Behaltensleistung.

Die Darstellung der Ergebnisse in Abbildung 6 zeigt, daß ein proportionaler Zusammenhang zwischen Gedächtnisleistung und physiologischen Reaktionen angenommen werden kann: Hohe SCR-Amplituden treten dann auf, wenn die Gedächtnisleistung gut ist. Wird diese schlechter, sinken auch die psychophysiologischen Reaktionen. Die Steigerung der Meßwerte an den Triadenpositionen 5 und 9 sind in jedem Fall auf die Neuorientierung der Vp auf verändertes Reizmaterial, d.h. auf den Wortfeldwechsel, zurückzuführen (vgl. Siddle et al., 1979) Parallel zur Steigerung der SCR-Amplituden löst der Kategorienwechsel eine Leistungsverbesserung des Gedächtnisses aus (vgl. Wickens, 1970, 1972). Die Hypothesen (III) und (IV) lassen sich somit bestätigen.

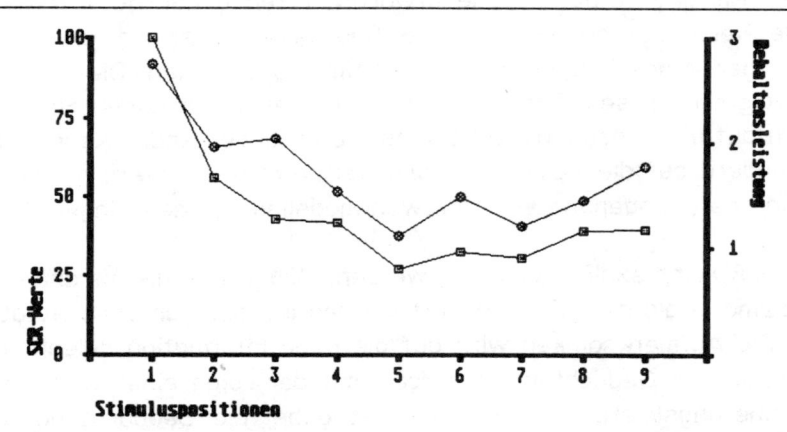

Abb. 7: Elektrodermale Reaktionen und Behaltensleistung der Kontrollgruppe. Helles Viereck: SCR-Amplituden; heller Kreis: Behaltensleistung.

Betrachtet man die Polygonzüge der Kontrollgruppe KONges, so läßt sich ein deutliches Absinken bis zur fünften Stimulusposition feststellen, und zwar sowohl bei der SCR als auch bei der Behaltensleistung.

Die Verifizierung von Hypothese (I), nach der ein kontinuierlicher Leistungsabfall über *alle* Versuchsdurchgänge erwartet wird, muß allerdings eingeschränkt werden, da das Leistungsminimum nicht wie angenommen am Ende der Versuchsdurchgänge, sondern in der Mitte (fünfte Triadenposition) erreicht wird, um danach erneut leicht anzusteigen. Die Polygonzüge von Gedächtnisleistung und SCR-Werten demonstrieren also zunächst eine Verschlechterung des Erinnerungsvermögens und parallel dazu einen Habituationsverlauf über die ersten fünf Versuchsdurchgänge.

Während jedoch die Behaltensleistung der Kontrollgruppe ab dem sechsten Versuchsdurchgang wieder leicht ansteigt, unterliegen die physiologischen Reaktionen offensichtlich den Gesetzmäßigkeiten der Habituation, d. h. das Reizmaterial hat seine Neuartigkeit verloren und löst keine signifikanten Reaktionen des Organismus mehr aus. Hypothese (II) wurde somit bestätigt.

4. Diskussion und Ausblick

Die Ergebnisse zeigen einen Zusammenhang zwischen verbalem Lernen und Orientierungsverhalten. Wie erwartet, lösen neuartige und unerwartete Reize psychophysiologische Reaktionen aus, die jedoch bei mehrmaliger Wiederholung desselben Stimulus absinken. Die Habituation erfolgte in diesem Experiment nicht auf einen einzelnen Stimulus, sondern auf ein ganzes *Wortfeld*. Dies ist ein bedeutender Aspekt, der insbesondere auf die *Kategorisierung semantischen Materials*, wie sie auch in den sogenannten Netzwerkmodellen vorgeschlagen wird, rekurriert.

Es muß nicht explizit erwähnt werden, daß durch die Veränderung des Reizmaterials die OR reaktiviert worden ist, d.h. zur Dishabituation führte. Die Aufmerksamkeit wird auf die neue Information gelenkt und aktiviert andere Gedächtnisressourcen, mit der Folge einer verbesserten Erinnerungsleistung. Interessant ist dabei die Beobachtung, daß mit zunehmendem Behalten von Wörtern eine hohe physiologische Reaktion zu erwarten ist. Je weniger erinnert wird, desto geringer fällt die OR aus. Aufgrund dieser Ergebnisse kann man von einem sehr engen Zusammenhang zwischen Gedächtnisleistung und psychophysiologischen Reaktionen sprechen.

Die Resultate zeigen einen Leistungsabfall über die ersten vier Wort-Triaden, die derselben konzeptuellen Klasse angehören, während der Wechsel auf eine differente semantische Kategorie zu einer erheblich verbesserten Behaltensleistung führt. Dies kann als Bestätigung der von Wickens (1970, 1972) ausführlich dokumentierten Ergebnisse betrachtet werden.

In Abänderung des Wickenschen Testdesigns wurden in der vorliegenden Studie jedoch *zwei* Kategorienwechsel durchgeführt, wobei der zweite Shift wieder auf das anfangs präsentierte Wortfeld zurückgeht (vgl. Yuille & Hare, 1980). Dabei fällt auf, daß der erste Shift eine weitaus höhere Behaltensverbesserung auslöst als der zweite. Dies ist kein Phänomen der zeitlichen Abfolge der Stimuli, sondern ist durch die "Bekanntheit" der Wortkategorie bedingt, auf die beim zweiten Mal gewechselt wurde (Loess, 1968, berichtet in diesem Zusammenhang, daß bei der Präsentation von mehreren verschiedenen Wortfeldern die Behaltensleistung in adäquater Weise verbessert wird).

Zur Erklärung der erzielten Ergebnisse lassen sich zweifelsohne negative Einflüsse der *retroaktiven Hemmung* (RI = retroactive Inhibition) auf die Behaltensleistung festhalten. Die Komplexität der Interferenz-Aufgabe, die die Vp noch dazu zu einer aktiven Produktivität auffordert (laut zählen), fordert so viele Gedächtnisressourcen und Aufmerksamkeit, daß die zuvor präsentierten Stimuli nicht behalten werden können. Allerdings kann nicht allein die retroaktive Inhibition für den Rückgang der Behaltensleitung verantwortlich sein. Wäre dies der Fall, so müßte aufgrund der hemmenden Wirkung der Zählaufgabe die Vergessensrate beim ersten Versuchsdurchgang wesentlich höher ausfallen, da die neuartige, ungewohnte Interferenz-Aufgabe gerade am Anfang die meisten Probleme bereitet und daher sowohl Aufmerksamkeit als auch "Speicherplatz" beansprucht. Bei vielen Probanden stellten sich dann im Laufe der Versuchsdurchgänge Trainingseffekte hinsichtlich des Rückwärtszählens ein. Der unerwartete Leistungsanstieg der Kontrollgruppe zwischen dem sechsten und neunten Versuchsdurchgang könnte möglicherweise auf solche Trainingseffekte rekurrieren, da die Zählaufgabe aufgrund der Übung weniger Gedächtnisressourcen beansprucht und folglich mehr Speicherkapazität für das Behalten der Wort-Triade gewonnen werden kann.

Neben der retroaktiven Inhibition sind auch Effekte der *proaktiven Hemmung* (PI) zu bedenken. Per definitionem spricht man dann von proaktiver Hemmung, wenn das Erinnern an die erlernte Information von Ereignissen beeinträchtigt wird, die *vor* dem Lernprozeß aufgetreten sind. Das bedeutet, je mehr Versuchsdurchgänge absolviert wurden, desto mehr wird die Erinnerung an die nachfolgenden Wörter gehemmt. Gemäß der Forschungsergebnisse zur PI kann auch in der vorliegenden Studie konstatiert werden, daß beim ersten Versuchsdurchgang keine Effekte inhibitorischer Information wirksam werden (vgl. Keppel & Underwood, 1962). Adäquat zu den Ergebnissen von Wickens, Born & Allen (1963) und Wickens (1970, 1972) zeigt sich, daß die Einflüsse der proaktiven Hemmung von der Ähnlichkeit des Reizmaterials abhängen und die inhibitorischen Effekte durch die Veränderung des Testmaterials aufgehoben werden können (vgl. Abb. 2).

Bei der Datenanalyse der Kontrollgruppe konnte die interessante Beobachtung gemacht werden, daß angesichts der Reproduktion von erinnerten Wörtern Verwechslungen der zuletzt wahrgenommenen Items, an die sich die Vp erinnern soll, mit Wörtern früherer Triaden stattfinden (vgl. Loftus & Patterson, 1975). Dies hängt ebenfalls von der Ähnlichkeit der Stimuli ab, die deshalb untereinander konkurrieren. Wird die Konkurrenz verändert (vgl. Experimentalgruppe), werden die proaktiven Interferenzen aufgehoben, d.h. eine Verwechslung von alten und neuen Items wird nicht mehr beobachtet.

Betrachtet man die Ergebnisse der physiologischen Reaktionen der Kontrollgruppe, so läßt sich der erwartete Habituationsverlauf feststellen. Wie schon erwähnt, steigt die Behaltensleistung bei dieser Gruppe entgegen allen Erwartungen in der zweiten Hälfte der Versuchsdurchgänge wieder leicht an. Hier scheinen je nach Verhaltensmodus (Lernverhalten oder Orientierungsverhalten) zwei verschiedene Verarbeitungsprozesse abzulaufen:

Orientierungsverhalten: Die Vp verarbeitet zum einen die Information, daß Wörter aus *einem Wortfeld* präsentiert werden, obwohl die Oberbegriffe VOGEL und BERUF nie explizit erwähnt oder visuell dargeboten werden. Diese Information wird mit jedem neuen Versuchsdurchgang wiederholt und bestärkt, mit der Folge, daß die *Kategorie* gelernt wird. Auf diesen Orientierungsprozeß erfolgt die Habituation der psychophysiologischen Reaktionen. Um in der Terminologie der "semantischen Verarbeitungsmodelle" zu sprechen: Die Habituation stellt sich aufgrund der Kodierung eines hierarchisch höher stehenden Begriffsknotens ein, der alle Eigenschaften der einzelnen Items an sich gebunden hat; der Habituationsprozeß erfolgt aber nicht auf die untergeordneten Glieder dieser Kategorie. Die bedeutet, daß der informationsverarbeitende Organismus ständig versucht, neue Reize zu organisieren und zu anderen (gespeicherten) Informationen in Beziehung zu setzen.

Lernverhalten: Der Proband erhält bei jedem Versuchsdurchgang unbekannte Stimuli, die dadurch, daß sie an ein semantisches Umfeld gebunden sind, schwer aus dem Langzeitspeicher abrufbar sind, da die semantische Nähe den Zugang zu einzelnen Items blockiert. Aus diesem Grund sinkt die Erinnerungsleistung im Verlauf der Versuchsdurchgänge. Die Verarbeitung von Gedächtnisinhalten hängt also mit dem aktiven Prozeß der Organisation neuer Inputs zusammen; ist jedoch strukturiertes Material (z.B. Wörter aus einer Bedeutungskategorie) vorgegeben, so ist das informationsverarbeitende System gezwungen, neue konzeptuelle Strategien zu entwickeln.

Dafür läßt sich ein weiteres Argument anführen: Neben der Schwierigkeit des Abrufens aus dem Langzeitspeicher ist die begrenzte Kapazität des Kurzzeitspeichers, in den die zu erinnernden Wörter gelangen müssen, für das Vergessen im weiteren Verlauf der Stimuluspräsentationen verantwortlich. Aus den ersten vier Versuchsdurchgängen, die für Experimental- und Kontrollgruppen identisch waren, wurden von den insgesamt 12 dargebotenen Wörtern durchschnittlich zwischen 7.9 und 8.28 Wörter behalten. Dies stimmt mit Millers (1956) Auffassung überein, das Fassungsvermögen des Kurzzeitspeichers beschränke sich auf sieben (plus-minus zwei) Gedächtniseinheiten ("chunks"). Sind alle Ressourcen für das kurzzeitige Erinnern erschöpft, kann keine neue Information mehr aufgenommen werden.

Da die Reizdarbietung jedoch fortgesetzt wird, sucht der Proband eventuell Lernstrategien, um seine Behaltensleistung zu verbessern. Es könnte sein, daß er eigens unterscheidende Merkmale hervorhebt (etwa die Anfangsbuchstaben der drei präsentierten Wörter) oder versucht, sofern ihm die Zeit dazu bleibt, semantische Relationen zwischen den Stimuli herzustellen (z.B. der WINZER macht Wein, den der KELLNER im Glas vom GLASER serviert). Dies könnte die Erhöhung der Behaltensleistung ab der sechsten Triadenpräsentation erklären.

Eine andere Möglichkeit, die Gedächtnisleistung wieder zu steigern, besteht darin, daß der an Kapazität erschöpfte Kurzzeitspeicher "geleert" wird bzw. die vorhandenen Items verdrängt werden, um Platz für die neuen Informationen zu schaffen. Um diese Hypothese zu überprüfen, müßte allerdings das hier verwendete Testdesign erweitert werden, z. B. indem man nach dem letzten Versuchsdurchgang die Vp auffordert, in Form einer freien Reproduktion alle Testwörter zu nennen, an die sie sich jetzt noch erinnern kann.

Literatur

Brown, J.A. (1958): Some tests for the decay theory of immediate memory. *Quarterly Journal of Experimental Psychology, 10,* 12-21.

Bußmann, H. (1983): *Lexikon der Sprachwissenschaft.* Stuttgart.

Crowder, R.G. (1967): Short-term memory for words with a perceptual-motor interpolated activity. *Journal of Verbal Learning and Verbal Behavior, 6,* 753-761.

Deese, J. (1962): On the structure of associative meaning. *Psychological Review, 69,* 161-175. Berlin.

Keppel, G. & Underwood, B.J. (1962): Proactive inhibition in short-term retention of single items. *Journal of Verbal Learning and Verbal Behavior, 1,* 153-161.

Loess, H. (1968): Short-term memory and item similarity. *Journal of Verbal Learning and Verbal Behavior, 7,* 1968, 87-92.

Loftus, G.R. & Patterson, K.K. (1975): Components of short-term proactive inhibition. *Journal of Verbal Learning and Verbal Behavior, 13,* 585-589.

Lykken, D.T. & Venables, P.H. (1971): Direct measurement of skin conductance: A proposal for standardization. *Psychophysiology, 8,* 656-672.

Miller, G.A. (1956): The magical number seven plus or minus two. *Psychological Review, 63,* 81-97.

Paivio, A. (1971): *Imagery and verbal processes.* New York.

Pavlov, I.P. (1953): *Zwanzigjährige Erfahrung mit dem objektiven Studium der höheren Nerventätigkeit (des Verhaltens) der Tiere.* Berlin.

Peterson, L.R. & Peterson, M.J. (1959): Short-term retention of individual items. *Journal of Experimental Psychology, 58,* 193-198.

Siddle, D.A.T., Kyriacou, C., Heron,P.A. & Mattheus, W.A. (1979): Effects of changes in verbal stimuli on the skin conductance response component of the orienting response. *Psychophysiology, 16,* 34-40.

Sokolov, E.N. (1963): *Perception and the conditioned reflex.* New York,

Sokolov, E.N. (1969): The modeling properties of the nervous system. In: Cole, M. & Maltzman, I. (eds.): *A handbook of contemporary soviet psychology.* New York.

Sokolov, E.N. (1971): Orientierungsreflex und Informationsaufnahme. In: Kussmann, T. & Kölling, H. (Hrsg.): *Biologie und Verhalten.* Bern.

Trier, J. (1931): *Der deutsche Wortschatz im Sinnbezirk des Verstandes. Die Geschichte des sprachlichen Feldes. I. Von den Anfängen bis zum Beginn des 13. Jahrhunderts.* Heidelberg.

Venables, P.H. & Christie, M.J. (1980): Electrodermal activity. In: Martini, I. & Venables, P.H. (eds.): *Techniques in psychophysiology.* New York.

Waugh, N.C. & Norman, D.A. (1968): The measure of interference in primary memory. *Journal of Verbal Learning and Verbal Behavior, 7,* 617-626.

Wickens, D.D. (1970): Encoding categories of words: an empirical approach to meaning. *Psychological Review, 77,* 1-15.

Wickens, D.D. (1972): Characteristics of word encoding. In: Melton, A. & Martin, E. (eds.): *Coding processes in human memory.* New York.

Wickens, D.D., Born,D.G. & Allen, C.K. (1963): Proactive inhibition and item similarity in short-term memory. *Journal of Verbal Learning and Verbal Behavior, 2,* 440-445.

Wilson, K.G. (1984): Psychophysiological activity and the buildup and release of proactive inhibition in short-term memory. *Psychophysiology, 21,* 135-142.

Wippich, W. 1984): *Lehrbuch der angewandten Gedächtnispsychologie. Bd. 1.* Stuttgart.

Yuille, J.C. & Hare, R.D. (1980): A psychophysiological investigation of short-term memory. *Psychophysiology, 17,* 423-430.

Zimbardo, P.G. & Ruch, F.L. (1978): *Lehrbuch der Psychologie.* Berlin.

Psychophysiologische Messungen bei taktilen Sprachidentifikations- und Diskriminationstests *

Hans Georg Piroth und Thomas Arnhold

Es wurden bereits viele Forschungsvorhaben unternommen, um technische Systeme zur taktilen Übermittlung von Lautsprache zu ermöglichen. Diese Kommunikationshilfen wurden durch verschiedene experimentelle Verfahren überprüft. Hier dominieren Identifikations- und Diskriminationstests, Lernverfahren und Trakking-Experimente sowie die Messung anderer unmittelbar beobachtbarer Reaktionen. Um zusätzliche Erkenntnisse über Wahrnehmung und Verarbeitung taktiler Stimuli zu gewinnen, wurden im vorliegenden Experiment psychophysiologische Reaktionen bei Identifikations- und Diskriminationstests aufgezeichnet. Für die statistische Analyse wurde ein dreifaktorielles ANOVA-Design mit den Faktoren ´Testbedingung´, ´Aufgabe´ und ´Habituation´ zugrundegelegt. Neben den Identifikations- und Diskriminationsantworten der Vpn wurden Lidschlagfrequenz (Blinkrate = BR) und Elektrodermale Aktivität an beiden Händen (EDA) gemessen. Die Ergebnisse zeigen, daß verschiedene Aufgabenstellungen unterschiedliche EDAs und BRs hervorrufen. Auch zeigt sich ein deutlicher Unterschied in der Verarbeitung von Identifikation und Diskrimination.

A large number of investigations have been undertaken to develop technical systems to enable the tactile substitution of speech for the deaf. These aids are evaluated with various experimental procedures (identification and discrimination tests, learning experiments, tracking procedures and other overt behaviour methods). In order to find additional evidence on the processing and perception of such stimuli, in the present experiment psychophysiological responses during identification and discrimination tests using tactile speech stimuli were recorded. A 3-factorial ANOVA- design was used to evaluate test condition, task condition and habituation during the presentation of tactile speech stimuli. Besides the Ss´ identification and discrimination answers, eyeblink rate was registered and electrodermal activity (EDA) concomitantly on both hands.

---

*) Dieser Beitrag ist eine überarbeitete und erweiterte deutsche Fassung des Vortrags "Psychophysiological Measurements During Tactile Speech Identification and Discrimination Tests", in: J. P. Tubach & J. J. Mariani (eds.)(1989): Eurospeech 89. European Conference on Speech Communication and Technology. Paris - September 1989, Vol. 2, p. 702-705, Edinburgh: CEP Consultants.

1. Einleitung

Mit dem Ziel, Gehörlosen ein Substitut für die Sprachwahrnehmung zur Verfügung zu stellen, wurde eine ganze Reihe von Forschungsprojekten gefördert. Zur Überprüfung der Leistung dieser Systeme wurden in der Regel die gleichen Verfahren wie bei auditiven Sprachwahrnehmungstests eingesetzt, also Identifikations- und Diskriminationstests (vgl. Sparks, Kuhl, Edmonds & Gray, 1978 und Clements, Braida & Durlach, 1982), Lernverfahren (z. B. Brooks, Frost, Mason & Chung, 1985) oder auch Tracking-Prozeduren (z. B. Lynch, Eilers, Oller, Urbano & Pero, 1989).

Mit diesen Untersuchungen sollte hauptsächlich ermittelt werden, ob die perzeptiven und kognitiven Mechanismen bei taktiler Sprachvermittlung denen der auditiven Wahrnehmung von Lautsprache ähneln. Da die oben erwähnten Verfahren zu diesem Punkt nicht erschöpfend Auskunft geben, hielten wir zusätzlich die Messung von verdeckten Verhaltensäußerungen für erforderlich. Deshalb haben wir eine der im auditiven und visuellen Bereich häufigsten Methoden eingesetzt, die Aufzeichnung psychophysiologischer Reaktionen (vgl. Kimmel, van Olst & Orlebeke, 1979).

Das System zur elektrischen Hautreizung SEHR-2 (Tillmann & Piroth, 1987) wurde zur Herstellung und Präsentation taktiler Silbenstimuli herangezogen. Als psychophysiologische Reaktionen auf taktile Stimuli wurden – unseres Wissens erstmalig – die Elektrodermale Aktivität und die Lidschlagfrequenz erfaßt.

2. Methode

2.1 Apparate

SEHR-2 ist ein elektrokutaner 16-Kanal-Reizgeber, der unter Rechnerkontrolle (PDP-11/83) stromgesteuerte bipolare Impulssequenzen erzeugt (vgl. Abbildung 1) und diese über vergoldete Ringelektrodenpaare auf die Haut gibt. Die Elektroden haben einen Durchmesser von 9mm und sind im Paar 1mm voneinander entfernt. Die Goldschicht ist 5μ stark. Die bipolaren Impulsfolgen sind gleichstromfrei realisiert. Die Rechteckbreite beträgt 200 µs, die Impulswiederholungsrate 400 pps. Die Impulsamplitude wurde von jeder Vp vor jedem Test in einer interaktiven iterativen Eichprozedur in einem gemischten aufsteigenden und absteigenden Verfahren auf einen Mittelwert zwischen Absolut- und Lästigkeitsschwelle eingeregelt. Die Elektroden wurden, wie in Abbildung 2 gezeigt, mit Papierklebeband am linken Unterarm befestigt und mit einer elastischen Binde fixiert.

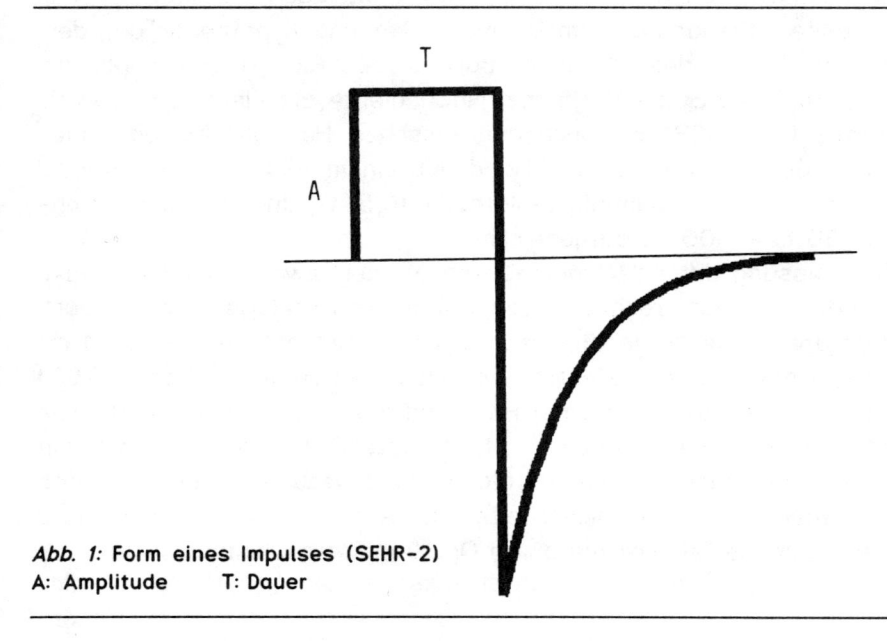

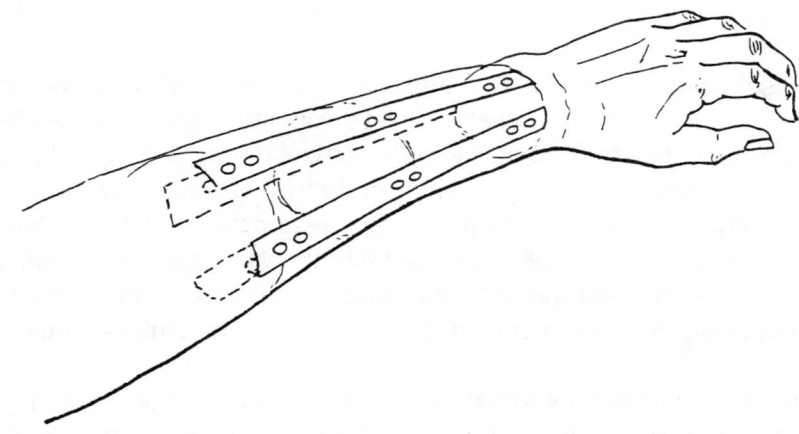

Abb. 1: Form eines Impulses (SEHR-2)
A: Amplitude   T: Dauer

Abb. 2: Anordnung der Elektroden zur taktilen Reizung

Die psychophysiologischen Messungen wurden mit einem 4-Kanal-Polygraphen (ZAK) durchgeführt. Die EDA-Daten wurden gleichzeitig von beiden Händen abgenommen und auf thermosensitivem Papier registriert. Die Hautleitfähigkeit wurde exosomatisch an den Handinnenflächen bipolar gemessen. Nach Reinigung der Hautoberfläche mit Wundbenzin wurden die beiden Ag/AgCl-Elektroden (Hellige, 8,7 mm Durchmesser) thenar auf dem Daumenballen und hypothenar auf dem proximalen Drittel des Kleinfingerballens mit Kleberingen appliziert. Eine hypotonische Salbe (0,06 mol NaCl) diente als Elektrolyt. Sowohl die phasischen (SCR) als auch die tonischen Hautleitfähigkeitsänderungen (SCL) wurden für jede Hand mit einem EDA-Verstärkermodul nach der Konstant-Spannungs-Methode (0,5 V; Eingangsempfindlichkeit 10, 30 bzw. 100 S) aufgezeichnet.

Zur Messung der Lidschlagfrequenz wurden zwei Aktiv-Elektroden über und unter dem rechten Auge auf dem orbicularis oculi plaziert. Die indifferente Elektrode (Beckman, 2,1 mm Durchmesser) wurde 1 cm über der Nasenwurzel befestigt. Die Haut wurde mit Alkohol (70%) gereinigt, der Kontakt zwischen Haut und Elektrodenfläche durch eine hypertonische Creme (0,5 mol NaCl) hergestellt. Der Polygraph war mit der Elektrodenmatrix für die taktile Reizung verbunden und geerdet. Diese wiederum war aus sicherheitselektrischen Gründen von SEHR-2 und dem Computerstromkreis durch Optokoppler getrennt.

2.2 Stimuli

Als Basiseinheit für die taktilen Stimuli diente eine Sequenz von drei Impulsen (Taps) mit einer Repetitionsrate von 400 pps. Diese wurden zu dynamischen Mustern kombiniert, die artikulatorische Eigenschaften auf dem Unterarm abbilden. So wurden taktile Silbenäquivalente mit einer zeitlichen Struktur erzeugt, die der gesprochener Silben ähnlich ist (Piroth & Tillmann, 1988). Vokale wurden als longitudinal, Konsonanten als zirkumferent verlaufende Muster konstruiert. Vordere Artikulationsstellen wurden distal, mittlere medial und hintere proximal kodiert.

Fortis-Konsonanten bestehen in dieser Kodierung aus acht Tabs, zwei davon auf jedem der vier Elektrodenpaare des jeweiligen Ringes mit einem konstanten Inter-Tap-Intervall von 15 ms (Gesamtdauer = 161,6 ms). Bei Lenis-Konsonanten wurden vier Taps präsentiert, eines pro Elektrodenpaar mit einem Intervall von 35 ms (Gesamtdauer = 160,8 ms). Zur Bildung von CV- Silben wurde ein taktiles Äquivalent für den Schwa angefügt, das an den medialen und proximalen Elektrodenpaaren der beiden äußeren Seiten des Unterarms dargeboten wurde, und zwar zwei Taps an jedem von vier Elektrodenpaaren mit einem konstanten Intervall von 20 ms zwischen den aufeinanderfolgenden Taps (Gesamtdauer = 201 ms). In Tabelle 1 sind die im Test verwendeten Silben und ihre taktilen Kodierungseigenschaften aufgeführt, Abbildung 3 zeigt eine taktile CV-Silbe bestehend aus einem labialen Frikativ und einem Schwa.

	/fə/	/və/	/ʃə/	/ʒə/	/xə/	/ɣə/
Elektrodenring	distal	distal	medial	medial	prox.	prox.
Intertap-Intervall	klein	groß	klein	groß	klein	groß

Tab. 1: **Taktile Silbenäquivalente**

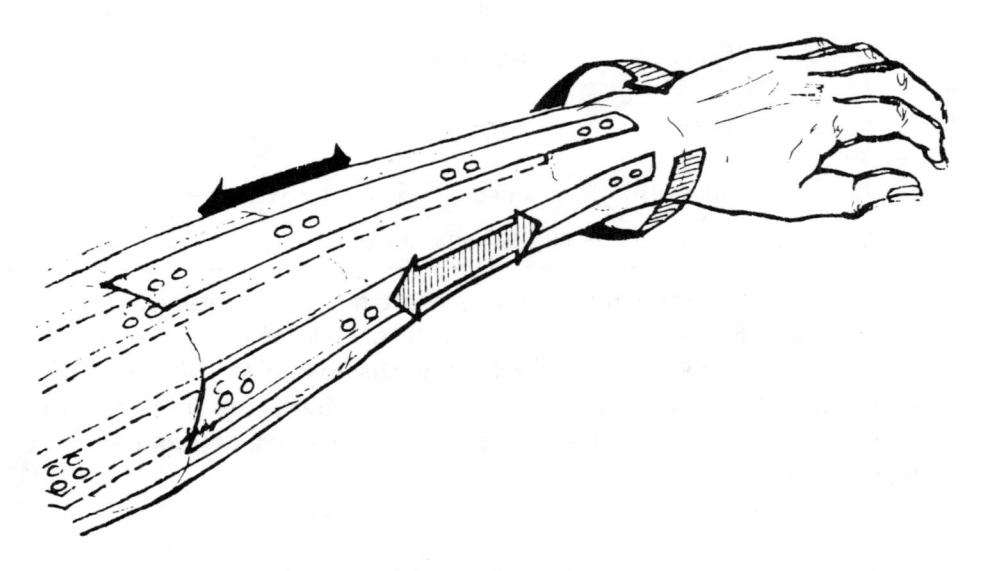

Abb. 3: **Musterverlauf für eine Konsonant-Vokal-Silbe**

2.3 Versuchspersonen und Versuchsdurchführung

42 Studierende und Institutsmitarbeiter (21w/21m; $\bar{x}_{Alter}$ = 30.67; s = 6.69) wurden einzeln getestet. In dem 2x3x3-faktoriellen Experiment waren:

Faktor A ´Testbedingung´: (1) Diskriminationstest oder
(2) Identifikationstest,

Faktor B ´Aufgabe´: (1) kognitive,
(2) motorische bzw.
(3) keine aktive Aufgabe,

Faktor R ´Habituation´: Reaktionsverlauf über drei Blöcke à 12 Stimuli.

Im Diskriminationstest wurden 2x18 taktile CV-Silbenpaare (s. Tabelle 2) präsentiert:

/fə/-/və/	/ʃə/-/ʒə/	/xə/-/ɣə/
/və/-/fə/	/ʒə/-/ʃə/	/ɣə/-/xə/
/fə/-/fə/	/ʃə/-/ʃə/	/xə/-/xə/
/və/-/və/	/ʒə/-/ʒə/	/ɣə/-/ɣə/
(distal)	(medial)	(prox.)

Tab. 2: Stimulusinventar für den Diskriminationstest

Die 36 Stimuluspaare wurden randomisiert mit einem Intervall von 5s zwischen den Paaren und einem Interstimulus-Intervall von 1,5s dargeboten. Im Identifikationstest wurden sechs taktile CV-Silben sechsmal wiederholt in randomisierter Folge präsentiert; das Intervall zwischen zwei aufeinanderfolgenden Silbenäquivalenten betrug ebenfalls 5s (s. Tabelle 3).

| /fə/ | /və/ | /ʃə/ | /ʒə/ | /xə/ | /ɣə/ |

Tab. 3: Stimulusinventar für den Identifikationstest

Die kognitive Aufgabe unter Faktor B bestand in der Diskrimination bzw. Identifikation der dargebotenen Stimuli durch Drücken entsprechend definierter Tasten auf einem Computerkeyboard. Die motorische Gruppe hatte zur Bestätigung der Wahrnehmung der Items nach jeder Präsentation die gleiche Taste zu drücken. Die Versuchsgruppe ohne aktive Aufgabe wurde angewiesen, die Arme während des Tests nicht zu bewegen, die Stimuli also lediglich zu rezipieren.

Nachdem die Versuchspersonen in einem Sessel Platz genommen hatten, wurden ihnen die Elektroden zur taktilen Stimulierung und zur Messung psychophysiologischer Reaktionswerte appliziert. Zunächst wurde die Eichprozedur durchgeführt, die ca. 30 Minuten in Anspruch nahm. Nach einer kurzen Pause wurden die sechs taktilen Silben fünfmal zur Einübung präsentiert; dann wurde der Identifikations- oder Diskriminationstest gestartet. Die ganze Sitzung dauerte einschließlich Anlegen der Elektroden ungefähr eine Stunde. Die Einhaltung der Aufgabenstellung wurde mittels einer Videokamera überwacht.

3. Ergebnisse

Als Parameter wurden Amplitude und Anzahl der SCR pro Item bestimmt. Abbildung 4 zeigt einen typischen Reaktionsverlauf über mehrere Stimuli für den Diskriminationstest, Abbildung 5 für den Identifikationstest. Die SCR-Werte wurden von Hand ermittelt und in die Analyse einbezogen, wenn die Steigung der SCR-Amplitude nicht kleiner als 0,02 µS war. Zwei- und mehrgipflige Reaktionen wurden einzeln gezählt, wenn sie durch ein relatives Minimum getrennt waren (vgl. Abbildung 5: zweite SCR_{RE}). Reaktionen, die weniger als 0,5s nach Stimulus-Onset auftraten, wurden der vorherigen Reaktion zugerechnet. Zur Reduktion der interindividuellen Variation wurden die Amplitudenwerte nach der Methode von Lykken & Venables (1971) transformiert: $SCR(x) = SCR_{AMP}(i)/SCR_{AMP}(max)$ für jede Vp ($SCR_{AMP}(max)$ = absolutes Amplitudenmaximum von SCR pro Vp).

Zum Ausgleich der unterschiedlichen Dauer von Identifikations- und Diskriminationsstimuli wurde das arithmetische Mittel der Amplitudenwerte der Reaktionen pro Stimulus gebildet.

Jede abhängige Variable $SCR_{RE}(x)$, $SCR_{LI}(x)$ und BR_{GESAMT} wurde mit Hilfe einer 2x3x3-faktoriellen ANOVA mit ´Testbedingung´ (A) und ´Aufgabe´ (B) als unabhängigen Faktoren und ´Habituation´ (R)

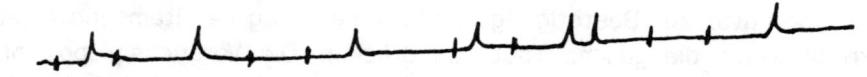

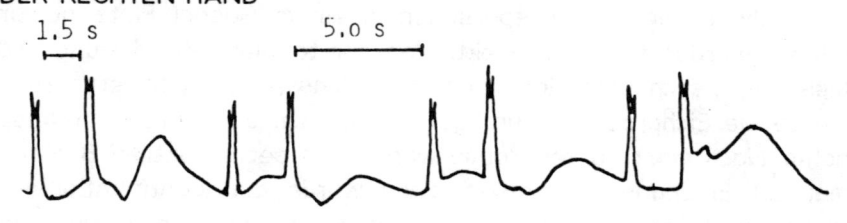

LIDSCHLAGFREQUENZ

HAUTLEITFÄHIGKEITSREAKTIONEN
AN DER RECHTEN HAND

1,5 s   5,0 s

HAUTLEITFÄHIGKEITSREAKTIONEN
AN DER LINKEN HAND

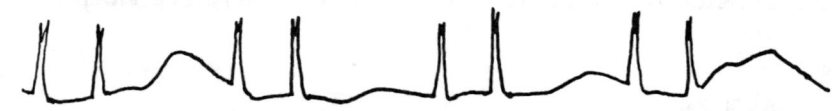

Abb. 4: Reaktionsverlauf im Diskriminationstest

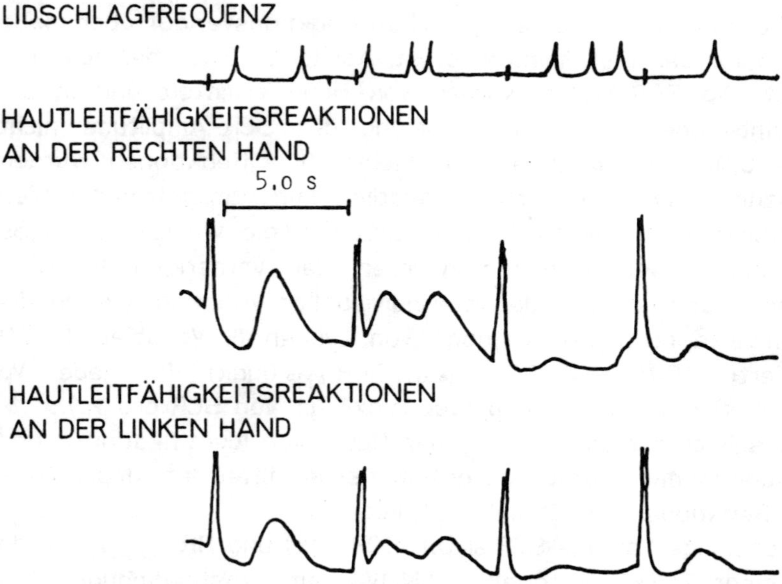

LIDSCHLAGFREQUENZ

HAUTLEITFÄHIGKEITSREAKTIONEN
AN DER RECHTEN HAND

5,0 s

HAUTLEITFÄHIGKEITSREAKTIONEN
AN DER LINKEN HAND

Abb. 5: Reaktionsverlauf im Identifikationstest

als abhängigem Faktor analysiert. Sowohl links- als auch rechtshändig zeigen die Amplituden hochsignifikante Unterschiede für ´Aufgabe´ und ´Habituation´. Für den Faktor ´Testbedingung´ konnte lediglich linkshändig ein Trend konstatiert werden. Zusätzlich traten signifikante Interaktionen auf (AxB und AxR beid- sowie BxR rechtshändig; vgl. die Abbildungen 6 und 7). Duncan-Tests (p = 0.01) zeigten für die Einzelpaarvergleiche, daß der Effekt von ´Aufgabe´ beidhändig die Kontrollgruppe ohne Aufgabe von den beiden anderen Gruppen trennt. Die kognitive und die ausschließlich motorische Gruppe unterscheiden sich nicht signifikant voneinander. Der Habituationseffekt war beidhändig nur zwischen dem ersten Testdrittel und den beiden anderen signifikant.

BR zeigte einen deutlichen Trend (p < 0.06) bezüglich des Faktors ´Aufgabe´, jedoch keinen Effekt von ´Testbedingung´ und ´Habituation´ (s. Abbildung 8). Da das 5%-Niveau nur knapp verfehlt wurde, wurden auch hier Einzelpaarvergleiche durchgeführt (Duncan-Test; p = 0.01). Dabei ergab sich, im Gegensatz zu den Amplituden, ein signifikanter Unterschied zwischen der kognitiven Aufgabenstellung und den beiden anderen.

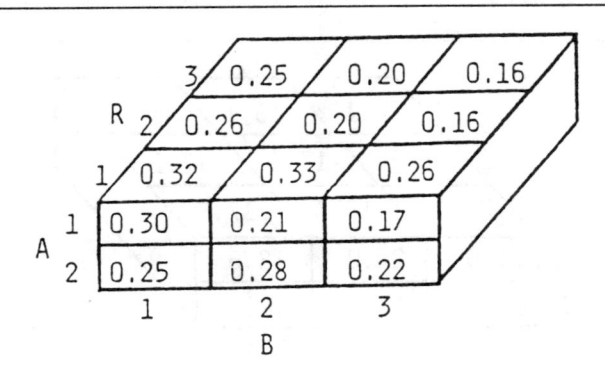

$A: F(1,36) = 3.018 \ p < 0.10$
$B: F(2,36) = 12.512 \ p < 0.001 \ ***$
$R: F(2,72) = 24.029 \ p < 0.001 \ ***$
$AxB: F(2,72) = 8.740 \ p < 0.001 \ ***$
$AxR: F(2,72) = 4.332 \ p < 0.02 \ *$

Abb. 6: Ergebnisse der SCR-Amplitudenmessung an der linken Hand
A: Testbedingung (1: Diskrimination 2: Identifikation)
B: Aufgabe (1: kognitiv 2: motorisch 3: nicht aktiv)
C: Habituation (1: Stimulus 1-12 2: Stimulus 13-24 3: Stimulus 25-36)

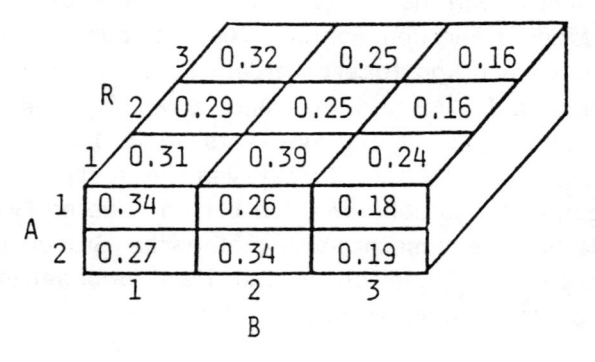

	1	2	3
R 3	0.32	0.25	0.16
R 2	0.29	0.25	0.16
R 1	0.31	0.39	0.24
A 1	0.34	0.26	0.18
A 2	0.27	0.34	0.19

B

B: $F(2,36) = 33.336$ $p < 0.001$ ***
R: $F(2,72) = 15.348$ $p < 0.001$ ***
AxB: $F(2,72) = 9.686$ $p < 0.001$ ***
AxR: $F(2,72) = 3.870$ $p < 0.03$ *
BxR: $F(4,72) = 3.531$ $p < 0.02$ *

Abb. 7: Ergebnisse der SCR-Amplitudenmessung an der rechten Hand
A: Testbedingung (1: Diskrimination 2: Identifikation)
B: Aufgabe (1: kognitiv 2: motorisch 3: nicht aktiv)
C: Habituation (1: Stimulus 1-12 2: Stimulus 13-24 3: Stimulus 25-36)

	1	2	3
R 3	26.1	19.1	19.0
R 2	25.8	17.6	17.2
R 1	28.1	17.7	17.5
A 1	21.9	20.0	18.6
A 2	31.5	16.4	17.1

B

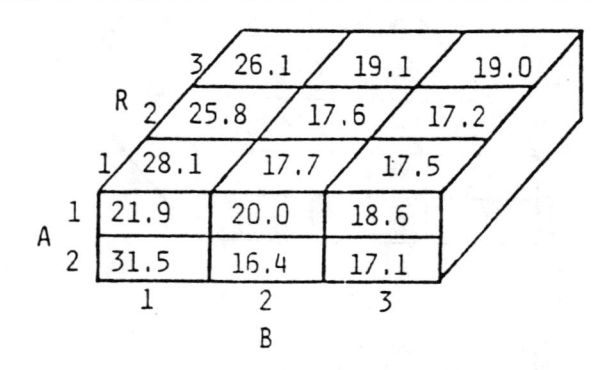

B: $F(2,36) = 3.187$ $p < 0.06$

Abb. 8: Ergebnisse der Messung der Lidschlagfrequenz
A: Testbedingung (1: Diskrimination 2: Identifikation)
B: Aufgabe (1: kognitiv 2: motorisch 3: nicht aktiv)
C: Habituation (1: Stimulus 1-12 2: Stimulus 13-24 3: Stimulus 25-36)

Zur weiteren Analyse des Einflusses der beiden Testbedingungen auf die drei abhängigen Variablen wurden für die beiden Gruppen unter kognitiver Aufgabenstellung t-Tests durchgeführt. Dabei zeigte sich eine signifikant höhere Lidschlagfrequenz in den Identifikationstests ($t_{502} = -6{,}54$, $p < 0.001$); umgekehrt waren die SCR-Amplituden in der Diskriminationsgruppe durchgehend höher (t-Test SCR_{LI}: $t_{482.01} = 2.49$, $p < 0.02$; t-Test SCR_{RE}: $t_{464.69} = 3.45$, $p = 0.001$).

4. Diskussion

Mit dem Experiment sollte geprüft werden, ob psychophysiologische Meßverfahren zusätzliche geeignete Anhaltspunkte liefern, die zu einer Weiterentwicklung der Theorien über die kognitive Verarbeitung von sprachlichen und quasisprachlichen Stimuli beitragen.

Die Ergebnisse zeigen, daß sich Hautleitfähigkeit und Lidschlagfrequenz in ihrer Abhängigkeit von den untersuchten Faktoren unterscheiden. SCR trennt die Gruppe ´ohne Aufgabe´ von den beiden aktiven Aufgabenstellungen, nicht aber die kognitive von der ausschließlich motorischen Versuchsgruppe. Wie verschiedentlich beschrieben wurde (vgl. Boucsein, 1988; Siddle, 1983) kann die EDA-Komponente der Orientierungsreaktion durch verschiedene interne, aber auch externe Reize hervorgerufen werden. Deshalb können die SCR-Amplituden einen ähnlichen Verlauf zeigen, unabhängig davon, ob sie durch motorische oder kognitive Stimulationen hervorgerufen werden. Andererseits trennt BR die kognitive Aufgabenstellung von den nicht-kognitiven Aufgabenstellungen.

Unter der Annahme, daß Identifikationsprozesse auf einer höheren Verarbeitungsebene ablaufen als Diskriminationen, werden auch unterschiedliche Arten kognitiver Aktivität durch die Lidschlagfrequenz differenziert. Während SCR der Habituation unterliegt, trifft dies auf BR nicht zu. Deshalb kann angenommen werden, daß BR die reine kognitive Aktivität unabhängig von der Stimulationsdauer anzeigt (vgl. Edwards, 1983). Im Gegensatz dazu beinhaltet die Stärke der elektrodermalen Reaktion auch emotionale und situative Elemente. Das Absinken von SCR im Testverlauf, das bei den aktiven Aufgabenstellungen stärker ist als ohne Aufgabe, könnte auf diese Weise interpretiert werden.

Für quasisprachliche taktile Stimuli läßt sich aufgrund der vorliegenden Untersuchung erwarten, daß die Lidschlagfrequenz ausschließlich kognitive Verarbeitungsmechanismen reflektiert, während die Maße der EDA neben kognitiven Komponenten sehr stark das ganzheitliche Reaktionsmuster einschließlich emotionaler, situativer und motorischer Begleitumstände betonen. So scheint gerade die Elektrodermale Aktivität besonders für die Feststellung komplexer sprachlicher Rezeptionsmechanismen geeignet zu sein (vgl. Kegel, Arnhold & Dahlmeier, 1985), die Lidschlagfrequenz dagegen könnte sich in Zusammenhang mit den primär kognitiven Mechanismen der Stimuluserkennung, auch in Abhängigkeit vom Testverfahren als aussagekräftig erweisen. Unter beiden Aspekten scheint die gleichzeitige Erhebung sowohl psychophysiologischer als auch verbaler Reaktionen erfolgversprechend zu sein. Ob sich ähnliche psychophysiologische Reaktionsmuster auch bei der Verwendung akustischer Sprachstimuli nachweisen lassen, muß weiteren Untersuchungen vorbehalten bleiben.

Literatur

Boucsein, W. (1988): *Elektrodermale Aktivität.* Berlin.

Brooks, P. L, Frost, B. J., Mason, J. L. & Chung, K. (1985): Acquisition of a 250-word Vocabulary Through a Tactile Vocoder, *Journal of the Acoustical Society of Americq* 77, 1576-1579.

Clements, H. A., Braida, L. D. & Durlach, N. I. (1982): Tactile Communication of Speech II. Comparison of two Spectral Displays in a Vowel Discrimination Task, *Journal of the Acoustical Society of Americq* 72, 1131-1135.

Edwards, J. A. (1983): *Eyeblink Rate as a Measure of Cognitive Processing Effort.* Phil Diss. Berkeley.

Kegel, G., Arnhold, T. & Dahlmeier, K. (1985): *Sprachwirkung.* Opladen (Beiträge zur psychologischen Forschung, Bd. 6).

Kimmel, H. D., Van Olst, E. H. & Orlebeke, J. F. (Hrsg.)(1979): *The Orienting Reflex in Humans.* Hillsdale.

Lykken, D. T. & Venables, P. H. (1971): Direct Measurement of Skin Conductance: A Proposal for Standardization, *Psychophysiology,* 8, 656-672.

Lynch, M. P., Eilers, R. E., Oller, D. K., Urbano, R. C. & Pero, P. J. (1989): Multisensory Narrative Tracking by a Profoundly Deaf Subject Using an Electrocutaneous Vocoder and a Vibrotactile Aid. *Journal of Speech and Hearing Research,* 32, 331-338.

Piroth, H. G. & Tillmann, H. G. (1988): Transposability of Segmental Features in Learning Experiments With Tactile Syllables, *Proceedings Speech '88, Vol. 1,* 195-202, Edinburgh.

Siddle, D. A. T. (Hrsg.) (1983): *Orienting and Habituation: Perspectives in Human Research.* Chichester.

Sparks, D. W., Kuhl, P. K., Edmonds, A. E. & Gray, G. P. (1978): Investigating the MESA (Multipoint Electrotactile Speech Aid): The Transmission of Segmental Features of Speech. *Journal of the Acoustical Society of America* 63, 246-257.

Tillmann, H. G. & Piroth, H. G. (1987): The Electrocutaneous Stimulation System ´SEHR´ and the Perceivability of Tactile Syllables. In: Laver, J. & Jack, M. A. (Hrsg.): *European Conference on Speech Technology, Vol. 1,* 423-426.

Sprach- und Zeitverarbeitung bei sprachauffälligen und sprachunauffälligen Kindern [*]

Gerd Kegel

Die vorliegende Untersuchung behandelt den Zusammenhang von Sprach- und Zeitverarbeitung bei unauffälliger und auffälliger Sprachentwicklung. Das Forschungsprojekt umfaßte zwei Phasen. In beiden Phasen erfolgte die Einteilung der Versuchspersonen nach Altersgruppen (Kindergarten/Vorschule versus 2. und 3. Schulklasse) und nach Sprachentwicklung (unauffällig versus auffällig). In beiden Phasen hatten die Kinder Sätze von zwei Schweregraden nachzusprechen. Gemessen wurden Nachsprechdauer, Dauervariation und Fehlerzahl. In der ersten Phase wurde die Zeitverarbeitung über die Erhebung der auditiven Ordnungsschwelle gemessen. In der zweiten Phase hatten die Kinder rhythmische Muster zu reproduzieren. Die Ordnungsschwellenwerte verweisen auf die zeitlich feinste Auflösung, die Rhythmusreproduktionen kennzeichnen die Organisation von Gestalten im subjektiven Jetzt. Die Ergebnisse zeigen ein spezifisches, komplexes Zusammenwirken von Sprach- und Zeitverarbeitung. Adäquate Theorien zur Sprachentwicklung und zur Sprachverarbeitung werden die Funktionen der Zeitverarbeitung berücksichtigen müssen.

The present study deals with the relation between language processing and time processing in normal and impaired language development. The research project covered two separate periods. In both periods, the subjects were classified according to age group (kindergarten/preschool versus 2nd and 3rd grade children) and language development (normal versus impaired). In both periods the children had to repeat sentences of two degrees of difficulty. The measures investigated were duration and temporal variability of utterance and number of errors. In the first period, time processing was evaluated by measuring the auditory order threshold. In the second period, the children had to repeat rhythmic patterns. The values of the order threshold indicate the limitation of temporal order perception, the repetition of rhythm indicates Gestalt organisation during the subjective present. The results show a specific, complex cooperation between language and time processing. Adequate theories of language development and language processing must incorporate the functions of time processing.

---

[*] Diese Arbeit wurde von der Deutschen Forschungsgemeinschaft gefördert.

1. Zur Modellierung der Sprach- und Zeitverarbeitung

Chronobiologische und zeitpsychologische Untersuchungen betonen die zeitliche Steuerung einer Vielzahl organischer und psychischer Funktionen des Menschen. Diese Steuerung ergibt sich meist aus einem Zusammenwirken exogener und endogener Faktoren. Eine besondere, aber noch weitgehend unbeachtete Rolle nimmt hier die menschliche Sprachverarbeitung ein. Spezifische Zeitverarbeitungsmechanismen greifen auf das Sprachsignal zu, das wiederum durch spezifische Zeitfunktionen gekennzeichnet ist.

Theorien zur Sprachverarbeitung, zur Sprachentwicklung wie zur Störung von Sprachentwicklung sind also unvollständig, wenn sie Funktion und Entwicklung der Zeitverarbeitung unberücksichtigt lassen. Solche Theorien und Modelle ignorieren eine zentrale, inhärente Charakteristik des Sprachsignals und der zuzuordnenden Verarbeitungsprozesse, die der Sinngebung und Sinnentnahme dienen. Eine einfache Überlegung zu den linguistischen Beschreibungsebenen macht dies deutlich: Weder auf der phonologischen, noch auf der morphologischen und meist auch nicht auf der syntaktischen Ebene besteht eine Beliebigkeit hinsichtlich der Abfolge der Einheiten. Daß wir es hier nicht einfach mit einem Problem der Einheitenkombinatorik, sondern mit einem zugrundeliegenden, einheitenbildenden Zeitverarbeitungsprozeß zu tun haben, wurde wohl wegen der Schriftsprachorientierung vieler Grammatik- und Sprachverarbeitungstheorien übersehen.

Der Zusammenhang von Sprach- und Zeitverarbeitung soll an dieser Stelle nur sehr global modelliert werden, die Behauptung detaillierterer Verknüpfungen ist Inhalt einiger Arbeitshypothesen. Eine präzise Modellierung der Zusammenhänge hinsichtlich Perzeption, Repräsentation und Produktion bedarf weiterer gezielter Experimente, wäre also beim heutigen Stand der Forschung noch allzu spekulativ. In das mit der Abbildung 1 wiedergegebene Schema gehen grundsätzliche Erkenntnisse der Zeitpsychologie ein (vgl. Michon & Jackson, 1985), auf denen das in der Folge dargestellte Projekt bei der Hypothesenbildung aufbaut.

Die *Integrationsebene* erfaßt das unmittelbare Jetzt, die Dauer ihrer Einheiten beträgt beim gesunden Erwachsenen etwa 2-5 sec. Hier dürften dynamische Hervorhebungskennzeichnungen des Sprachsignals, die die Sinngabe und -entnahme stützen sowie Emotionen kennzeichnen können, verarbeitet werden. Schlagwortartig gesprochen werden prosodische Gestalten erkannt, die auf der Strukturierungsebene in

Sätze und Satzkonstituenten überführt werden.

Zeitspezifische Sprachverarbeitung:	**Integrationsebene**
	↓ ↑
Kategoriale Sprachverarbeitung:	**Strukturierungsebene**
	↑ ↓
Zeitspezifische Sprachverarbeitung:	**Ordnungsebene**

Abb. 1: Globaler Zusammenhang von Sprach- und Zeitverarbeitung

Die *Ordnungsebene* segmentiert das Signal beim gesunden Erwachsenen in Abschnitte von 20-50 msec Dauer. Die innerhalb der Abschnitte signalphonetisch nachweisbaren Zeitinformationen bleiben bei der Verarbeitung unberücksichtigt, d. h. verschiedene Merkmale innerhalb eines Segments werden als simultan auftretend erfaßt. Hier dürften artikulationskennzeichnende Informationen des Sprachsignals verarbeitet werden. Schlagwortartig gesprochen werden Folgen von Merkmalmengen erfaßt, die auf der Strukturierungsebene etwa in Phoneme oder Silben überführt werden könnten.

Die *Strukturierungsebene* verarbeitet bei der Perzeption die aus der Integrations- und der Ordnungsebene zufließende Information. Sie stellt die eigentliche "linguistische" Komponente der Sprachverarbeitung dar. Von ihr ist die Zuweisung struktureller und funktionaler Kategorien zu den Größen der beiden anderen Ebenen anzunehmen. Schlagwortartig gesprochen leistet die Strukturierungsebene u. a., was linguistischen Parsern zugesprochen wird.

In der Sprachverarbeitung, ob nun Perzeption, Repräsentation oder Produktion angesprochen wird, interagieren die drei Ebenen in komplexer, bisher undurchschauter Weise. Um ihre Leistungen abgrenzend zu erfassen, müßten sie isoliert geprüft werden. Hinsichtlich der Ordnungsebene wurden daher in einer ersten Projektphase Messungen der Ordnungsschwellenwerte durchgeführt, hinsichtlich der Integrationsebene wurden in der zweiten Projektphase Experimente zur Rhythmusreproduktion eingerichtet. Das Zusammenwirken aller drei Ebenen wurde über Nachsprechexperimente geprüft, wobei über Variationen der verlangten Nachsprechleistungen hinsichtlich Syntax und Semantik in der ersten Phase und zusätzlich hinsichtlich Prosodie in der zweiten Phase wiederum das Wirken einzelner Komponenten belegt werden sollte.

Die Untersuchungsanlage in der ersten Forschungsphase wurde in Kegel, Dames & Veit (1988) ausführlich dargelegt. Einzelne Ergebnisse dieser Phase finden sich bei Kegel (1988), Dames & Lautenbacher (1989) sowie Mollnhauer (1989). Weitere Einzelergebnisse werden in nächster Zeit publiziert. Zu den Ergebnissen der ersten Forschungsphase soll daher ein Überblick gegeben werden, der den Zusammenhang von zeitspezifischer Verarbeitung auf der Ordnungsebene und sprachspezifischer Verarbeitung auf der Strukturierungsebene thematisiert. Auch zur zweiten Forschungsphase ist eine Reihe von Veröffentlichungen zu einzelnen Aspekten der Ergebnisse in Vorbereitung. Daher erfolgt hier ein Überblick, der stärker die zeitspezifische Verarbeitung auf der Integrationsebene und deren Zusammenhang mit der sprachspezifischen Verarbeitung herausstellt.

2. Ergebnisse der ersten Forschungsphase

2.1 Methode

Versuchspersonen. In die endgültige Auswertung gingen die Daten von 80 Vpn ein: 20 sprachauffällige Vorschulkinder, 20 sprachauffällige Schulkinder, 20 sprachunauffällige Vorschulkinder und 20 sprachunauffällige Schulkinder. Die Vorschulkinder standen im Jahr vor dem Schuleintritt, die Schulkinder besuchten die 2. und 3. Klasse. Leitsymptom bei den sprachauffälligen Kindern war ein nach Einschätzung der Erzieher mittelgradig ausgeprägter Dysgrammatismus. Die Korrektheit der Einschätzung wurde über Screening-Verfahren grob geprüft. Außerdem war bei den sprachauffälligen Kindern vorausgesetzt: deutschsprachige Erziehung, Intelligenz im Normalbereich, Hörvermögen unauffällig, weder Hirnschaden noch Lähmungen, kein stark ausgeprägtes Stottern oder Stammeln. Bei der Geschlechtsverteilung überwogen die männlichen Vpn. Dies entspricht grundsätzlich den Verhältnissen in den sprachheilpädagogischen Einrichtungen, was ja nur den Tatbestand widerspiegelt, daß mehr Knaben als Mädchen Sprachauffälligkeiten aufweisen.

Erhebungsverfahren. Mit Screening-Verfahren wurden Sprachentwicklung und Intelligenz der Kinder eingestuft. Die Ordnungsschwelle wurde mit dem Interstimulusintervall—Verfahren gemessen (vgl. Ilmberger, 1983), die Daten mit einer 2 x 2-faktoriellen Varianzanalyse ausgewertet (Faktor A "Alter" mit den Klassen "Vorschule" und "Schule", Faktor B "Sprachentwicklung" mit den Klassen "auffällig" und "unauffällig"). Die Sprachverarbeitung wurde über Zeitlichkeit und Korrektheit von Nachsprechleistungen bestimmt, die Daten mit 2 x 2 x 2-faktoriellen Varianzanalysen ausgewertet (zusätzlich zur Auswertung der Ordnungsschwelle: Faktor C1 "Satzeindeutigkeit" mit den Klassen "eindeutig" und "uneindeutig", Faktor C2 "Satzkomplexität" mit den Klassen "einfach" und "komplex").

Nachsprechsätze. Die den Vpn auf Tonband vorgegebenen Modellsätze sind sämtlich aktive, deklarative Konstruktionen im Präsens mit einer Länge von 7 Sprechsilben. Der Wortschatz war den Kindern angepaßt, die Satzinhalte waren leicht verständlich gehalten. Jede Materialklasse umfaßte 20 Modellsätze. Ein Beispiel für die von uns als syntaktisch/semantisch "eindeutig" klassifizierten Sätze: "Die Oma bürstet den Rock". Diese Materialklasse unter dem Faktor "Satzeindeutigkeit" ist identisch mit der Materialklasse "einfach" unter dem Faktor "Satzkomplexität". Modellsätze, die nicht der kanonischen Wortstellung unterliegen und deren zwei Nominalphrasen durch das Verb nicht in eine eindeutige Beziehung gebracht werden können, klassifizierten wir als syntaktisch/semantisch "uneindeutig", z. B.: "Den Bruder kitzelt der Freund". Für eine korrekte Verarbeitung steht hier nur die Artikelinformation zur Verfügung. Für die Materialklasse "komplex" wurden Modellsätze mit Präpositionalkonstruktionen gebildet, z. B.: "Der Wagen parkt auf dem Weg".

2.2 Ergebnisse

2.2.1 Ordnungsschwellen

Die Ordnungsschwellenwerte liegen bei den älteren Kindern und bei den sprachunauffälligen Kindern niedriger. Es ist also anzunehmen, daß diese Kinder über eine vergleichsweise feinere zeitliche Auflösung des Sprachsignals verfügen und damit dem Sprachsignal mehr Information entnehmen können. Unsere Daten deuten darauf hin, daß die Entwicklung der Ordnungsebene etwa im Alter von zehn Jahren zum Abschluß gelangt.

Mit erwachsenen Vpn wurde ergänzend die prinzipielle Übertragbarkeit der Ordnungsschwellenwerte auf die Ordnungsebene als Mechanismus sprachspezifischer Zeitverarbeitung über eine Sprachsignalmanipulation geprüft. Den Kern des Konzepts bildet ja die Behauptung, die zeitspezifische Information innerhalb der Segmente würde nicht verarbeitet werden. Um dies zu prüfen, müßte genau diese Information eines Signals möglichst weitgehend gestört werden. Das gelingt am einfachsten und vollständigsten durch die zeitliche Umkehrung jedes einzelnen Segments einer Signalstrecke bei Beibehaltung der ursprünglichen Folge der Segmente. Dies wurde an digitalisierten Sprachsignalen (Sätzen aus unseren Nachsprechexperimenten) mit Segmentdauern von 20-100 msec durchgeführt. Bei 20 msec bleibt das so manipulierte Sprachsignal vom Höreindruck vollständig unauffällig, abgesehen von den durch harte Frequenz/Amplitudensprünge verursachten Knackgeräuschen. Für viele Vpn ist auch das mit 40 msec segmentierte manipulierte Signal unauffällig, ab 60 msec wird das Signal für jeden gesunden Hörer deutlich auffällig und ab 80 msec mit Sicherheit gänzlich unverständlich.

Damit wäre erstens nachgewiesen, daß Zeitinformationen unterhalb der Grenze von 20 msec für die Sprachverarbeitung irrelevant sind. Zweitens gibt dieser Versuch Hinweise zur Übertragung von Ordnungsschwellenwerten auf Verarbeitungsmechanismen der Ordnungsebene. Hier scheint zunächst nur eine relationale Übertragung der gemessenen Werte sinnvoll, da ein mit mehr als 80 msec arbeitender Segmentiermechanismus auch keine partielle oder approximative Sprachverarbeitung gestatten würde, wir aber bei unauffälligen wie auffälligen Kindern häufig zu wesentlich höheren Ordnungsschwellenwerten gelangt sind. Schließlich wäre zu prüfen, ob weiterentwickelte Meßverfahren zu direkt übertragbaren Ergebnissen führen. Wir denken hier an Kontrollen im Konditionierungs- oder Habituationsparadigma sowie an die Abnahme evozierter Potentiale.

2.2.2 Nachsprechleistungen

Die Fehlerauswertung ergab das erwartete Bild und diente damit der Konstruktvalidierung. Die älteren und die sprachunauffälligen Kinder zeigten geringere Reproduktionsdauer, auch war ihre Reproduktionsdauer weniger invariant. Man kann also davon ausgehen, daß diese Kinder über zeitlich fester gefügte und effizientere Reproduktionsroutinen verfügen. Alle Vpn-Gruppen benötigten für die Reproduktion schwierigerer Sätze ("uneindeutig" oder "komplex") mehr Zeit. Während das Verhältnis zwischen der Reproduktionsdauer einfacher und schwieriger Sätze bei den unauffälligen Kindern über die Altersgruppen konstant blieb, veränderte es sich bei den sprachauffälligen Kindern deutlich. Hier kam es bei den älteren im Vergleich zu den jüngeren Kindern zu keiner Dauerverringerung bei den schwierigeren Sätzen. Dieser Befund kann sicher unterschiedlich interpretiert werden. Er mag als spezifischer Ausfluß der Störung gesehen werden. Ebenso kann er auf Umwelteinflüsse zurückgeführt werden: Es mag sein, daß insbesondere in der schulischen Zuwendung einfache Strukturen hochfrequent auftreten, Anforderungen hinsichtlich komplexerer Strukturen hingegen minimiert werden. Auch haben wir bei früheren Analysen von Spontansprache festgestellt, daß sprachauffällige Kinder die für sie kritischen Konstruktionen durchgängig vermeiden. Indem sie also dieser Anforderung ausweichen, bleibt der diesbezügliche Leistungsbereich in der Entwicklung zurück.

Neben der absoluten Auswertung der Zeitdaten wurde die Reproduktionsdauer auch relational ausgewertet. Hierzu wurden Latenzzeit und Satzreproduktionszeit addiert und der Prozentsatz einzelner Abschnitte der Gesamtzeit bestimmt. Hier ergaben sich vor allem Hinweise auf eine unterschiedliche Entwicklung des "timing" bei den sprachunauffälligen und den sprachauffälligen Kindern. Während sich bei den schwierigeren Sätzen bei den älteren unauffälligen Kindern die Latenzzeit prozentual erhöhte, verringerte sie sich bei den auffälligen Kindern. Dieser Befund läßt vermuten, daß die sprachauffälligen Kinder insbesondere bei der Verarbeitung schwieriger Sätze nicht nur einfach in der Entwicklung zurückbleiben, sondern daß sich bei ihnen abweichende Verarbeitungsprozesse einrichten.

2.3 Vergleich von Ordnungsschwellenwerten und Nachsprechleistungen

Die Effekte der Varianzanalysen zu beiden Erhebungsbereichen fielen weitgehend gleichgerichtet aus: Jüngere und sprachauffällige Kinder weisen vergleichsweise höhere Ordnungsschwellenwerte sowie höhere Fehlerzahl, Nachsprechdauer und Dauervariation auf. Damit wäre ein Zusammenhang zwischen der Zeitverarbeitung auf der Ordnungsebene und der Sprachverarbeitung nachgewiesen.

Daß dieser Zusammenhang alles andere als einfach ist, zeigen Korrelationsberechnungen zwischen den Ordnungsschwellenwerten und den Nachsprechmaßen. Das hier zunächst vermutete Ergebnis in Form signifikanter Korrelationen stellt sich nicht ein, wenn man methodisch korrekt die Berechnungen pro Vpn-Gruppe durchführt (vgl. Dames & Lautenbacher, 1989). Dies mag an dem für Korrelationsberechnungen geringen Umfang der Gruppen liegen. Doch davon abgesehen zeigt das Ergebnis, daß Ordnungsschwellenmessungen z. Z. nicht für die Einzelfalldiagnostik herangezogen werden sollten. Hier sind zunächst weitere Ergebnisse, vornehmlich aus Längsschnittstudien, abzuwarten.

3. Ergebnisse der zweiten Forschungsphase

Die Anlage der Experimente entspricht dem Vorgehen der ersten Forschungsphase und soll hier nur hinsichtlich Besonderheiten thematisiert werden. Festgehalten sei gleich, daß unter Berücksichtigung der Faktoren Altersgruppe (Vorschule / 2. oder 3. Klasse) und Sprachentwicklung (auffällig / unauffällig) vier Vpn-Gruppen gebildet wurden: Auffällige Vorschulkinder (A-V), auffällige Schulkinder (A-S), unauffällige Vorschulkinder (U-V) und unauffällige Schulkinder (U-S). Angestrebt war wiederum eine Gruppenstärke von 20 Vpn, doch konnten aufgrund von Krankheit und Wohnortwechsel einiger Vpn bei den beiden Gruppen der auffälligen Kinder nur jeweils 18 Vpn in die Auswertung des Rhythmus-Experiments und jeweils 19 Vpn in die Auswertung der Nachsprechleistungen einbezogen werden.

3.1 Rhythmus-Experiment

3.1.1 Hypothese

Aus der Praxis wird immer wieder berichtet, daß jüngere wie auch sprachauffällige Kinder in der Mehrheit vergleichsweise größere Schwierigkeiten bei der Erfassung und Reproduktion rhythmischer Strukturen aufweisen. Rhythmuserfassung und -produktion unterliegt der Zeitverarbeitung. Die Prüfung dieser Leistungen unter dem Gesichtspunkt der Sprachverarbeitung und ihrer Störungen wird nun nicht nur durch die Beobachtungen bei sprachauffälligen Kindern nahe gelegt, sondern motiviert sich durch die prosodische Komponente der Sprache. Diese unterstützt bei Äußerungen die Sinngabe und Sinnentnahme durch Hervorhebungskonfigurationen, die sich zumindest im weiten Sinne als rhythmische Strukturen deuten lassen.

Hypothese: Die Erfassung sprachunabhängiger rhythmischer Strukturen ist abhängig von Altersgruppe und Sprachauffälligkeit.
- Die jüngeren Kinder weisen geringere Leistungen als die älteren Kinder auf.
- Die sprachauffälligen Kinder weisen geringere Leistungen als die sprachunauffälligen Kinder auf.

3.1.2 Verfahren

Den Vpn wurden 18 Items, geteilt in 3 Gruppen zu je 6 Items vom Tonband vorgespielt. In der Instruktion wurden die Vpn zur Reproduktion jedes Items aufgefordert, mit zwei Probe-Items wurde das Verständnis der Instruktion geprüft. Die Items bestanden aus Folgen kräftiger und schwacher Schläge, in Abbildung 2 durch große und kleine Striche gekennzeichnet. Jedem kräftigen Schlag folgte eine längere, jedem schwachen Schlag eine kürzere Pause. Nach jeder Itemgruppe gab es eine knappe Erholungspause.

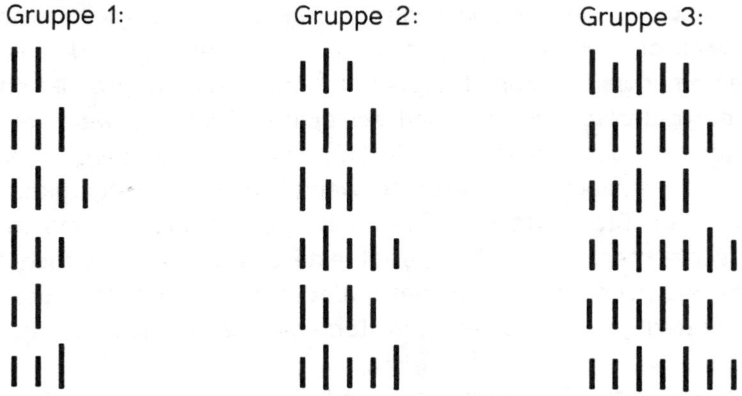

Gruppe 1:	Gruppe 2:	Gruppe 3:
I I	I I I	I I I I I
I I I	I I I I	I I I I I I
I I I I	I I I	I I I I
I I I	I I I I I	I I I I I I
I I	I I I I	I I I I I
I I I	I I I I I	I I I I I I

Abb. 2: Die Items des Rhythmus-Experiments

Die Item-Reproduktionen der Vpn wurden hinsichtlich ihrer gestalthaften Ähnlichkeit, der Übernahme der Zeit (Pausenlänge zwischen den Schlägen) und der Übernahme der Schlagdruckverhältnisse ausgewertet. Jede Reproduktion wurde nach diesen drei Aspekten hinsichtlich weitgehender Übereinstimmung oder deutlicher Abweichung klassifiziert. Außerdem wurde die Anzahl der reproduzierten Schläge registriert. Dieser Auswertung lag die Idee zugrunde, daß sich der Eindruck von Gestaltähnlichkeit oder -abweichung, für den nach unserem Modell die Verarbeitung auf der Integrationsebene eine entscheidende Rolle spielen müßte, wohl aus der zusammenwirkenden Erfassung von Zeit-, Druck- und Schlaganzahlübernahme ergibt.

Bei der Auswertung der Urteile blieben die wenig aussagekräftigen Items mit nur zwei Schlägen unberücksichtigt. Die restlichen 16 Items wurden nach Schlaganzahl in 2 Item-Klassen zu je 8 Items zusammengefaßt (Klasse 1: 3 und 4 Schläge; Klasse 2: 5, 6 und 7 Schläge). Erfaßt wurde dann die Anzahl der weitgehend übereinstimmenden Reproduktionen pro Vp und Item-Klasse.

3.1.3 Ergebnisse

Pro Bewertungskriterium wurde eine dreifaktorielle Varianzanalyse durchgeführt. Pro Vpn-Gruppe wurde eine multiple Regressionsanalyse durchgeführt.

Die Ergebnisse der Varianzanalyse zur Gestaltähnlichkeit sind in Abbildung 3 und Tabelle 1 wiedergegeben (Faktor A = Sprachentwicklungsstand; Faktor B = Altersgruppe; Faktor R = Item-Klasse). Faktor A weist einen signifikanten Haupteffekt auf: Die Reproduktionsleistungen der auffälligen Kinder sind schlechter. Faktor B weist einen hochsignifikanten Haupteffekt auf: Die Leistungen der jüngeren Kinder sind wesentlich schlechter. Faktor R weist einen hochsignifikanten Haupteffekt auf: Die Leistungen bei den komplexeren Items sind wesentlich schlechter. Darüberhinaus ist eine signifikante Dreifach-Interaktion zu verzeichnen: Der Alterseffekt fällt bei den älteren sprachauffälligen Kindern für die komplexere Item-Klasse deutlich schwächer aus.

Die Ergebnisse zur Zeitübernahme sind in Abbildung 4 und Tabelle 2 wiedergegeben (Faktor A = Sprachentwicklungsstand; Faktor B = Altersgruppe; Faktor R = Item-Klasse). Faktor A weist einen sehr signifikanten Haupteffekt auf: Die Reproduktionsleistungen der auffälligen Kinder sind deutlich schlechter. Faktor B weist einen sehr signifikanten Haupteffekt auf: Die Leistungen der jüngeren Kinder sind deutlich schlechter. Faktor R weist einen hochsignifikanten Haupteffekt auf: Die Leistungen bei den komplexeren Items sind wesentlich schlechter. Bis hierhin entsprechen sich die Ergebnisse zur Gestaltähnlichkeit und zur Zeitübernahme, sieht man einmal von den Unterschieden in den

Mittel der
korrekten
Reproduktionen

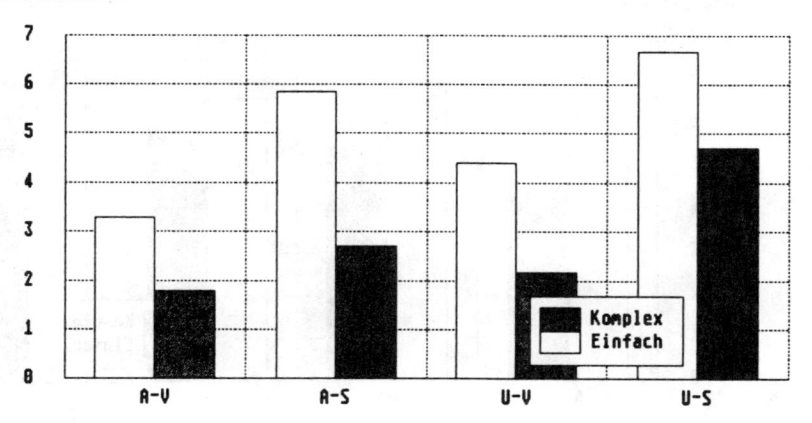

Abb. 3: Vergleich der Gruppenleistungen beim Rhythmus-Experiment hinsichtlich Gestaltähnlichkeit

Quelle	Quadrats.	FG	Varianz	F-Wert	Wahrsch.
Total	1131.2760	151			
zw.Vpn	814.7760	75	10.8637		
A	43.7921	1	43.7921	5.218	(P = 0.0253)
B	162.7240	1	162.7240	19.389	(P < 0.0001)
A*B	4.0026	1	4.0026	0.477	(P = 0.4920)
VpinnGr	604.2573	72	8.3925		
inn Vpn	316.5000	76	4.1645		
R	184.3380	1	184.3380	112.122	(P < 0.0001)
A*R	0.5406	1	0.5406	0.329	(P = 0.5681)
B*R	4.4959	1	4.4959	2.735	(P = 0.1025)
A*B*R	8.7512	1	8.7512	5.323	(P = 0.0239)
R*VpiGr	118.3743	72	1.6441		

Tab. 1: Tafel der Varianzanalyse zur Auswertung der Gruppenleistungen beim Rhythmus-Experiment hinsichtlich Gestaltähnlichkeit

Mittel der
korrekten
Reproduktionen

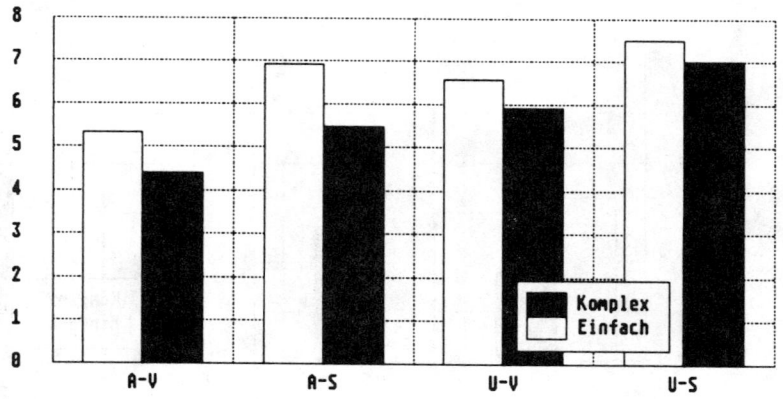

Abb. 4: Vergleich der Gruppenleistungen beim Rhythmus-Experiment hinsichtlich Zeitübernahme

Quelle	Quadrats.	FG	Varianz	F-Wert	Wahrsch.
Total	637.5520	151			
zw.Vpn	496.5520	75	6.6207		
A	56.2229	1	56.2229	10.444	(P = 0.0018)
B	51.9480	1	51.9480	9.650	(P = 0.0027)
A∗B	0.7755	1	0.7755	0.144	(P = 0.7053)
VpinnGr	387.6056	72	5.3834		
inn Vpn	141.0000	76	1.8553		
R	30.0352	1	30.0352	20.391	(P < 0.0001)
A∗R	3.5702	1	3.5702	2.424	(P = 0.1238)
B∗R	0.2720	1	0.2720	0.185	(P = 0.6686)
A∗B∗R	1.0702	1	1.0702	0.727	(P = 0.3968)
R∗ VpiGr	106.0523	72	1.4729		

Tab. 2: Tafel der Varianzanalyse zur Auswertung der Gruppenleistungen beim Rhythmus-Experiment hinsichtlich Zeitübernahme

Signifikanzen ab. Der einzige Unterschied liegt wohl darin, daß bei der varianzanalytischen Auswertung der Zeitübernahme keinerlei Interaktionen zu verzeichnen sind, auch nicht tendenziell.

Die Ergebnisse zur Druckübernahme sind in Abbildung 5 und Tabelle 3 wiedergegeben (Faktor A = Sprachentwicklungsstand; Faktor B = Altersgruppe; Faktor R = Item-Klasse). Faktor A weist keinen signifikanten Haupteffekt auf: Die Reproduktionsleistungen der auffälligen Kinder unterscheiden sich nicht von denen der unauffälligen Kinder. Faktor B weist einen hochsignifikanten Haupteffekt auf: Die Leistungen der jüngeren Kinder sind wesentlich schlechter. Faktor R weist einen sehr signifikanten Haupteffekt auf: Die Leistungen bei den komplexeren Items sind deutlich schlechter. Signifikante Interaktionen treten nicht auf, auch nicht der Tendenz nach. Der Hauptunterschied gegenüber den Ergebnissen zur Gestaltähnlichkeit und zur Zeitübernahme liegt im Faktor A.

Die Ergebnisse zur Schlaganzahlübernahme sind in Abbildung 6 und Tabelle 4 wiedergegeben (Faktor A = Sprachentwicklungsstand; Faktor B = Altersgruppe; Faktor R = Item-Klasse). Faktor A weist einen hochsignifikanten Haupteffekt auf: Die Reproduktionsleistungen der auffälligen Kinder sind wesentlich schlechter. Faktor B weist einen hochsignifikanten Haupteffekt auf: Die Leistungen der jüngeren Kinder sind wesentlich schlechter. Faktor R weist einen hochsignifikanten Haupteffekt auf: Die Leistungen bei den komplexeren Items sind wesentlich schlechter. Signifikante Interaktionen treten nicht auf, es zeigt sich aber tendenziell eine Dreifach-Interaktion. Möglicherweise ergab sich aufgrund von Unterschieden in der Standardabweichung keine Signifikanz. Diese Vermutung läßt sich über eine erneute Auswertung nach einem Windsorizing der Daten prüfen. Hier werden pro Datengruppe die Extremwerte mit den nächstliegenden Werten gleichgesetzt. Tatsächlich stellte sich nach einem Windsorizing mit G=2 eine hochsignifikante Dreifach-Interaktion ein. Dieses Ergebnis einbezogen entspricht die Auswertung der Schlaganzahlübernahme weitgehend der Auswertung der Gestaltübernahme.

Die Frage, ob die Zeit-, Druck- und Schlaganzahlübernahme für das Urteil zum Gestalteindruck verantwortlich sind, läßt sich anhand der vier durchgeführten Varianzanalysen nicht schlüssig beantworten. Mit einer multiplen Regressionsanalyse, bei der die Gestaltübernahme als Kriteriumsvariable eingesetzt wird, kann der Zusammenhang abschließend geklärt werden. Hier erwies sich der multiple Korrelationskoeffizient (mit Schrumpfungskorrektur) bei den beiden auffälligen

Mittel der
korrekten
Reproduktionen

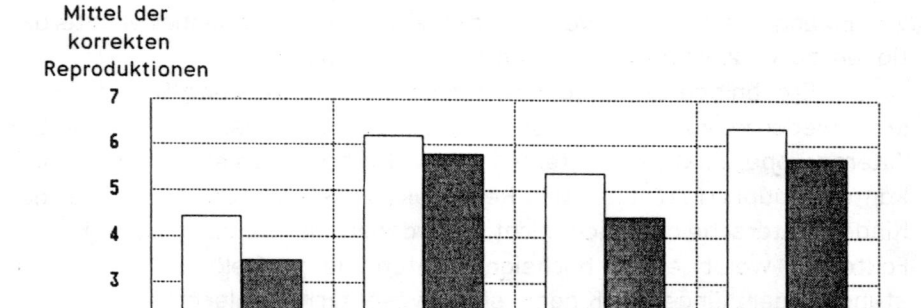

[Bar chart with groups A-V, A-S, U-V, U-S, comparing Komplex and Einfach]

Abb. 5: Vergleich der Gruppenleistungen beim Rhythmus-Experiment hinsichtlich Druckübernahme

Quelle	Quadrats.	FG	Varianz	F-Wert	Wahrsch.
Total	695.2982	151			
zw.Vpn	497.7982	75	6.6373		
A	8.9036	1	8.9036	1.653	(P = 0.2026)
B	93.1755	1	93.1755	17.303	(P < 0.0001)
AXB	8.0088	1	8.0088	1.487	(P = 0.2266)
VpinnGr	387.7102	72	5.3849		
inn Vpn	197.5000	76	2.5987		
R	20.4562	1	20.4562	8.412	(P = 0.0049)
AXR	0.1480	1	0.1480	0.061	(P = 0.8058)
BXR	1.6667	1	1.6667	0.685	(P = 0.4104)
AXBXR	0.1480	1	0.1480	0.061	(P = 0.8058)
RXVpiGr	175.0810	72	2.4317		

Tab. 3: Tafel der Varianzanalyse zur Auswertung der Gruppenleistungen beim Rhythmus-Experiment hinsichtlich Druckübernahme

Mittel der
korrekten
Reproduktionen

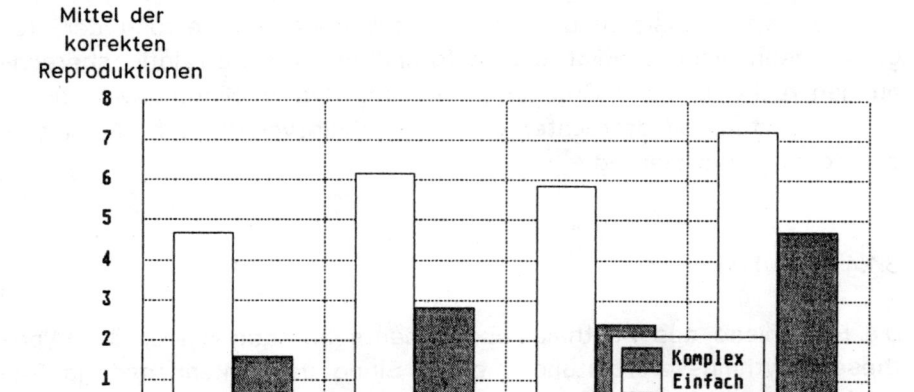

Abb. 6: Vergleich der Gruppenleistungen beim Rhythmus-Experiment hinsichtlich Schlaganzahlübernahme

Quelle	Quadrats.	FG	Varianz	F-Wert	Wahrsch.
Total	904.3678	151			
zw.Vpn	454.3678	75	6.0582		
A	56.7369	1	56.7369	13.629	(P = 0.0004)
B	95.5007	1	95.5007	22.940	(P < 0.0001)
AXB	2.3948	1	2.3948	0.575	(P = 0.4506)
VpinnGr	299.7354	72	4.1630		
inn Vpn	450.0000	76	5.9211		
R	361.2375	1	361.2375	311.028	(P < 0.0001)
AXR	0.5036	1	0.5036	0.434	(P = 0.5123)
BXR	1.0007	1	1.0007	0.862	(P = 0.3564)
AXBXR	3.6352	1	3.6352	3.130	(P = 0.0811)
RXVpiGr	83.6231	72	1.1614		

Tab. 4: Tafel der Varianzanalyse zur Auswertung der Gruppenleistungen im Rhythmus-Expriment hinsichtlich Schlaganzahlübernahme

Vpn-Gruppen als sehr signifikant, bei den beiden unauffälligen Vpn-Gruppen als hochsignifikant. Eine detailliertere Auswertung der Regressionsanalysen scheint uns aufgrund der für Korrelationsberechnungen recht geringen Gruppengrößen und des Skalierungsverfahrens nicht opportun. Wir betrachten dieses Ergebnis vornehmlich als Beitrag zur Konstruktvalidierung.

3.1.4 Diskussion

Die Ergebnisse des Rhythmus-Experiments bestätigen klar die Hypothese. Rhythmusverarbeitung, hier im Sinne des Erkennens und Reproduzierens von Hervorhebungsfolgen, scheint sich als Indikator für den Sprachentwicklungsstand und Abweichungen in der Sprachentwicklung zu bestätigen. Nun wurde im Rahmen unseres Modells die Rhythmusverarbeitung als eine primär zeitspezifische Signalverarbeitung der Integrationsebene zugeschrieben. Aus dieser Sicht seien die Ergebnisse des Experiments noch einmal betrachtet.

Die Gesamtzeit der einzelnen Items konstituiert sich aus den einzelnen Schlägen und ihrem Zeitabstand, hier gewertet durch Schlaganzahl- und Zeitübernahme. Bei diesen Bewertungsaspekten sind die Haupteffekte von Sprachauffälligkeit und Altersgruppe sehr oder hochsignifikant. Diese Aspekte unterliegen also einer Entwicklung, die offenbar gestört oder verzögert ablaufen kann. Die Aspekte erfassen nach unserer Ansicht Basismechanismen der Zeitverarbeitung von akustischen Signalen, die auch der Sprachverarbeitung zugrunde liegen. Ein Teil der prosodischen Verarbeitung besteht sicher in der zeitlichen Ortung von Hervorhebungen innerhalb einer sprachlichen Einheit.

Ein anderer Teil der prosodischen Verarbeitung, der für sich genommen wohl in geringerem Ausmaß mit Zeitverarbeitung verknüpft sein dürfte, besteht in der Erkennung von einfachen Differenzen zwischen den einzelnen Hervorhebungen. Hierzu wäre die Auswertung der Druckübernahme heranzuziehen. Die Ergebnisse zeigen einen hochsignifikanten Haupteffekt der Altersgruppe, hingegen keinen signifikanten Effekt bei der Sprachauffälligkeit. Dieser Aspekt unterliegt also einer Entwicklung, die aber nach den vorliegenden Ergebnissen bei den untersuchten sprachauffälligen Vpn-Gruppen nicht gestört oder verzögert abläuft. Allerdings ist die Übertragung auf die Verarbeitung sprachlicher Signale problematisch, da hier die Hervorhebungen nicht nur über Veränderungen der Lautstärke (Amplitude), sondern auch über Veränderungen der Tonhöhe (Frequenz), Vokallänge, Pausensetzung etc. realisiert werden. In den Items wurde nur die Lautstärke der Schläge variiert, sieht man also von unbeabsichtigt miterzeugten geringfügigen Frequenzveränderungen ab, stand hier die Amplitudendifferenz im Vordergrund. Festzuhalten bliebe, daß diese im sprachfreien Signal den sprachauffälligen Kindern vergleichsweise keine Schwierigkeiten bereitet.

In den obigen Ausführungen wurde mehrfach das Wortpaar "gestört - verzögert" verwendet. Läßt nun das Rhythmus-Experiment Aussagen darüber zu, ob die sprachauffälligen Kinder hinsichtlich ihrer hier erbrachten Leistungen entweder als gestört oder als verzögert in ihrer Entwicklung einzuschätzen sind? Zunächst aber: Was dürfte mit diesen strittigen Klassifizierungen gemeint sein? Mit gestörter Sprachentwicklung müßte ein Prozeß angesprochen werden, der zu einer abweichend organisierten und vergleichsweise weniger leistungsfähigen Sprachverarbeitung führt, mit verzögerter Sprachentwicklung hingegen ein verlangsamter Prozeß, der im Altersvergleich zu Defiziten, nicht aber zu einer prinzipiell abweichenden Sprachverarbeitung führt. Das Störungskonzept wird häufig aus medizinischer und auch aus linguistischer Sicht vertreten, das Verzögerungskonzept meist aus psychologischer und pädagogischer Sicht. Natürlich existieren bezüglich auffälliger Sprachentwicklung auch verbundene Sichtweisen.

Es liegt nahe, das Auftreten von Interaktionen als Hinweis auf Störungen zu deuten. Ein abweichendes Leistungsgefüge ist zu konstatieren und diesem zugrundeliegend eine qualitativ abweichende Organisation der Sprachverarbeitung zu vermuten. Diese Deutung aber scheint bei der vorliegenden Untersuchung, bei der wir immer wieder auf Interaktionen stoßen, doch noch spekulativ. Sie gewänne erst an Gehalt, wenn sich die Interaktionen bei einem erweiterten Altersspektrum festigen und präzisieren ließen. Es wäre aber auch denkbar, daß sich die Entwicklungsverhältnisse zwischen den jungen und älteren sprachauffälligen Kindern beim Vergleich von noch jüngeren mit den jungen sprachunauffälligen Kindern wiederfinden ließen. Ebenso könnten die Entwicklungsverhältnisse zwischen den jungen und den älteren sprachunauffälligen Kindern beim Vergleich von den älteren mit noch älteren sprachauffälligen Kindern auftreten. Solche Ergebnisse sprächen dann klar für das Verzögerungskonzept.

Nun wollen wir uns aber nicht mit dem beliebten Hinweis auf die Notwendigkeit weiterer Forschung um die Beantwortung der Frage drücken. Tatsächlich ermöglichen die Daten noch einigen Aufschluß. Ein Blick auf die Abbildungen zeigt, daß häufig die Gruppen der sprachauffälligen Schulkinder und der sprachunauffälligen Vorschulkinder in ihren Leistungen eng beieinander liegen. Die Prüfung des Verzögerungskonzepts fordert, auch wenn dies methodisch etwas kitzlig scheint, hier eine 2 x 2-faktorielle varianzanalytische Auswertung (A–S/U–V x einfach/komplex). Der direkte Vergleich zwischen diesen Gruppen begründete sich in der Auffassung, daß als Vergleichsbasis nicht das Alter, sondern der Sprachentwicklungsstand herangezogen werden sollte. Ähnlich gelagert sind ja die MLU-begründeten Vergleiche.

Die vier durchgeführten zweifachen Varianzanalysen, mit deren Detailergebnissen der Leser im weiteren nicht belastet werden soll, ergaben bei Gestalt-, Zeit- und Schlaganzahlübernahme lediglich beim Faktor R, also der Item-Klasse, sehr signifikante Haupteffekte. Eine Interaktion trat auch der Tendenz nach in keiner Analyse auf. Bei der Druckübernahme kam es zu einem sehr signifikanten Gruppeneffekt. Die unauffälligen Vorschulkinder zeigten deutlich schlechtere Leistungen als die auffälligen Schulkinder. Daß das letzte Ergebnis aus dem Rahmen fällt, war zu erwarten, da sich bei der dreifaktoriellen Auswertung der Druckübernahme kein Haupteffekt beim Faktor Sprachentwicklungsstand eingestellt hatte (vgl. Abb. 5 und Tab. 3). Diese Ergebnisse sprechen deutlich für das Verzögerungskonzept, erst das Auftreten von Interaktionen hätte auf eine abweichende Organisation der Sprachverarbeitung der sprachauffälligen Kinder verwiesen. Wir gehen daher davon aus, daß sich die mit dem Rhythmus-Experiment geprüfte Zeitverarbeitung auf der Integrationsebene bei sprachauffälligen Kindern verzögert entwickelt.

3.2 Nachsprech-Experiment

3.2.1 Anlage und Auswertung

Die Anlage des Experiments entspricht dem Nachsprech-Experiment der ersten Forschungsphase. Die methodischen Details seien an dieser Stelle also nicht wiederholt. Die eigentliche Abweichung bestand in der Zusammenstellung der Materialklassen. Alle Sätze weisen die Oberflächenstruktur "Art + N + V + Art + N" auf, sie sind siebensilbig, das Wortmaterial wurde kindgerecht ausgesucht etc. 20 Sätze kommen in ihrer Konstruktion der Sprachverarbeitung entgegen; sie sind im Sinne der ersten Forschungsphase "eindeutig" und "einfach". Weitere 20 Sätze von "uneindeutiger" Konstruktion bereiten vergleichsweise größere Verarbeitungsprobleme. Zur Prüfung prosodiespezifischer Effekte wurden diese Materialklassen weiter unterteilt. Obwohl auf diesen Aspekt der Untersuchung in Zusammenhang mit den Dauermaßen und einer detaillierten Fehlerauswertung erst in späteren Veröffentlichungen eingegangen wird, sei das Vorgehen der methodischen Vollständigkeit halber hier erläutert.

Von jeder der beiden Konstruktionsklassen wurde bei 10 Sätzen das erste Nomen und bei 10 Sätzen das zweite Nomen über Anhebung von Lautstärke und Tonhöhe betont. So ergaben sich 4 Materialklassen zu je 10 Sätzen, die gemeinsam mit 20 neutral intonierten Sätzen in eine Zufallsfolge gebracht wurden. Die Sätze wurden den Vpn vom Tonband vorgespielt und die Nachsprechleistung auf Tonband aufgenommen. Mit der Instruktion wurden die Vpn aufgefordert, gut zuzuhören und genau nachzusprechen. Es wurde nicht dazu aufgefordert, die Intonation zu reproduzieren.

Für die Auswertung wurden die Nachsprechleistungen analog-digital gewandelt und das Signal zeitlich ausgewertet (Latenzzeit, Satzdauer, Teilsatzdauer). Zudem wurden für jeden Satz Fehlerqualitäten, Silbenzahl und Prosodieübernahme fixiert. Jede Sprechleistung wurde unabhängig von zwei Bewertern analysiert und bei Bewertungsdifferenzen erneut geprüft.

3.2.2 Ergebnisse der Fehlerauswertung und Diskussion

Drei Erwartungen hinsichtlich der Nachsprechleistungen sind trivial. Erstens sollten bei den älteren Kindern mehr richtige Reproduktionen als bei den jüngeren zu verzeichnen sein. Dies sollte zweitens auch bei den unauffälligen Kindern verglichen mit den auffälligen der Fall sein. Und drittens sollten alle Vpn-Gruppen bei den eindeutigen Sätzen mehr richtige Reproduktionen als bei den uneindeutigen zeigen.

In Tabelle 5 und Abbildung 7 sind die Ergebnisse einer dreifachen Varianzanalyse wiedergegeben. Die Faktoren Sprachentwicklungsstand, Altersgruppe und Materialklasse zeigen hochsignifikante Haupteffekte im Sinne der Erwartungen. Dieses Ergebnis betrachten wir als Beitrag zur Konstruktvalidierung. Darüber hinaus ist eine hochsignifikante zweifache Interaktion der Faktoren Sprachentwicklungsstand und Materialklasse sowie eine hochsignifikante dreifache Interaktion

Mittel der
korrekten
Reproduktionen

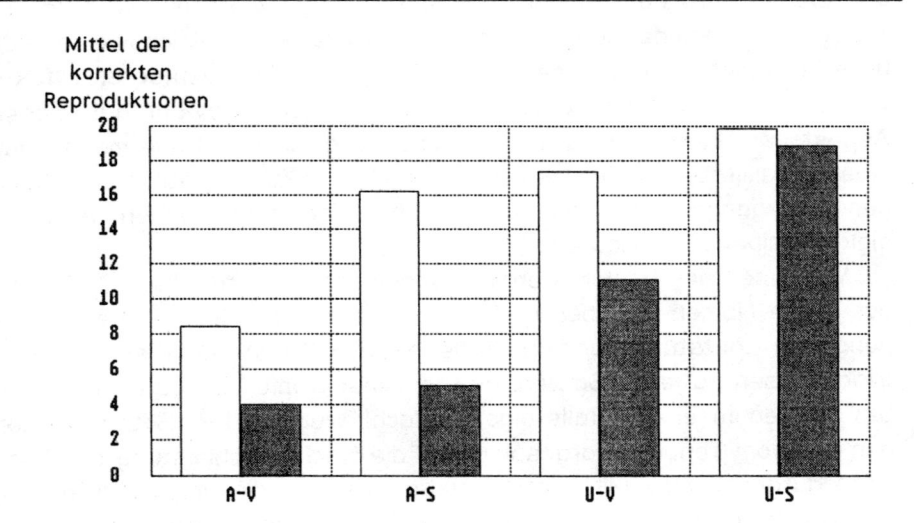

Abb. 7: Vergleich der Gruppenleistungen beim Nachsprech-Experiment hinsichtlich der korrekten Satzreproduktionen (weiß: eindeutige Sätze; grau: uneindeutige Sätze)

Quelle	Quadrats.	FG	Varianz	F-Wert	Wahrsch.
Total	8566.7852	155			
zw.Vpn	6128.7852	77	79.5946		
A	2684.0924	1	2684.0924	77.749	(P < 0.0001)
B	885.2148	1	885.2148	25.642	(P < 0.0001)
AXB	4.8103	1	4.8103	0.139	(P = 0.7100)
VpinnGr	2554.6676	74	34.5225		
inn Vpn	2438.0000	78	31.2564		
R	1247.6383	1	1247.6383	137.138	(P < 0.0001)
AXR	168.2349	1	168.2349	18.492	(P < 0.0001)
BXR	4.5614	1	4.5614	0.501	(P = 0.4811)
AXBXR	344.3374	1	344.3374	37.849	(P < 0.0001)
RXVpiGr	673.2279	74	9.0977		

Tab. 5: Tafel der Varianzanalyse zur Auswertung der Gruppenleistungen im Nachsprech-Experiment hinsichtlich richtiger Satzreproduktionen bei eindeutigen und uneindeutigen Modellsätzen

festzustellen. Die auffälligen Kinder schneiden bei den uneindeutigen Sätzen vergleichsweise wesentlich schlechter ab, und sie verbessern sich mit zunehmenden Alter vergleichsweise wesentlich weniger.

Es sei hier an die Diskussion bezüglich Störung oder Verzögerung angeknüpft und zur Kontrolle eine zweifache Varianzanalyse mit den Gruppen A-S und U-V gerechnet (vgl. Tab. 6).

Quelle	Quadrats.	FG	Varianz	F-Wert	Wahrsch.
Total	3282.1328	77			
zw.Vpn	1234.6328	38	32.4903		
A	243.2262	1	243.2262	9.077	(P = 0.0052)
VpinnGr	991.4065	37	26.7948		
inn Vpn	2047.5000	39	52.5000		
R	1451.4332	1	1451.4332	111.425	(P < 0.0001)
AXR	114.0999	1	114.0999	8.759	(P = 0.0060)
RXVpiGr	481.9669	37	13.0261		

Tab. 6: Tafel der Varianzanalyse zur Auswertung der Gruppenleistungen A-S und U-V im Nachsprech-Experiment hinsichtlich richtiger Satzreproduktionen bei eindeutigen und uneindeutigen Modellsätzen

Der Gruppeneffekt erweist sich als sehr signifikant: Die unauffälligen Vorschulkinder sind deutlich besser als die auffälligen Schulkinder. Erwartungsgemäß ist der Materialklasseneffekt wieder hochsignifikant. Besonders aussagekräftig scheint die sehr signifikante zweifache Interaktion: Das Leistungsgefüge zwischen beiden Gruppen differiert, der Leistungsvorsprung der unauffälligen Vorschulkinder liegt vornehmlich bei den uneindeutigen Sätzen. Im Gegensatz zum Rhythmus-Experiment spricht dieses Ergebnis für die Annahme einer Störung.

3.3 Vergleich von Rhythmus- und Nachsprech-Experiment

Generell ist festzuhalten, daß die Haupteffekte von A, B und R im Rhythmus- und im Nachsprech-Experiment weitgehend gleichgerichtet ausgefallen sind. Die Ergebnisse der ersten Forschungsphase legten die Schlußfolgerung nahe, daß zwischen der Zeitverarbeitung auf der Ordnungsebene und der Sprachverarbeitung ein im einzelnen sicher noch zu spezifizierender Zusammenhang bestehe. Die Ergebnisse der zweiten Forschungsphase gestatten den analogen Schluß hinsichtlich der Zeitverarbeitung auf der Integrationsebene, erfordern aber gleichfalls eine detailliertere Betrachtung der Ergebnisse. Diese kann bei zwei deutlich erkennbaren Abweichungen zwischen den Ergebnissen des Rhythmus- und Nachsprechexperiments einsetzen.

Erstens ist beim Nachsprech-Experiment der Effekt von Faktor A (Sprachentwicklungsstand) deutlicher ausgeprägt als der von Faktor B (Altersgruppe). Dieses Ergebnis ist stabil. Es zeigte sich bereits bei den Nachsprechleistungen der ersten Forschungsphase und den weiteren Auswertungen hinsichtlich Dauer, Dauervariation etc. Im Gegensatz dazu zeigen die Auswertungen des Rhythmus-Experiments ein differenzierteres Bild. Nur bei der Zeit- und der Schlaganzahlübernahme fällt der Effekt von Faktor A sehr signifikant aus. Die hier gemessenen Leistungen scheinen sich damit als Indikatoren für den Sprachentwicklungsstand anzubieten.

Zweitens zeigen die Auswertungen zum Rhythmus-Experiment nur eine einzige signifikante Interaktion (A x B x R bei der Gestaltähnlichkeit), während beim Nachsprech-Experiment hochsignifikante Interaktionen (A x R, A x B x R) auftreten. Das gilt wiederum auch für die in diesem Aufsatz nicht referierten Auswertungen zu den Dauermaßen. Diese Abweichungen legen die Interpretation nahe, daß mit dem Rhythmus-Experiment vornehmlich eine Verzögerungskomponente der Entwicklung geprüft werden kann, hingegen mit dem Nachsprech-Experiment wohl auch eine Störungskomponente.

Der Zusammenhang von Rhythmus- und Nachsprechleistungen bedarf folglich einer sehr sorgfältigen Prüfung, die weit über die obigen globalen Feststellungen hinaus geht. Dies kann hier nur an zwei Punkten demonstriert, nicht aber vollständig durchgeführt werden. Wir werden erstens auf der Basis von Varianzanalysen die Übernahme der Schlaganzahl im Rhythmus-Experiment mit der Übernahme der Silbenanzahl im Nachsprech-Experiment vergleichen. Zweitens sollen die korrelativen und die regressionsanalytischen Beziehungen zwischen den Leistungen im Rhythmus-Experiment und der korrekten Satzreproduktion im Nachsprech-Experiment geprüft werden.

Zum Rhythmus-Experiment wurde die Korrektheit der Schlaganzahl ausgewertet. Die Ergebnisse einer 2 x 2-fachen Varianzanalyse zeigt Tabelle 7. Die Haupteffekte von Faktor A und B sind hochsignifikant,

Prozentsatz korrekter
Reproduktionen

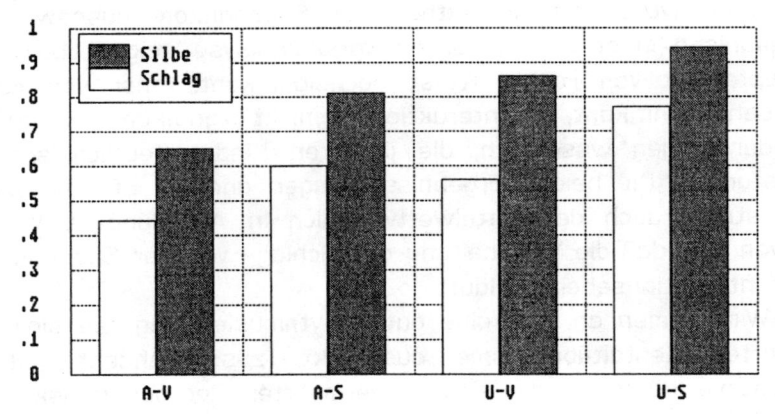

Abb. 8: Vergleich der Gruppenleistungen bezüglich korrekter Schlaganzahl im Rhythmus-Experiment und korrekter Silbenanzahl im Nachsprech-Experiment

Quelle	Quadrats.	FG	Varianz	F-Wert	Wahrsch.
Total	3.1723	75			
A	0.4104	1	0.4104	14.261	(P = 0.0003)
B	0.6804	1	0.6804	23.641	(P < 0.0001)
AXB	0.0094	1	0.0094	0.326	(P = 0.5695)
Innerh.	2.0721	72	0.0288		

Tab. 7: Tafel der Varianzanalyse zu den Gruppenleistungen im Rhythmus-Experiment hinsichtlich korrekter Schlaganzahl

Quelle	Quadrats.	FG	Varianz	F-Wert	Wahrsch.
Total	2.8579	75			
A	0.5507	1	0.5507	19.662	(P < 0.0001)
B	0.2649	1	0.2649	9.456	(P = 0.0029)
AXB	0.0255	1	0.0255	0.911	(P = 0.3429)
Innerh.	2.0167	72	0.0280		

Tab. 8: Tafel der Varianzanalyse zu den Gruppenleistungen im Nachsprech-Experiment hinsichtlich korrekter Silbenanzahl

die Interaktion ist nicht signifikant: Die auffälligen und die jüngeren Kinder zeigen wesentlich schlechtere Leistungen. Zum Nachsprech-Experiment wurde die Korrektheit der Silbenanzahl ausgewertet. Die Ergebnisse einer 2 x 2-fachen Varianzanalyse zeigt Tabelle 8. Der Haupteffekt von Faktor A ist hochsignifikant, jener von Faktor B ist sehr signifikant, die Interaktion ist nicht signifikant: Die auffälligen Kinder zeigen wesentlich, die jüngeren Kinder deutlich schlechtere Leistungen. Die beiden Ergebnisse zeigen analoge Effekte. Dies demonstriert auch der Mittelwertvergleich in Abbildung 8. Wir gehen davon aus, daß die Verarbeitung der Schlag- wie der Silbenanzahl auf der Integrationsebene abläuft.

Wir nehmen an, daß eine gute Rhythmusleistung, die sich in vermehrter Gestaltübernahme ausdrückt, zusammengeht mit guter Sprachverarbeitung, die sich in vermehrter Reproduktionskorrektheit ausdrückt – und vice versa. Diese Annahme läßt sich über Korrelationsberechnungen prüfen. Wir nehmen darüber hinaus an, daß einzelne Rhythmusleistungen Indikatoren für die Zeitverarbeitung auf der Integrationsebene darstellen und daß bessere Zeitverarbeitung bessere Sprachverarbeitung bedingt. Folglich müßten die einzelnen Rhythmusleistungen zur Vorhersage der Sprachverarbeitung herangezogen werden können. Diese Annahme läßt sich über multiple Regressionsanalysen prüfen. Da sich bei der Auswertung des Rhythmus-Experiments Zeit- und Schlaganzahlübernahme als beste Prädiktoren für die Gestaltübernahme erwiesen, werden hier diese beiden als Prädiktorvariablen für die Kriteriumsvariable Reproduktionskorrektheit herangezogen. Die Ergebnisse der Berechnungen sind in Tabelle 9 und 10 dargestellt.

Gruppe	A-V	A-S	U-V	U-S
Korrelationskoeffizient	0.503*	0.595**	0.442*	0.348

* $p < 0.05$ ** $p < 0.01$

Tab. 9: Korrelationskoeffizienten zwischen der Gestaltübernahme von Rhythmus-Items und der Reproduktionskorrektheit von Sätzen

Die erste Annahme wurde für die Gruppen A-V, A-S und U-V bestätigt. Dieses Ergebnis stützt die vorangegangene Diskussion und weist deutlich die stärkere Relevanz der Zeitverarbeitung auf der Integrationsebene für die sprachauffälligen und eingeschränkter für die jüngeren Kinder nach. Sind hier ihre Leistungen gut, dann ist auch ihre Sprachverarbeitung vergleichsweise gut. Hingegen scheinen die sprachunauffälligen Kinder, insbesondere die älteren, unabhängiger von der Zeitverarbeitung auf der Integrationsebene zu sein. Zu vermuten ist, daß bei ihnen die kategoriale Sprachverarbeitung leistungsfähiger aufgebaut ist.

Gruppe	A-V	A-S	U-V	U-S
Multipler Korrelationskoeff.	0.515	0.797***	0.471	0.474
Regr.koeff.: Zeit	0.422	0.230	0.537	0.265
Regr.koeff.: Schlag	0.353	0.750	0.027	-0.065

*** $p < 0.001$

Tab. 10: Multipler Korrelationskoeffizient und Regressionskoeffizienten mit den Prädiktorvariablen Zeit- und Schlaganzahlübernahme von Rhythmus-Items und der Kriteriumsvariablen Reproduktionskorrektheit von Sätzen

Die zweite Annahme wurde nur für die Gruppe A-S bestätigt, hier fällt der multiple Korrelationskoeffizient hochsignifikant aus. Zusammen mit einem Vergleich der vier Korrelationskoeffizienten stützt dieses Ergebnis die eben abgegebene Einschätzung. Zum Methodischen sei noch angemerkt, daß aufgrund der für Korrelationsprüfungen recht kleinen Stichprobengrößen die signifikanten Korrelationen sehr ernst genommen werden müssen, daß hingegen nichtsignifikante Korrelationen keineswegs als Nachweis eines nicht bestehenden Zusammenhangs aufgefaßt werden dürfen. So ist eine allzu detaillierte vergleichende Wertung der multiplen Korrelationskoeffizienten und der Regressionskoeffizienten immer etwas fragwürdig.

Trotzdem mag ein Vergleich der auffälligen und der unauffälligen Kinder hinsichtlich des prädiktiven Werts von Zeit- versus Schlaganzahlübernahme auf Reproduktionskorrektheit Hinweise auf die unterschiedliche Nutzung von Informationen der Integrationsebene liefern. Hier ergibt sich, daß bei den unauffälligen im Gegensatz zu den auffälligen Kindern die Fähigkeit zur Schlaganzahlübernahme nichts über die Reproduktionskorrektheit aussagt, obwohl doch die unauffälligen

Kinder die Schlaganzahl besser verarbeiten als die auffälligen Kinder (vgl. Abbildung 8). Es zeigt sich also wiederum eine zunehmende Abhängigkeit der korrekten Sprachverarbeitung bei den auffälligen Kindern von den Informationen der Integrationsebene mit einer Dominanz des gröbsten der von uns untersuchten Aspekte, nämlich der Menge der Ereignisse innerhalb einer Einheit. Wahrscheinlich ist es ein Charakteristikum der sprachauffälligen Kinder, daß diese Information zur strukturellen Analyse von Einheiten verstärkt genutzt wird.

4. Zusammenfassende Diskussion

Die Ergebnisse der referierten Untersuchungen geben klare Hinweise auf den Zusammenhang von Sprach- und Zeitverarbeitung. Dieser Zusammenhang ist unter den Gesichtspunkten der Entwicklung und der Leistung zu betrachten. Die Zeitverarbeitung ist einem Entwicklungsgeschehen unterworfen: Ein Vergleich der älteren unauffälligen Kinder mit Erwachsenen läßt die Einschätzung zu, daß dieser Entwicklungsprozeß im Normalfall etwa im zehnten Lebensjahr zu einem Abschluß gelangt. Die Zeitverarbeitung ist in ein Leistungsgefüge eingebunden: Defizite in der Zeitverarbeitung gehen einher mit Defiziten in der Sprachverarbeitung; dies gilt nicht nur für sprachauffällige Kinder, sondern genauso für sprachkranke Erwachsene (vgl. Ilmberger, 1983). Eine angemessene Modellierung der Sprachentwicklung und spezifischer Abweichungen wie generell der Sprachverarbeitung und spezifischer Störungen ist nur möglich, wenn die Funktion der Zeitverarbeitung berücksichtigt wird.

Ganz offenkundig ist Zeitverarbeitung ein komplexer Verbund von Verarbeitungsmechanismen, die auf verschiedene zeitliche Ebenen zugreifen. Hier wurden die Leistungen der Ordnung und der Integration geprüft. Das anfangs vorgestellte, sehr allgemein gehaltene Modell (vgl. Abbildung 1) verzichtet aufgrund gesicherter Kenntnisse auf eine Binnenmodellierung der drei angeführten Komponenten. Nun legen die Ergebnisse des Rhythmus-Experiments, hier insbesondere die Schlaganzahlübernahme, eine Differenzierung des Modells nahe. In Übereinstimmung mit allgemeinen zeitpsychologischen Erwägungen (vgl. u. a. Pöppel, 1978; Michon & Jackson, 1985) ist zu prüfen, ob zwischen der Integrations- und der Ordnungsebene eine weitere Zeitverarbeitungsebene existiert. Diese Segmentationsebene würde sich am Sprechsilbenverlauf der Äußerungen orientieren.

In der Praxis sollten die bisherigen Erkenntnisse möglichst abgewogen eingesetzt werden. Hinsichtlich der Ordnungsschwelle sind die üblichen Meßverfahren technisch noch nicht endgültig ausgereift. Sinnvoll scheint hier lediglich eine Verlaufskontrolle im Zuge einer längeren Therapie. Rhythmusprüfungen hingegen sind in der Praxis verbreitet. Zu empfehlen ist die hier im Experiment eingeschlagene kontrollierte Darbietungsform und die Auswertung nach den vier genannten Gesichtspunkten. Die Ergebnisse dürften eine Differentialdiagnose sinnvoll komplettieren und spezifische Hinweise zur Therapieplanung liefern. Darüber hinaus können die vorgestellten Meßverfahren zur Ordnungs- und Integrationsebene als Trainingseinheiten zur Stimulierung der Zeitverarbeitung eingesetzt werden. Ein sehr aussagekräftiges Instrument stellen Nachsprechsätze dar, die ja in Sprachentwicklungstests seit langem eingesetzt werden. Nun liegen keine Altersnormen hinsichtlich Nachsprechdauer, Dauervariation, Latenz etc. vor. So bietet sich auch hier zunächst der Einsatz im Rahmen einer Therapiekontrolle an.

Literatur

Dames. K. & Lautenbacher, S. (1989): Die Zeitstruktur von Nachsprechleistungen bei sprachentwicklungsgestörten und sprachunauffälligen Kindern. In: Kegel, G., Arnhold, T., Dahlmeier, K., Schmid, G. & Tischer, B. (Hrsg.): *Sprechwissenschaft & Psycholinguistik 3*. Opladen.

Ilmberger, J. (1983): *Zur Zeitwahrnehmung von hirnverletzten Patienten*. Phil. Diss. München.

Kegel, G. (1988): *Die zeitliche Organisation sprachlicher Strukturen als Sprachentwicklungsfaktor*. DFG-Bericht.

Kegel, G., Dames, K. & Veit, S. (1988): Die zeitliche Organisation sprachlicher Strukturen als Sprachentwicklungsfaktor. In: Kegel, G., Arnhold, T., Dahlmeier, K., Schmid, G. & Tischer, B. (Hrsg.): *Sprechwissenschaft & Psycholinguistik 2*. Opladen.

Michon, J. A. & Jackson, J. L. (Hrsg.) (1985): *Time, mind and behavior*. Heidelberg.

Mollnhauer, M. (1989): *Nachsprechlatenzen als Indikatoren der Sprachverarbeitung*. Magisterarbeit München.

Pöppel, E. (1978): Time perception. In: Held, R., Leibowitz, H. W. & Teuber, H.-L. (Hrsg.): *Handbook of sensory physiology, VIII*. Berlin.

Aus dem Programm Psycholinguistik

Gerd Kegel, Thomas Arnhold, Klaus Dahlmeier, Gerhard Schmid und Bernd Tischer (Hrsg.)
Sprechwissenschaft und Psycholinguistik
Beiträge aus Forschung und Praxis.
1986. 344 S. Kart. DM 48,–
ISBN 3-531-11839-0

Das Buch vermittelt Psychologen, Linguisten, Pädagogen, Medizinern und Logopäden eine Übersicht zum aktuellen Forschungsstand des Bereichs Sprechwissenschaft und Psycholinguistik, dessen Hauptinteresse in der Erforschung von Sprachprozessen liegt. Die Arbeit auf diesem Gebiet ist in großem Maße praxisorientiert, die Daten zu einer Forschungsfrage werden aus dem Feld lebendiger Sprachverwendung gewonnen.

Dies dokumentieren insbesondere die in diesem Buch versammelten Beiträge zur Diagnose und Therapie von Sprachstörungen wie zur Mensch-Maschine-Kommunikation. Auch die grundlegenden und theoretischen Arbeiten sind dieser Orientierung verpflichtet. Mit den Themen Bedeutungserwerb, Verballernen und Sprachwirkung steht in ihrem Zentrum immer die Beschreibung und Erklärung der menschlichen Sprachtätigkeit als Prozeß.

Gerd Kegel, Thomas Arnhold, Klaus Dahlmeier, Gerhard Schmid und Bernd Tischer (Hrsg.)
Sprechwissenschaft und Psycholinguistik 2
Beiträge aus Forschung und Praxis.
1988. 356 S. Kart. DM 52,–
ISBN 3-531-12015-8

Das Hauptinteresse dieses Bereiches liegt in der Erforschung von Sprachprozessen. Im Zentrum dieses Bandes stehen die verbalen und nonverbalen Aspekte menschlicher Interation sowie die Beziehung zwischen Sprache und psychischen Prozessen.

Dies dokumentieren insbesondere die Beiträge zum Verhältnis von Sprache und Emotion, zum nonverbalen Verhalten, zur Mutter-Kind-Interaktion, und zur psychologisch gestützten Analyse von Wortfeldern. Ein weiterer praxisorientierter Schwerpunkt ist die Sprachpathologie. Behandelt werden: Die Rolle der Schrift beim Spracherwerb und in der Sprachtherapie; der Sprachaufbau bei Gehörlosen; die Bestimmung dysarthrischer Störungen; die Beziehung zwischen Zeitwahrnehmung und Sprachentwicklung.

Gerd Kegel, Thomas Arnhold, Klaus Dahlmeier, Gerhard Schmid und Bernd Tischer (Hrsg.)
Sprechwissenschaft und Psycholinguistik 3
Beiträge aus Forschung und Praxis.
1989. 304 S. Kart. DM 46,–
ISBN 3-531-12086-7

Das Hauptinteresse dieses Bandes gilt der Erforschung von Sprachprozessen mit dem Ziel praktischer Anwendbarkeit. So umreißt der Eröffnungsbeitrag gegenwärtige Fragefelder – der Sprachpathologie ebenso wie der Optimierung von Kommunikationsverhalten in Theorie und Praxis. Weitere Beiträge vertiefen die Problemsicht: Verbale Steuerung von Handlungen, Massenmedien und Emotion, verbales Gedächtnis, zweisprachige Erziehung im Elternhaus. Die Beiträge zur Sprachentwicklungsforschung konzentrieren sich auf Zusammenhänge von kognitivem Niveau und linguistischen Fähigkeiten, auf Lernprozesse beim Grammatikerwerb, Integrationsprozesse im Sprachverhalten von sprachbehinderten und sprachunauffälligen Kindern. Abschließend wird der neueste interdisziplinäre Ansatz in der Dysgrammatismusforschung dargestellt.

WESTDEUTSCHER VERLAG

Postfach 58 29 · D-6200 Wiesbaden